Parlament und Aussenpolitik

Zusammenarbeit der Ostsee-Staaten

Regelung des Verkehrs

Institut für Staat und Recht
der Polnischen Akademie der Wissenschaften

Parlament und Aussenpolitik
Zusammenarbeit der Ostsee-Staaten
Regelung des Verkehrs

Viertes Kolloquium der bundesdeutschen
und polnischen Juristen 1978

Mit Beiträgen von Heinhard Steiger, Marian Rybicki,
Ingo von Münch, Ludwik Gelberg, Jost Delbrück,
Władysław Braś und Theodor Schweisfurth

Springer-Verlag Berlin Heidelberg GmbH
1980

ISBN 978-3-540-10731-6 ISBN 978-3-662-30507-2 (eBook)
DOI 10.1007/978-3-662-30507-2

Redaktionelle Bearbeitung
Lech Janicki, Zdzisław Kędzia, Jerzy Kranz, Krzysztof Skubiszewski

Inhaltsverzeichnis

II. Rechtsfragen der Ostsee und die Zusammenarbeit zwischen den Anliegerstaaten

III. Die rechtliche Regelung des Verkehrs zwischen der Bundesrepublik Deutschland und der Volksrepublik Polen

Vorwort

Vom 12. bis 14. September 1978 fand in den Konferenzräumen des Hotels „Poznań" in Poznań das vierte Kolloquium bundesdeutscher und polnischer Juristen statt. Es stand in der Reihe von Begegnungen der Rechtswissenschaftler aus der Bundesrepublik Deutschland und aus Polen, die 1972 in Gummersbach angebahnt und später in Radziejowice (1974) und in Heidelberg (1976) fortgesetzt wurden. Die ausgezeichnete Organisation des Heidelberger Kolloquiums, das in gastfreundlicher Atmosphäre debattierte, lag in den Händen von Prof. Dr. Rudolf Bernhardt, Direktor des Max-Planck-Instituts für ausländisches öffentliches Recht und Völkerrecht. Jetzt hat Prof. Bernhardt die Arbeit und die Teilnahme der Juristen aus der Bundesrepublik Deutschland im Rahmen des 1978 Kolloquiums koordiniert. Das Programm des 1978 Kolloquiums war im Einvernehmen mit Prof. Bernhardt von Prof. Dr. Adam Łopatka, Direktor des Instituts für Staat und Recht der Polnischen Akademie der Wissenschaften, festgelegt worden. Auch koordinierte Prof. Łopatka die Tätigkeit der polnischen Teilnehmer. Für die organisatorische Vorbereitung des Kolloquiums und dessen Verlauf war die Fachgruppe III des Instituts für Staat und Recht, und zwar Dr. Zdzisław Kędzia, verantwortlich.

Das 1978 Kolloquium behandelte drei Themen:

1. Die Rolle des Parlaments in der Außenpolitik,
2. Rechtsfragen der Ostsee und die Zusammenarbeit zwischen den Anliegerstaaten,
3. Die rechtliche Regelung des Verkehrs zwischen der Bundesrepublik Deutschland und der Volksrepublik Polen.

Die Diskussion wurde weder protokolliert noch aufgenommen; der vorliegende Band beschränkt sich auf die Wiedergabe der Referate.

Kolloquium-Veröffentlichungen

1. *Deutsch-polnisches Völkerrechtskolloquium 1972.* Athenäum Verlag, Frankfurt am Main 1972, S. VIII, 90+Anhang. Völkerrecht und Aussenpolitik, herausgegeben von Ingo von Münch und Walter Rudolf. Band 16.

2. *Staatsangehörigkeit – Soziale Grundrechte – Wirtschaftliche Zusammenarbeit nach dem Recht der Bundesrepublik Deutschland und der Volksrepublik Polen.* Referate des Rechtskolloquiums 1974 herausgegeben von Józef Kokot und Krzysztof Skubiszewski. Springer Verlag Berlin, Heidelberg, New York – Instytut Śląski Opole 1976, S. 293.

3. *Drittes deutsch-polnisches Juristen-Kolloquium.* Herausgegeben von Rudolf Bernhardt, Ingo von Münch und Walter Rudolf. Völkerrecht und Außenpolitik. Bände 27 - 29. Nomos Verlagsgesellschaft, Baden-Baden 1977.
   Band 1: *KSZE-Schlußakte*, S. 181.
   Band 2: *Staatshaftungsrecht*, S. 166.
   Band 3: *Wirtschaftsbeziehungen*, S. 133.

Teilnehmerverzeichnis

Teilnehmer aus der Bundesrepublik Deutschland:

Prof. Dr. Peter Badura, Ludwig-Maximilians-Universität München.
Prof. Dr. Rudolf Bernhardt, Max-Planck-Institut für ausländisches öffentliches Recht und Völkerrecht, Heidelberg.
Prof. Dr. Albert Bleckmann, Westfälische Wilhelms-Universität Münster.
Prof. Dr. Jost Delbrück, Christian-Albrechts-Universität Kiel.
Assessor Lothar Gündling, Max-Planck-Institut für ausländisches öffentliches Recht und Völkerrecht, Heidelberg.
Prof. Dr. Ingo von Münch, Universität Hamburg.
Dr. Reinald Roesch, Botschaft der Bundesrepublik Deutschland in Polen.
Dr. Theodor Schweisfurth, Max-Planck-Institut für ausländisches öffentliches Recht und Völkerrecht, Heidelberg.
Prof. Dr. Heinhard Steiger, Justus-Liebig-Universität Giessen.
Prof. Dr. Christian Tomuschat, Rheinische Friedrich-Wilhelms-Universität Bonn.

Teilnehmer aus Polen:

Prof. Dr. Remigiusz Bierzanek, Uniwersytet Warszawski, Warszawa.
Dozent Dr. Władysław Braś, Ośrodek Badawczy Ekonomiki Transportu, Warszawa.
Stanisław Brzeziński, Ministerstwo Spraw Zagranicznych, Warszawa.
Prof. Dr. Ludwik Gelberg, Instytut Państwa i Prawa Polskiej Akademii Nauk, Warszawa.
Dozent Dr. Lech Janicki, Instytut Zachodni, Poznań.
Dr. Zdzisław Kędzia, Zakład Badania Instytucji Prawnych Instytutu Państwa i Prawa PAN, Poznań.
Jerzy Kranz, Instytut Państwa i Prawa Polskiej Akademii Nauk, Warszawa.
Prof. Dr. Maciej Krzyżanowski, Instytut Morski, Gdańsk.
Dozent Dr. Leszek Kubicki, Instytut Państwa i Prawa Polskiej Akademii Nauk, Warszawa.
Prof. Dr. Adam Łopatka, Instytut Państwa i Prawa Polskiej Akademii Nauk, Warszawa.
Dozent Dr. Jerzy Makarczyk, Instytut Państwa i Prawa Polskiej Akademii Nauk, Warszawa.
Prof. Dr. Stanisław Matysik, Instytut Badania Prawa Sądowego, Warszawa.

Prof. Dr. Stanisław E. Nahlik, Uniwersytet Jagielloński, Kraków.
Prof. Dr. Zygmunt K. Nowakowski, Uniwersytet im. Adama Mickiewicza, Poznań.
Prof. Dr. Karol M. Pospieszalski, Uniwersytet im. Adama Mickiewicza, Poznań.
Prof. Dr. Marian Rybicki, Instytut Państwa i Prawa Polskiej Akademii Nauk, Warszawa.
Prof. Dr. Krzysztof Skubiszewski, Instytut Państwa i Prawa Polskiej Akademii Nauk, Warszawa.
Dr. Leszek Starosta, Uniwersytet Gdański, Gdańsk.
Dr. Andrzej Straburzyński, Uniwersytet Gdański, Gdańsk.
Dozent Dr. Jerzy Tyranowski, Uniwersytet im. Adama Mickiewicza, Poznań.

I
Die Rolle des Parlaments in der Außenpolitik

Heinhard Steiger

Die Rolle des Parlaments bei der Gestaltung und der Verwirklichung der Außenpolitik des Staates

1. Einleitung

a) Ansatz der Darstellung

Das Thema, das ich von der deutschen Seite her zu bearbeiten übernommen habe [1], hebt sich von den beiden anderen Verhandlungsgegenständen unseres Kolloquiums dadurch ab, daß der ausdrückliche Bezug auf das Recht fehlt. Da unser Treffen aber ein solches von Juristen ist, verstehe ich dieses Unterlassen nicht dahin, daß von den rechtlichen Grundlagen, d. h. von den rechtlichen Normen, die ausdrücklich Zuständigkeiten oder Kompetenzen des Parlamentes bei der Gestaltung und der Verwirklichung der Außenpolitik der Bundesrepublik festlegen, völlig abgesehen werden sollte. Jedoch gehe ich wohl nicht fehl, wenn ich diese spezifische Themenstellung dahin deute, daß ich mich nicht auf die Auslegung dieser Normen, d. h. insbesondere des Artikels 59 Absatz 2 des Grundgesetzes beschränken, sondern darüberhinaus die Praxis mit einbeziehen, das heißt also das Wechselspiel zwischen Normierung und Praxis darzustellen mich bemühen soll. Das ist umso notwendiger, als die Praxis des Bundestages in vielen Teilbereichen und Formen seiner außenpolitischen Tätigkeiten nicht unmittelbar auf solche Normen zurückzuführen ist, sondern aus der allgemeinen Stellung des Deutschen Bundestages im parlamentarischen Regierungssystem erwächst [2].

---

[1] Ich danke Herrn Professor Dr. Christian Tomuschat, der ursprünglich als Mitberichterstatter vorgesehen war, daß er mir sein Manuskript *Parliamentary Control over Foreign Policy in the Federal Republic of Germany* vor der Veröffentlichung zur Verfügung gestellt hat. Es hat mir wertvolle Hinweise vermittelt.

[2] Zu dieser im allgemeinen unter anderem: Heinhard Steiger, *Organisatorische Grundlagen des parlamentarischen Regierung ystems. Eine Untersuchung zur rechtlichen Stellung des Deutschen Bundestages,* Berlin 1973; Gerhard Loewenberg, *Parlamentarismus im politischen System der Bundesrepublik Deutschland,* Tübingen 1969; Friedrich Schäfer, *Der Bundestag*, 2. Auflage, Opladen 1975; Thomas Oppermann und Hans Meyer, *Das parlamentarisc e Regierungssystem des Grundgesetzes,* „Veröffentlichungen der Vereinigung der Deutschen Staatsrechtslehrer" (VVDtStRL), H. 33, Berlin 1975, S. 8 - 68 und 69 - 119 mit Aussprache.

Es gäbe daher ein sehr unvollständiges Bild der Rolle des Bundestages in der Gestaltung und der Verwirklichung der Außenpolitik der Bundesrepublik Deutschland, wollte man sich auf seine Funktion bei der Ratifikation von Verträgen beschränken. Zwar konkretisiert sich Außenpolitik in nicht unwesentlichen Teilen im Abschluß von Verträgen, so daß die dabei dem Bundestag zufallende Funktion auf die Außenpolitik ganz allgemein ausstrahlt. Aber Außenpolitik erschöpft sich, wie wir alle wissen, nicht in der Aushandlung und in dem Abschluß von Verträgen, ja nicht einmal in Rechtsakten wie Anerkennung et cetera. Bedeutende außenpolitische Vorgänge und Ereignisse erreichen keineswegs den Status rechtlicher Akte, haben aber trotzdem eine eminente Bedeutung. Dazu gehören zum Beispiel politische Absichtserklärungen, wie die Atlantikcharta, oder früher Wilsons 14 Punkte. Ich erinnere auch an die KSZE und die Schlußakte von Helsinki, die Gegenstand unserer letzten Beratung in Heidelberg war [3]. Die Belgrader Folgekonferenz war ebenfalls nur eine „diplomatische" Konferenz, die nicht irgendwelche rechtlich erheblichen Vorgänge produzierte. Aber ihre politische Bedeutung und gleichzeitig auch die Einflußnahme auf sie durch den Bundestag beziehungsweise Teile desselben waren erheblich. Während ich das Referat vorbereitete, erschienen in deutschen Zeitungen Meldungen über Reisen von Bundestagsdelegationen nach Afrika und Israel und über Stellungnahmen von Mitgliedern dieser Delegation, darunter des Präsidenten des Deutschen Bundestages, über die Außenpolitik der Bundesrepublik gegenüber Ländern in diesen Regionen. Auch dabei ging es nicht um Verträge, sondern um außenpolitisches Handeln außerhalb von Verträgen; Fragen der Waffenlieferungen, des Verhaltens gegenüber der Apartheit, der Einführung der Unabhängigkeit von Namibia, der Mehrheitsregierung in Rhodesien, der Gestaltung der Entwicklungshilfe und des Weltwirtschaftssystems und anderes waren Gegenstände der Stellungnahmen. Die Beispiele ließen sich vermehren. Nur einiges davon kann später in Verträge, das heißt in völkerrechtliche Normen [4], gefaßt werden. Es liegt in der Struk-

---

[3] Rudolf Bernhardt, Ingo von Münch, Walter Rudolf (Herausgeber), *Drittes Deutsch-Polnisches Juristen-Kolloquium*, B. 1, KSZE-Schlußakte, Baden-Baden 1977, mit Beiträgen von Krzysztof Skubiszewski, Jost Delbrück, Adam Daniel Rotfeld, Zdzisław Kędzia, Walter Rudolf; dazu auch Theodor Schweisfurth, *Zur Frage der Rechtsnatur, Verbindlichkeit und völkerrechtlichen Relevanz der KSZE-Schlußakte. Ein Diskussionsbeitrag zum Phänomen der außerrechtlichen (non-legal) zwischenstaatlichen Abmachung* „Zeitschrift für ausländisches öffentliches Recht und Völkerrecht" (ZaöRV), B. 36, 1976, S. 681 ff.

[4] Die Regelung internationaler Beziehungen, die Bewältigung internationaler

tur und der Funktion des parlamentarischen Regierungssystems, wie es in der Bundesrepublik ausgebildet ist, daß die Außenpolitik in all ihren Inhalten wie in all ihren Handlungsformen Gegenstand der Tätigkeit und der Einflußnahme des Bundestages ist, unabhängig davon, ob der Bundestag eine ausdrückliche Zuständigkeit zu rechtlich notwendiger und verbindlicher Mitwirkung, Mitbestimmung, Mitentscheidung hat [5]. Allerdings möchte ich schon hier darauf hinweisen, daß es sehr schwierig ist, diese außenpolitische Praxis des Bundestages näher darzustellen, da es an empirischen Untersuchungen dazu in vielen wichtigen Punkten noch fehlt. In der Kürze der Zeit und zumal während des laufenden Semesters war es mir nicht möglich, diese Lücke auch nur annäherungsweise zu stopfen. Ich werde mich daher auf Andeutungen und allgemeine Hinweise beispielhafter Art beschränken müssen, wohl wissend, daß ich damit den Absichten dieses Themas, wie ich es verstehe, nicht voll gerecht werden kann.

Probleme ist zwar auf das Recht als verbindliche, normative Verhaltenssteuerung angewiesen, um eine gewisse Verläßlichkeit und Sicherheit über das zukünftige Verhalten der Partner zu haben, ohne die kein Handlungssystem auskommen kann. Aber die Heterogenität der Partner in Interessen, Bedürfnissen, sozialen, zivilisatorischen, technischen, kulturellen, militärischen, wirtschaftlichen Zuständen, ideologischen Grundlagen und Vorstellungen über die Problembewältigung einerseits und der starke und häufige Wechsel dieser Probleme andererseits verlangen ebenfalls eine bewegliche, nicht starr festgelegte Handlungsstruktur. Anpassung, Reaktion, Lernfähigkeit und damit Handlungsprinzipien, die nicht rechtlich fixierten Charakter haben, sind notwendig. So wurden andere Handlungsmuster neben dem Recht entwickelt, einseitige wie mehrseitige politische Absichtserklärungen, rechtlich unverbindliche aber politisch erhebliche Konsensverfahren und anderes bis hin zum sogenannten „soft law". Vom rechtssoziologischen Standpunkt dazu unter anderem: Niklas Luhmann, *Die Weltgesellschaft*, „Archiv für Rechts- und Staatsphilosophie", Bd. 57, 1971, S. 1 ff.; derselbe, *Rechtssoziologie*, Band 2, Reinbeck bei Hamburg 1972, S. 333 ff. Zu weitgehend ist meines Erachtens die Theorie von Myres S. McDougal, die das Recht als selbständige Kategorie völlig in sozialen Vorgängen auflöst.

[5] In der Diskussion wurde mir entgegengehalten, dieser Satz stehe in Widerspruch zu späteren Ausführungen, in denen ich die Führung und Initiative in der Außenpolitik der Regierung zuspreche. Ein derartiger Widerspruch besteht nicht. Denn inhaltlich gibt es für den Bundestag keine Grenze für das, was er zum Gegenstand seines Handelns, das heißt seiner Debatten im Plenum wie in den Gliederungen, seinen Beschlüssen et cetera macht. Welche Art von Beschlüssen er fassen darf, insbesondere welche Rechtsverbindlichkeit diesen zukommt, daß allerdings hängt von den Kompetenzen ab. Aber einerseits kann eine Entschließung des Bundestages, die rechtlich unverbindlich ist, eine ebenso große außenpolitische Wirkung haben wie eine Erklärung des Bundeskanzlers; zum anderen vermag die Kritik des Bundestages an einer Erklärung des Bundeskanzlers diese ihrer politischen Wirksamkeit im Ausland berauben, zumal, wenn sie etwa zum Sturz des Bundeskanzlers durch ein konstruktives Mißtrauensvotum gemäß Artikel 67 des Grundgesetzes und damit zu einem Regierungswechsel führen sollte.

b) Vorgehen in der Darstellung

Die Schwierigkeiten für genauere Aussagen liegen aber nicht nur in der schlechten Forschungslage. Sie sind durch den Gegenstand selbst gegeben. Was ist „Außenpolitik"? Ihr gegenüber scheint die Innenpolitik zu stehen. Aber sind beide inhaltlich eindeutig voneinander zu scheiden?[6] Schon die Schutzzollpolitik des Kaiserreiches des 19. Jahrhunderts war sowohl das eine wie das andere. Das gleiche gilt doch wohl auch heute gerade im wirtschaftlichen Bereich, zum Beispiel wenn aus binnenwirtschaftlichen Gründen außenwirtschaftliche Maßnahmen getroffen werden. Aber selbst bei den klassischen Inhalten der Außenpolitik, der Friedenssicherung, zeigt sich gerade in parlamentarischen Demokratien, daß innenpolitische Motive zumindest mitbestimmend für das außenpolitische Verhalten sind, während umgekehrt primär außenpolitische Sachentscheidungen innerpolitische Rückwirkung haben können. Innen und außen scheinen in zunehmendem Maße ineinander überzugehen. Die Staaten sind in vielfältiger Weise und Hinsicht miteinander verflochten. Die die einzelnen Einheiten des modernen Staatensystems umgebende Hülle, genannt „Souveränität", verliert in tatsächlicher Hinsicht ihre aus- und abschließende Funktion und wird eher zu einem Medium des Austausches und der Verbindung der Einheiten mit und untereinander. Ein Versuch zur Klärung dessen, was „Außenpolitik" ist, soll daher zunächst unternommen werden, um dadurch unseres Themas besser habhaft zu werden (siehe Abschnitt 2). Aber auch, was mit dem Begriff „Parlament" gemeint ist, ich habe bereits mehrfach dafür „Bundestag" gesetzt, bedarf näherer Erörterung. Die erste Schwierigkeit besteht für die Bundesrepublik Deutschland darin, daß wir zwei „gesetzgebende Körperschaften" haben, den Deutschen Bundestag und den Bundesrat. Sind beide „Parlamente" oder nur eine dieser beiden? Ich bin der Auffassung, hier kann nur der Bundestag als gewählte unierte Repräsentanz des Staatsvolkes gemeint sein[7]. Aber damit ist nur der erste Schritt getan. Denn die

---

[6] Zum Verhältnis von Außenpolitik und Innenpolitik unter anderem: Ernst-Otto Czempiel (Herausgeber), *Die anachronistische Souveränität. Zum Verhältnis von Innen- und Außenpolitik*, „Politische Vierteljahresschrift" (PVS), 10. Jahrgang, 1969, Sonderheft 1 mit verschiedenen Beiträgen; Hans Peter Schwarz, *Die Bundesregierung und die auswärtigen Beziehungen*; derselbe, *Handbuch der deutschen Außenpolitik*, München/Zürich 1975, S. 43 ff., S. 48 stellt ein „Verschwimmen der Unterscheidung von Außen- und Innenpolitik im administrativen Bereich" fest. Siehe auch unten S. 22 f. ; Ekkehard Krippendorff, *Ist Außenpolitik Außenpolitik?*, PVS, 4. Jahrgang, 1963, S. 243 ff.

[7] Hingegen zieht Tomuschat den Bundesrat im Hinblick auf Artikel 59 Absatz 2

zweite Schwierigkeit ergibt sich daraus, daß der Bundestag eine Körperschaft ist, die aus einzelnen Abgeordneten besteht und sich in parteibestimmte Fraktionen einerseits und sachbestimmte Ausschüsse andererseits gliedert. Zwar handelt der Bundestag kompetenzgemäß nur als Einheit. Aber Abgeordnete, Fraktionen und die sie bestimmenden Parteien, sowie die Ausschüsse handeln auch gerade im Bereich der Außenpolitik und zwar kraft ihres organisatorischen Zusammenhanges mit dem Bundestag. Sind auch sie mit „Parlament" gemeint? Das bedarf ebenfalls der Klärung (siehe Abschnitt 3). Erst nach diesen Klärungen wird es möglich sein, die rechtlichen Grundlagen unseres Themas zu erörten, die sich, wie gesagt, nicht nur auf die Zustimmung zur Ratifikation von Verträgen beschränken können, sondern die rechtliche Stellung des Bundestages insgesamt in bezug auf seine Rolle bei der Gestaltung und Verwirklichung der Außenpolitik der Bundesrepublik ins Auge fassen müssen. Es soll dabei versucht werden, die Praxis der Handhabung dieser Zuständigkeit mit einzubeziehen (siehe Abschnitt 4).

2. *Begriff und Strukturen der Außenpolitik*

a) Zum Begriff der Außenpolitik

In der Vorbereitung dieses Berichtes habe ich verschiedene deutsche Begriffsdefinitionen von Außenpolitik gelesen [8]. Sie alle stimmten in drei Merkmalen überein: Außenpolitik wird grundsätzlich vom Staat her definiert dergestalt, daß andere Staaten oder zunehmend auch internationale Organisationen als „Gegenüber" begriffen werden; Außenpolitik erscheint demzufolge regelmäßig als die Wahrnehmung der eigenen Interessen des Staates, der Gesellschaft, des Volkes, insbesondere des Interesses der Selbstbehauptung; inhaltlich wird vor allem auf nationale Machterhaltung und Sicherheit abgestellt, in zunehmendem Maße aber auch auf wirtschaftliche, kulturelle und ähnliche Probleme. Diese Definitionen von Außenpolitik erscheinen mir zu eng.

---

des Grundgesetzes mit in den Begriff des „Parlamentes", siehe: Christian Tomuschat, *Der Verfassungsstaat im Geflecht der internationalen Beziehungen*, VVDtStRL, H. 36, Berlin 1978, S. 7 ff., S. 28 mit weiteren Verweisen.

[8] Zum Beispiel Gerhart Kiersch, Stichwort „*Außenpolitik*", in: *Handwörterbuch internationale Politik*, herausgegeben von Wichard Woyke, Opladen 1977, S. 11; Wilhelm Grewe, Stichwort „*Diplomatie*", in: *Handbuch der deutschen Außenpolitik*, S. 31.

Auszugehen ist davon, daß jeder Staat, zur Vereinfachung nehme ich zunächst nur diesen als geschlossene Einheit in den Blick, ohne darauf einzugehen, daß er ein sozial wie rechtlich differenziertes Gebilde ist, daß also jeder Staat Glied des tatsächlich vielfältig verflochtenen und sich weiter verflechtenden zum Teil auch bereits normativ organisierten und institutionalisierten Weltsystems ist, in dem er mit und in einer Vielzahl anderer Handlungseinheiten zu handeln hat. Es ist nicht richtig, daß ein Staat nur „gegenüber" internationalen Organisationen handelt. Soweit er Mitglied ist, handelt er in ihnen. Innerhalb dieses mondialen oder universalen Handlungssystems steht jeder Staat wiederum in verschiedenen bilateralen oder multilateralen Untersystemen. Auch diese weisen erheblich verschiedene Grade der Dichte von rechtlich normierten Organisationen und Institutionalisationen auf[9]. Das Handeln des Staates in diesen verschiedenen tatsächlichen wie institutionalisierten Handlungssystemen unabhängig von Form, Inhalt, Anzahl der Partner, Grad der Organisiertheit des jeweiligen Handlungssystems soll als „Außenpolitik" bezeichnet werden[10]. Dieser sehr weite Ansatz von „Außenpolitik" orientiert sich bewußt nicht an inhaltlichen Kriterien. „Politisches" Handeln ist es oberflächlich gesehen dadurch, daß es staatliches Handeln ist, der Staat aber hier – in abgekürzter Weise – als das „politische System" verstanden wird[11]. Eine inhaltliche Unterscheidung zwi-

---

[9] Zu diesem Wandel unter anderem: Wolfgang Friedmann, *The Changing Structure of International Law*, New York 1964, S. 3 f.: Joseph S. Nye, jr. and Robert O. Keohane, *Transnational Relations and World Politics: An Introduction.* „International Organization", 1971, S. 329 ff.; dieselben, *Transnational Relations and World Politics: A Conclusion*, ebenda, S. 721 ff.; Bernard Landheer, *Die Struktur der Weltgesellschaft und ihre rechtliche Formgebung*, „Archiv des Völkerrechts" (AdV), Bd. 12, 1964/65 S. 1 ff.; Karl Kaiser, *Transnationale Politik*, in: *Die anachronistische Souveränität* (Anm. 6), S. 80 ff.; Heinhard Steiger, *Welt und Umwelt. Zur Fortbildung des internationalen Handlungssystems und des Völkerrechts*, in: *Öffentliches Recht und Politik. Festschrift für Hans Ulrich Scupin*, Berlin 1973, S. 343 ff.; derselbe, *Staatlichkeit und Überstatlichkeit*, Berlin 1966, S. 17 ff.; Helga Haftendorn, *Verflechtung und Interdependenz als Strukturbedingungen westdeutscher Außenpolitik*, in: *Verwaltete Außenpolitik. Sicherheits- und entspannungspolitische Entscheidungsprozesse in Bonn*, herausgegeben von Helga Haftendorn und anderen, Köln 1978, S. 15 ff.

[10] In ähnlicher Weise bestimmt Herrmann Mosler die „auswärtigen Angelegenheiten" unabhängig von Inhalt und Form der Beziehungen, siehe: Herrmann Mosler, *Die auswärtige Gewalt im Verfassungssystem der Bundesrepublik. Festschrift für Carl Bilfinger*, Köln/Berlin 1954, S. 243 ff., 253; ähnlich auch Cornelius Grupp, *Die parlamentarische Kontrolle der auswärtigen Gewalt in Form von Entschließungen. Rechtswissenschaftliche Dissertation*, Augsburg 1975, S. 62 ff., 65/66; Siegfried Weiß, *Auswärtige Gewalt und Gewaltenteilung*, Berlin 1971, S. 56, allerdings eingeengt auf die Rechtsbeziehungen. Auf die Verflechtung als Strukturbeziehung der Außenpolitik geht von politologischer Seite Helga Haftendorn ein, Anm. 9, S. 15 ff.

[11] Zum Begriff des politischen Systems unter anderem: Niklas Luhmann,

schen „politischem" und „unpolitischem" Handeln des Staates läßt sich nicht treffen. Wenn der Staat handelt, sich eines Problems, einer Aufgabe annimmt, und sie mit seinen spezifischen staatlichen Mitteln zu lösen beginnt, ist „politisches" Handeln gegeben. Wir erleben das selber Tag für Tag und können uns dem zunehmenden Trend der Politisierung aller Gebiete gar nicht mehr entziehen. Die klassischen Felder der „Außenpolitik", Machterhaltung, Machtausdehnung, Sicherheit sind längst ergänzt und überwuchert von neuen Feldern, bis hin zu Sport, Musik, Theater, Bücher, Zeitungen et cetera. Diese ist man gemeinhin als unpolitisch einzustufen geneigt, von der Wirtschaft ganz zu schweigen, die aber heute zum wesentlichen Inhalt von Politik, innen wie außen, geworden ist[12]. „Politik" kann von unpolitischem Handeln nicht mehr substantiell geschieden werden, sondern nur im Hinblick auf die Funktion des Handelns, als auf die Herstellung allgemein verbindlicher Entscheidungen von Problemen gerichtetes Handeln[13]. Außenpolitik ist insofern in der Gegenwart eine ausschließliche Funktion der Staaten und der von ihnen mit einer entsprechenden Macht ausgestatteten internationalen Organisationen. Ich muß es in diesem Zusammenhang bei diesen Andeutungen genügen lassen. Es kommt mir darauf an, darauf aufmerksam zu machen, daß Außenpolitik nicht ein eindimensionaler Vorgang aus einem Staat gegenüber einem oder auch mehreren anderen ist, der nur ganz bestimmte Inhalte zum Gegenstand hat, sondern der sowohl in den Richtungen, wie in den Inhalten, wie aber auch in den Formen und den Ebenen, in und auf denen sie sich vollzieht, ein vieldimensionales Handeln darstellt. Der Staat ist in vielfältige Gesamtzusammenhänge eingeordnet, er ist nicht nur eine isolierte Einheit oder Monade, die zu anderen isolierten Einheiten oder Monaden im Verhältnis des Gegenüber oder allenfalls Nebeneinander (Koexistenz) steht. Die Ent-

---

Grundrechte als Institution. Ein Beitrag zur politischen Soziologie, 2. Auflage, Berlin 1974, S. 14 ff. Allerdings identifiziert Luhmann nicht Staat und politisches System. Auf Einzelheiten und Unterschiede in der Systemtheorie ist hier nicht einzugehen.

[12] Zu den inhaltlichen Feldern: *Handbuch* (Anm. 6). Dort werden als Problemkreise behandelt: Die außenwirtschaftlichen Verflechtungen, Ost-West-Spannung und Sicherheitspolitik, die deutsche Frage, der westeuropäische Zusammenschluß, die Entwicklungspolitik, die Umweltpolitik und in Verbindung damit die Energiepolitik, die Kulturpolitik, zu der auch die Sportpolitik gehört. Die vom Auswärtigen Amt herausgegebene Darstellung, *Die auswärtige Politik der Bundesrepublik Deutschland*, Köln 1972, schlägt einen ähnlich weiten Bogen.

[13] So schon: Herrmann Heller, *Staatslehre*, 2. unveränderte Auflage, Leiden 1961, S. 228, wenn er den „Staat" als organisierte Entscheidungs- und Wirkungseinheit bezeichnet. Von politisch-soziologischer Seite: Luhmann (Anm. 11), S. 15 f. „Verbindlich" meint nicht nur „rechtlich verbindlich".

wicklung der Staatengesellschaft schreitet von der Koexistenz zur Koordination und zur Kooperation fort, in einigen Teilen wie den Europäischen Gemeinschaften bereits zur Integration[14]. Außenpolitik erscheint somit als auf die Herstellung von Entscheidungen in diesen mehrdimensionalen Gesamtzusammenhängen gerichtetes Handeln der politischen Einheit, etwas ungenau ausgedrückt des Staates. Im folgenden sollen einige Strukturen etwas näher dargestellt werden.

b) Zum Inhalt von Außenpolitik

Außenpolitik wird inhaltlich mehr und mehr angereichert. Einerseits tritt entsprechend der inneren Zunahme der Staatsaufgaben auch nach außen eine Zunahme der Aufgaben und Probleme ein. Außenpolitik erscheint insofern als die Verlängerung innenpolitischer Problembewältigungen. Sie wird auch zu ihrer Absicherung benutzt. Ein Musterbeispiel ist in der Gegenwart das Bemühen der westlichen Industriestaaten die Arbeitslosigkeit und die Inflation in ihren Staaten in den Griff zu bekommen. Das tun sie nicht jeder für sich, sondern sie bemühen dazu einen Weltwirtschaftsgipfel, auf dem sie ihre innenpolitischen Probleme durch auf Koordination und Kooperation gerichtete außenpolitische Absprachen zu lösen suchen[15]. Die bereits vorhandene und weiter zunehmende faktische und organisierte oder institutionalisierte Verflech ung der Staaten im universellen System wie in den regionalen oder sektoralen Systemen hat ihrerseits aber auch zur Folge, daß innenpolitische Entscheidungen Außenwirkungen entfalten, sei es beabsichtigt oder unbeabsichtigt[16]. Die jungen Staaten setzen zur Bewältigung ihrer sozialen und wirtschaftlichen Probleme etwa das Mittel der Nationalisierung ein, ein rein innenpolitisches Mittel, das aber erhebli-

---

[14] So stellt Friedmann neben „die Koexistenz" den Begriff „die Kooperation", neben den Begriff „der International-Society" die Begriffe „der Transnational" und „der Supranational Society" (Anm. 9), S. 37 ff., 61 f.

[15] So auf dem Treffen der Regierungschefs der westlichen Industrieländer in Bonn vom 16./17. Juli 1978. „Archiv der Gegenwart" vom 31. August 1978, Seite 22025 A. Andererseits kann aber der Zwang zur Lösung innenpolitischer Probleme zur Gefährdung des Weltfriedens durch Kampf um die Ressourcen et cetera führen. Diesen Aspekt behandelt Richard A. Falk, *A Global Approach to National Policy*, Cambridge/Mass. 1975.

[16] So dienen etwa die Auf- und Abwertungen einer Währung jedenfalls auch der Steuerung der inneren Wirschafts- und Konjunkturpolitik, beeinflussen aber sehr stark die außenwirtschaftlichen Beziehungen. Dazu unter anderem: Christian Lutz, *Währungsordnung und Außenpolitik*, „Europaarchiv" (EA) 1976, S. 469 ff.

che außenpolitische Konsequenzen hat. Außenpolitische Gründe mögen die Anwendung eines innenpolitischen gebotenen Mittels ausschließen. Gerade im Bereich der Wirtschafts-, Konjunktur- und Währungspolitik sind Innen- und Außenpolitik inhaltlich gar nicht mehr schart zu trennen [17]. Zu den klassischen Bereichen der Sicherheits- und der Machterhaltungs- oder gar Machtausdehnungspolitik treten Wirtschaftspolitik, Entwicklungspolitik, Arbeits- und Sozialpolitik, Menschenrechtspolitik, Kulturpolitik, Umweltpolitik, Sportpolitik. Diese Bereiche haben zwar durchaus verschiedenes Gewicht. Sicherheits- und Wirtschaftspolitik stehen zweifellos im Vordergrund. Aber auch die anderen Bereiche können erhebliche Bedeutung erlangen. So ist die Menschenrechtspolitik im Rahmen der KSZE zu einem wesentlichen Faktor geworden. Als Kampf gegen die Apartheit spielt sie eine erhebliche Rolle in der Afrika-Politik. Die Kulturpolitik ist für viele Staaten ein wichtiges Vehikel außenpolitischer Tätigkeit und – im Rahmen unseres Themas – in der Bundesrepublik Gegenstand der Gestaltung durch das Parlament, worauf zurückzukommen sein wird [18]. Die Sportpolitik war und ist auch heute noch in der Deutschlandpolitik der Bundesrepublik von erheblicher Bedeutung [19]. Aber auch in der Politik gegenüber afrikanischen Staaten spielt sie eine Rolle [20]. Alle diese Problemkreise oder Inhalte der Außenpolitik stehen natürlich nicht nebeneinander, sondern sind miteinander verbunden, greifen ineinander, stimmulieren sich, können sich aber auch hemmen, können einander gegebenenfalls auch ersetzen, um bestimmte Ziele und Zwecke zu erreichen. So können wirtschaftspolitische Maßnahmen sicherheitspolitische Ziele erfüllen [21], oder

---

[17] Eingehend Reiner Schmidt, *Der Verfassungsstaat im Geflecht der internationalen Beziehungen*, VVDtStRL, H. 36, Berlin 1978, S. 66 ff., insbesondere Teil D: *Nationale Wirtschafts- und Währungspolitik und internationale Interdependenz*, S. 74 ff. mit reichen Material- und Schrifttumsnachweisen; Weiß (Anm. 10), S. 101 ff.; Edward L. Morse, *Transnational Economic Processes*. „International Organization", 1971. S. 373 ff.; Joseph S. Nye, *Kollektive wirtschaftliche Sicherheit*, EA 1974, S. 650 ff.; Haftendorn (Anm. 9), S. 26 ff. Einen Fall der Verflechtung interner wirtschaftlicher Interessen mit Außenpolitik behandelt Kurt P. Tudyka, *Gesellschaftliche Interessen und auswärtige Beziehungen. Das Röhrenembargo*, in: *Die anachronistische Souveränität* (Anm. 6), S. 205 ff.

[18] Unten S. 48.

[19] Insbesondere im Verhältnis zu osteuropäischen Staaten kann sie Gegenstand zwischenstaatlicher Vereinbarungen sein, zum Beispiel ist in Artikel 7 des Grundlagenvertrages zwischen der Bundesrepublik und der DDR vorgesehen, Verträge über die Sportbeziehungen abzuschließen.

[20] Die Sportbeziehungen zu Südafrika und Rhodesien sind wichtiger Teil der Auseinandersetzungen in dem internationalen Kampf gegen die Apartheit-Politik.

[21] Zur Verbindung von Sicherheitspolitik und Außenwirtschaftspolitik siehe: Haftendorn (Anm. 9), S. 36.

aber auch umgekehrt. Auch Entwicklungspolitik kann unter Umständen anderen außenpolitischen Zielen dienen[22].

„Außenpolitik" wird manchmal im engeren Sinne als Sicherheitspolitik oder allenfalls Interessenpolitik verstanden. Man will die Sicherheit der Bundesrepublik durch die Herstellung enger Bindungen wirtschaftlicher Beziehungen gewährleisten. Ein klassischer Fall der Ersetzung sicherheitspolitischer Außenpolitik durch wirtschaftspolitische Außenpolitik ist die Gründung der Europäischen Gemeinschaften. Es war bei der Erklärung Robert Schumans vom 9. Mai 1951, die zur Gründung der Europäischen Gemeinschaft für Kohle und Stahl führte, ein sicherheitspolitischer Impuls zweifellos vorherrschend[23]. Die Konferenz für Sicherheit und Zusammenarbeit in Europa stellt schon in ihren Namen, daß heißt doch aber wohl in ihrer ursprünglichen und bis heute durchgehaltenen Intention die Verbindung zwischen Sicherheit und wirtschaftlicher Zusammenarbeit her[24]. Diese Hinweise mögen genügen. Für unser Thema bedeutet diese neue Vielfalt des Inhaltes der Außenpolitik, daß die Mitwirkung oder Mitgestaltung der Außenpolitik durch das Parlament sich sehr verschieden für diese einzelnen Sachbereiche gestaltet. Die größere Vielfalt und engere Verbindung von Außenpolitik und Innenpolitik kann zu einer Stärkung des Einflusses des Parlamentes von der Innenpolitik her auf die Außenpolitik führen. Aber es kann auch das Gegenteil eintreten. Manches deutet sogar darauf hin, daß von der Außenpolitik her eine Verminderung des Einflusses des Parlamentes auf die Innenpolitik stattfindet[25].

c) *Interessen in der Außenpolitik*

Außenpolitik ist heute auf die Erhaltung des Friedens in der Welt ganz allgemein, aber auch in den einzelnen engeren Handlungsräumen der Regionen

---

[22] Entwicklungshilfepolitik diente zu Beginn wesentlich zur Durchsetzung der deutschlandpolitischen Konzeptionen der sogenannten Hallsteindoktrin. Siehe: Hans Peter Schwarz, *Die westdeutsche Entwicklungshilfe*, in: *Handbuch* (Anm. 6). S. 723 ff. 729.

[23] Der Vorrang des sicherheitspolitischen Aspekts macht ein Brief Schumans, an Konrad Adenauer deutlich. Siehe: Konrad Adenauer, *Erinnerungen 1945 - 1953*, Stuttgart 1965, S. 328.

[24] *Schlußakte der Konferenz über Sicherheit und Zusammenarbeit in Europa vom 1. August 1975, Sicherheit und Zusammenarbeit in Europa – KSZE - Dokumentation*, herausgegeben vom Presse- und Informationsamt der Bundesregierung, Bonn 1975.

[25] So Wolf Dieter Karl und Joachim Krause, *Außenpolitischer Strukturwandel und parlamentarischer Entscheidungsprozeß, Verwaltete Außenpolitik* (Anm. 9), S. 55 ff., 56.

bei gleichzeitiger Fortentwicklung zu alle Staaten und Nationen gleichermaßen befriedigenden Existenzbedingungen gerichtet. Geht man von diesem globalen und allgemeinen Interesse aus, so kann man nicht mehr Außenpolitik nur noch von den nationalen Interessen her definieren. Auch die Interessenverfolgung wird damit mehrdimensional. Im Vordergrund steht zwar sicher nach wie vor das jewelige nationale oder staatliche Interesse. Aber nicht nur die Tatsache, daß wegen der zunehmenden Verflechtung und gegenseitigen Verbindungen schon rein tatsächlich die Verwirklichung und Sicherung dieser eigenen Interessen weitgehend nicht mehr ausschließlich, sondern in vielfacher Hinsicht nur mit der gleichzeitigen Verwirklichung der Interessen anderer Staaten möglich ist, führt dazu, daß die eigene Interessenverwirklichung als solche zur Berücksichtigung und Beachtung der Interessen anderer Staaten in der Außenpolitik notwendig ist. Es breitet sich vielmehr die Erkenntnis einer gewissen Gesamtverantwortung aller für alle aus. Entwicklungspolitik ist vielleicht der deutlichste Ausdruck dieser Gesamtverantwortung[26]. Aber auch das Einsetzen für Menschenrechte, am offensichtlichsten in bezug auf die Verhältnisse im südlichen Afrika, ist ein solcher Ausdruck der Gesamtverantwortung. Ein anderes gemeinsames Interesse ist der Umweltschutz[27]. Das eigene Interesse der Staaten muß von diesen gegen Interessen anderer und Gemeinschaftsinteressen abgewogen und notfalls zurückgestellt werden[28], insbesondere dann, wenn Außenpolitik sich nicht unmittelbar gegenüber oder miteinander von Staaten vollzieht, sondern in organisierten Einheiten. In diesen ist auch von den Mitgliedsstaaten das „allgemeine Wohl" der Gemeinschaft mit wahrzunehmen[29].

[26] So betont Außenminister Hans Dietrich Genscher in seiner Rede vor der 30. Generalversammlung der Vereinten Nationen am 24. September 1975 die „Interdependenz", „Solidarität" und „Partnerschaft", ähnlich Rede vor der 32. Generalversammlung der Vereinten Nationen am 29. September 1977. Siehe: Hans Dietrich Genscher, *Deutsche Außenpolitik*, Stuttgart 1977, S. 109 ff., 213 ff.

[27] Dazu Steiger (Anm. 9), *Welt und Umwelt*.

[28] In Meyer *Konversationslexikon*, 3. Auflage, 5. Band 1872, S. 503 rechte Spalte heißt es im Stichwort „Diplomatie" unter anderem: „Die antike und mittelalterliche Diplomatie gingen in bewußter Weise von den einseitigen Vorteilen und Machtzwecken des eigenen Staats als der alleinigen Norm ihres Handelns aus. Die moderne Diplomatie steht auf einer doppelten Grundlage: Auf dem Gesamtrecht einer europäischen Staatengesellschaft und auf dem berechtigten Eigennutz der einzelnen Staaten, so daß sie zwischen diesen beiden Tatsachen des völkerrechtschaftlichen Zusammenlebens eine friedliche Vermittelung und Ausgleichung zu suchen hat. [...] obgleich der Eigennutz die in der diplomatischen Praxis herrschende Tatsache ist, darf man nicht vergessen, daß die auf sittlichen Grundsätzen ruhende Staatslehre gegen diese Praxis zu jeder Zeit Widerspruch erhoben hat, und daß die Diplomatie sich nicht enthalten konnte, die Berechtigung der idealen Ziele des menschheitlichen Lebens bei sehr gewichtigen Gelegenheiten anzuerkennen".

[29] Dieses ist in der Regel in den Grundartikeln der Verträge formuliert, die die

Außenpolitik als inhaltlich vielfältige Politik in unterschiedlichen Systemzusammenhängen, ist in ihrer Funktion nicht mehr nur nationale Politik, sondern auch internationale, ja transnationale Politik, insofern sie sich an eben diesen Systemzusammenhängen, den dort auftretenden nichtnationalen Bedingungen, Bedürfnissen, Zielen, Interessen orientieren und die nationalen Bedürfnisse, Ziele, Interessen dort einordnen und gegebenenfalls unterordnen muß [30].

d) Handlungsmodalitäten der Außenpolitik

Außenpolitik ist daher in ihren Handlungsmodalitäten zunehmend nicht mehr nur abgrenzend, sondern koordinierend, kooperierend, integrierend ausgerichtet. Das ist oft genug beschrieben worden und braucht nicht wiederholt zu werden [31]. Klassische Außenpolitik als Sicherheits-, Macht-, Souveränitätspolitik vollzog sich vornehmlich durch Sicherung, gegebenenfalls Ausdehnung, jedenfalls aber Ausgrenzung und Abgrenzung der Kompetenzen gegenüber anderen Kompetenzträgern. Zwar hat es daneben immer auch auf Zusammenarbeit ausgerichtete Außenpolitik gegeben, so in den Schiffahrts-, Handels- und Freundschaftsverträgen. Aber die ausgrenzende, abgrenzende Modalität war übergewichtig. Durch die wachsende Verflechtung und die gegenseitige Abhängigkeit der Staaten untereinander wächst die Notwendigkeit der Abstimmung, Zusammenarbeit, Gemeinsamkeit der Außenpolitiken der Staaten. Das ist für die verschiedenen Problemfelder oder Inhalte sicherlich in unterschiedlichem Maße der Fall. Auf dem Gebiet der Sicherheits- und Machtpolitik stehen abgrenzende Maßnahmen im Vordergrund, aber auch ihrerseits in der Regel in kooperierenden/integrierenden Bündnissystemen. Selbst in diesem Bereich gibt es über die einander gegenüberstehenden Bedürfnisse hinaus übergreifende „kollektive Sicherheitssysteme", wie vor allem die Vereinten Nationen, die auch in diesem Bereich auf Koordination und Kooperation um der Sicherheit und des Friedens willen ausgerichtet sind. Trotzdem liegt hier weithin der Akzent

---

Ziele und Grundsätze einer internationalen Organisation enthalten. Auf ihre Verwirklichung hin ist das Handeln der Mitgliedstaaten ausgerichtet, wobei es erst in zweiter Linie darauf ankommt, ob dies ausdrücklich als Rechtspflicht normiert ist oder nicht, dazu unter anderem für die Europäischen Gemeinschaften. Hans Peter Ipsen, *Europäisches Gemeinschaftsrecht*, Tübingen 1972, S. 213 ff.

[30] Dazu Kaiser (Anm. 9); Nye und Keahone (Anm. 9); Steiger (Anm. 9), *Welt und Umwelt*.

[31] Siehe die Nachweise in Amn. 14.

auf Abgrenzung, Ausgrenzung. Es gilt die „friedliche Koexistenz". In den Problemkreisen der Wirtschaftspolitik ist mit Abgrenzung oder Ausgrenzung ja mit Gegeneinander wegen der gegenseitigen Abhängigkeit nicht mehr viel zu erreichen. Eine gewisse Rolle spielen sie auch noch, so in der Zoll-, der Währungs-, der Außenwirtschaftspolitik, das heißt in den verschiedenen Formen des Protektionismus. Aber Koordination und Kooperation sind doch die bestimmenden Verhaltensweisen gerade auf diesem Gebiet[32]. Hier finden sich auch Neuentwicklungen von Handlungsformen und Organisationen von den einfachen Kooperationsverhältnissen über zwischenstaatliche Organisationen bis zu den überstaatlichen Organisationen. Koordination und Kooperation überspringt inzwischen auch die Sicherheitslinien. Auch dafür ist die bereits erwähnte KSZE ein inzwischen schon klassisches Beispiel. Die Suche nach einer neuen Weltwirtschaftsordnung steht ebenfalls gerade nicht im Zeichen der Abgrenzung des Nebeneinander ja Gegeneinander, sondern der Koordination und der Kooperation, also des Miteinander. Gerade hier zeigt sich im übrigen die Notwendigkeit, nicht nur eigene Interessen als Leitschnur des Handels anzusehen, sondern auch andere Interessen, Allgemeininteressen mit einzusetzen. Ein anderes Feld gemeinsamer, transnationaler Politik ist etwa die Umweltpolitik[33].

e) Organisation der Außenpolitik

Außenpolitik vollzieht sich in sehr verschiedenen organisatorischen institutionellen Rahmenbedingungen. Grundlage ist nach wie vor die klassische Diplomatie von Staat zu Staat unmittelbar durch die zuständigen staatlichen Organe. Hier ist der Organisationsgrad relativ gering, wenn auch bereits die herkömmliche Form der formellen Diplomatie, nämlich ständige Botschafter zu unterhalten, eine gewisse Dauer verbürgt. Auch die zunehmende Verabredung von ständigen Konsultationen in bestimmten Zeitabständen verstärkt diese Organisation. Trotzdem ist der Systemzusammenhang organisatorisch gesehen ein eher lockerer. Er besteht im Handeln selber,

---

[32] So spricht man bereits von „kollektiver wirtschaftlicher Sicherheit", siehe: Nye (Anm. 17).

[33] Dazu Steiger, *Welt und Umwelt* (Anm. 9). Inzwischen ist das Earth-Watsch-System bereits durch die UNEP gestartet worden. Auf regionaler europäischer Ebene werden die ECE, die OECD und die Europäischen Gemeinschaften aktiv.

baut sich durch dieses jeweils neu auf, ohne durch Organisation eine gewisse Selbständigkeit und Stabilität zu erlangen. Es hat sich gezeigt, daß eine solche lockere, nur rudimentär organisierte Kommunikation den Anforderungen der Koordination und Kooperation unserer Zeit nicht mehr genügt, woraus das immer dichter werdende Netz von zwischenstaatlichen, universellen und regionalen Organisationen mit globalen und sektoralen Aufgaben-Zuweisungen entstanden ist. Sie sind notwendig, um Koordination und Kooperation auf Dauer zu stellen, zu institutionalisieren [34]. Den bisherigen Höhepunkt dieser Entwicklung stellen die europäischen, auf Integration gerichteten überstaatlichen Organisationen dar [35]. Neben die klassische Außenpolitik von Staat zu Staat unmittelbar tritt nunmehr ergänzend die institutionalisierte Außenpolitik in und durch diese Organisationen, in denen die Staaten als Mitglieder und Träger mitwirken. Zwar stehen sich letzten Endes auch hier die Staaten gegenüber, etwa in der Generalversammlung der Vereinten Nationen oder im Ministerrat der Europäischen Gemeinschaften. Das Handeln der Staaten in den Organisationen bleibt also insofern Außenpolitik und gehört daher in den hier vorliegenden Zusammenhang. Aber das Handeln wird einerseits vermittelt durch die Zugehörigkeit zu der Organisation und wird andererseits wirksam als Organhandeln der Organisation, und nicht etwa als staatlicher Willens- oder Rechtsakt. Das erlaubt im übrigen den Staaten gegebenenfalls eine Politik auf zwei Ebenen. Sie können durchaus in einer Organisation für eine bestimmte Maßnahme oder für ein bestimmtes Vorgehen eintreten, sich jedoch als Staat nicht daran beteiligen, soweit jedenfalls der Organbeschluß für sie nicht verbindlich ist, was die Regel der Beschlüsse internationaler Organisationen ist. Eine Ausnahme sind die Entscheidungen der OECD, die für die Mitgliedstaaten völkerrechtliche Verbindlichkeit haben [36]. Die Verordnungen und Entscheidungen des Ministerrats der Europäischen Gemeinschaften haben sogar innerstaatliche Verbindlichkeit [37]. Gerade das Handeln

---

[34] Dazu Steiger, *Staatlichkeit* (Anm. 9); Paul Reuter, *Institutions Internationales*, 8. Auflage, Paris 1975, S. 228 f.; Friedmann (Anm. 9), S. 273 f. in bezug auf International Welfare Organizations.

[35] Dazu Steiger, *Staatlichkeit* (Anm. 9); Ipsen (Anm. 29); Louis Cartou, *Organisations Européennes*, 5. Auflage, Paris 1975; Paul Reuter, *Organisations Européennes*.

[36] Artikel 5 (a) OECD-Konvention. Dazu unter anderem: Hugo J. Hahn und Albrecht Weber, *Die OECD-Organisation für wirtschaftliche Zusammenarbeit und Entwicklung*, Baden-Baden 1976, S. 107 ff.

[37] Artikel 189 EWG-Vertrag. Dazu unter anderem: Steiger, *Staatlichkeit* (Anm. 9), S. 99; Ipsen (Anm. 29), S. 447 ff. Da dadurch nicht nur die Gemeinschafts-

in den zwischenstaatlichen und überstaatlichen Organisationen ist auf die Verwirklichung gemeinsamer, allgemeiner Interessen gerichtet. Gerade hier handeln die Staaten nicht nur, ja nicht einmal immer in erster Linie für sich, sondern für das Ganze der Organisation.

f) Handlungsformen der Außenpolitik

Die Handlungsformen der Außenpolitik waren schon immer sehr vielfältig. Sie sind aber durch die neueren Entwicklungen zur koordinierenden und kooperierenden Politik einerseits und zur organisierten institutionalisierten Außenpolitik andererseits noch erheblich ergänzt worden. Einige der Handlungsformen führen zu rechtlich erheblichen Entscheidungen, so insbesondere die einseitigen und mehrseitigen Rechtsgeschäfte. Aber auch hier sei wieder auf die Helsinki-Schlußakte und das Schlußkommunique der Belgrader Folgekonferenz hingewiesen. Wir haben uns bei unserem letzten Kolloquium zwar darüber verständigt, daß es sich hier nicht um Verträge handeln kann, aber gleichzeitig doch auch festgestellt, daß es sich nicht um leere unerhebliche Worte handelt, sondern um normative Aussagen, wenn auch nicht unbedingt rechtsnormative[38]. Andere Beispiele sind die Empfehlungen oder Resolutionen der Vereinten Nationen, insbesondere der Generalversammlung, aber auch Aktionsprogramme und dergleichen[39]. Sie alle haben für weitere Entwicklungen in der Außenpolitik oder der Außenpolitik erhebliche Bedeutung; sie steuern das Verhalten der einzelnen Staaten und sie erzeugen Erwartungen im Hinblick auf dieses Ver-

---

ordnung — politisch und rechtlich — weiterentwickelt, also „internationale Angelegenheiten" erledigt werden, sondern auch innerstaatliche Gesetze durch übernationale Akte verdrängt werden, führt dies zu einer Reduktion der Einflußnahme des Bundestages als Gesetzgeber auf internationale wie auf nationale Entscheidungsfindungen. Zwar ist durch Artikel 2 des Gesetzes zur Zustimmung des EWG-Vertrages vorgesehen, daß die Bundesregierung dem Bundestag, wie dem Bundesrat, Verordnungsentwürfe und sonstige Entscheidungsentwürfe allgemeiner Art vor der Beschlußfassung im Ministerrat rechtzeitig zur Stellungnahme vorlegen soll. Der Bundestag macht aber nur geringen bis keinen Gebrauch von dieser Möglichkeit, politisch Einfluß zu nehmen, ein Beispiel für die Selbstkasteiung des Bundestages in internationalen Angelegenheiten.

[38] Siehe das Schrifttum in Anm. 3.

[39] Dazu unter anderem aus dem sehr umfangreichen Schrifttum: Bruno Simma, *Methodik und Bedeutung der Vereinten Nationen für die Fortentwicklung des Völkerrechts, Die Vereinten Nationen im Wandel, Referate und Diskussionen eines Symposions, 20. - 23. November 1974*, Veröffentlichungen des Instituts für Internationales Recht an der Universität Kiel, Bd. 73, Berlin 1975, S. 79 ff.; Jochen A. Frowein, *Der Beitrag der internationalen Organisationen zur Entwicklung des Völkerrechts*, ZaöRV, Bd. 36, 1976, S. 147 ff., beide mit weiterem Schrifttum.

halten, auch wenn sie keine formelle rechtliche Verbindlichkeit entfalten. Für den Juristen stehen naturgemäß die Handlungsformen, die zur rechtlich verbindlichen Festlegung führen, insbesondere der Vertrag im Vordergrund. Aber schon hier ist zu bedenken, daß ein Vertrag nur ein Schlußpunkt eines langen außenpolitischen Prozesses ist, an dem vielfältige Kräfte mitwirken. Zu diesen politischen Kräften gehört auch das Parlament, aber eben nicht nur bei den politischen Prozessen, die zu einem Vertrag oder einem anderen rechtsverbindlichen außenpolitischen Akt führen. Wie die parlamentarische Mitwirkung im einzelnen organisiert ist, ist später zu untersuchen. Sie wird bei den verschiedenen Handlungsformen je verschieden sein. Zu beachten ist aber darüberhinaus, daß gerade das Parlament auch eigene außenpolitische Handlungsformen entwickelt hat aufgrund seines allgemeinen Status und seiner allgemeinen Funktion im parlamentarischen Regierungssystem, die außenpolitische Debatte, die außenpolitische Entschließung, die Mitwirkung oder Mitarbeit in internationalen parlamentarischen Gremien, die Kontaktaufnahme und Kontaktpflege zu Parlamentariern und Parlamenten anderer Länder et cetera. Im großen und ganzen ist die Handlungsform, die jeweils zur Anwendung kommt abhängig von der Ebene, auf der gehandelt wird und von dem Ziel, das die miteinander Handelnden erreichen wollen. Nicht selten wird zum Beispiel der Vertrag durch eine minderbindende Form, etwa eine Empfehlung oder Resolution der Generalversammlung der Vereinten Nationen ersetzt, oder durch eine Abmachung vom Typ der KSZE-Schlußakte. Das kann im übrigen dazu führen, daß bestimmte Kompetenzen des Parlamentes ausgeschaltet oder unterlaufen werden.

3. Zum Begriff „Parlament"

a) Bundestag und Bundesrat

Der Begriff „Parlament" ist in der Bundesrepublik kein verfassungsrechtlicher Begriff. Das Grundgesetz spricht von dem Deutschen Bundestag und dem Bundesrat, die in bezug auf unser Thema in Artikel 59 Absatz 2 des Grundgesetzes als gesetzgebende Körperschaften benannt werden, deren Zustimmung beziehungsweise Mitwirkung bei der Ratifikation bestimmter dort näher beschriebener Verträge notwendig ist. Bundestag und Bundesrat sind zwei voneinander unabhängige Organe. Sie bilden keine gemeinsame

Körperschaft, wie etwa das englische Parlament aus Oberhaus und Unterhaus oder der amerikanische Kongreß aus Senat und Repräsentantenhaus gebildet werden. Sie sind auch nicht zwei Kammern. Das hat das Bundesverfassungsgericht ausdrücklich festgestellt[40]. Von den beiden gesetzgebenden Körperschaften setzt sich der Bundestag gemäß Artikel 38 des Grundgesetzes aus vom Volk in gleicher, unmittelbarer, allgemeiner und geheimer Wahl bestimmten Abgeordneten zusammen. Er ist also das repräsentative Organ des Volkes. Der Bundesrat besteht gemäß Artikel 51 des Grundgesetzes hingegen aus den Mitgliedern der Regierungen der Länder. Ich interpretiere das Ziel der Fragestellung und daher den Begriff „Parlament" in derselben dahin, daß damit das volksgewählte Organ und seine Mitwirkung gemeint sind[41]. Zwar haben wir in den vergangenen Jahren in der Bundesrepublik, im Gegensatz zu früher, eine Zunahme der Bedeutung des Bundesrates in der Einwirkung auf die Gestaltung der Außenpolitik der Bundesrepublik feststellen können. Das hat seinen Grund darin, daß der Bundesrat sich in manchen Fragen nicht nur an den Länderinteressen, sondern auch an parteipolitischen Maximen ausgerichtet hat. Die Mehrheit der Regierungen der Bundesländer wird aber von der Partei gestellt, die im Bundestag die Minderheit, das heißt die Opposition bildet. Trotzdem macht diese parteipolitische Inanspruchnahme des Bundesrates denselben noch nicht zum „Parlament" im hier verstandenen Sinne. Es wird also im folgenden nur von der Beteiligung des Bundestages an der Gestaltung der Außenpolitik die Rede sein[42].

b) Innere Struktur des Bundestages[43]

Als Organ handelt der Bundestag als körperschaftliche Einheit. Nur als solcher trifft er im Plenum Rechtsentscheidungen, setzt er vor allem Rechtsakte. Aber wir haben „Außenpolitik" umfassender definiert. Nicht nur

[40] Beschluß des 2. Senats vom 25 Juni 1974, 2 BvF 2, 3/73, *Entscheidungen des Bundesverfassungsgerichts* (BVerfGE), Bd. 37, 1975, S. 363 ff, 380.

[41] Siehe aber die abweichende Auffassung Tomuschats oben Anm. 7.

[42] Zur Rolle des Bundesrates in der Außenpolitik gerade auch aufgrund seiner Mitwirkungsbefugnis bei der Ratifikation völkerrechtlicher Verträge, die zum Beispiel bei dem deutsch-polnischen Rentenabkommen eine entscheidende Bedeutung gewannen: W. Knies, *Der Bundesrat: Zusammensetzung und Aufgaben*, in: *Die öffentliche Verwaltung* (DÖV), 1977, S. 575 ff.; Thomas Oppermann, *Bundesrat und auswärtige Gewalt, Der Bundesrat als Verfassungsorgan und politische Kraft*, 1974, S. 299 ff.; Wilhelm Kewenig, *Bundesrat und auswärtige Gewalt*, „Zeitschrift für Rechtspolitik" (ZRP) 1971, S. 238 ff.; Tomuschat (Anm. 1), S. 18 ff.

[43] Zum ganzen Unterabschnitt Steiger (Anm. 2), S. 50 ff. mit weiteren Angaben zum Schrifttum.

Rechtsakte spielen darin eine Rolle. Der Bundestag debattiert häufiger außenpolitische Vorgänge und faßt auch Entschließungen dazu. Außerdem steht die Entscheidung, wie bereits mehrfach betont, immer am Ende eines längeren Willensbildungs- und Entscheidungbildungsprozesses. Das Thema macht gerade auch diesen Prozeß der Willensbildung im Bundestag zum Gegestand der Analyse. Auf diesen Willensbildungsprozeß im Bundestag wirken aber einzelne Mitglieder oder Abgeordnete des Bundestages sowie innerhalb seiner organisierten Gruppen ein. Wir müssen daher den „körperschaftlichen Schleier" lüften und uns die innere Gliederung des Bundestages vor Augen führen. Zunächst besteht der Bundestag aus Abgeordneten. Jeder Abgeordnete allein kann zwar keine Entscheidung fällen, aber auf Entscheidungen doch erheblichen Einfluß nehmen. Der „Hinterbänkler" allerdings hat dazu eine wesentlich geringere Chance als etwa der Vorsitzende einer Fraktion. Aber in Situationen, in denen es auf jede einzelne Stimme ankommt, wächst auch dem einfachen Abgeordneten eine erhebliche Einflußmöglichkeit zu[44]. Er steht dabei im Spannungsfeld zwischen seiner nur im Gewissen gebundenen Entscheidungsfreiheit, dem freien Mandat, und der Politik seiner Partei, die ihn aufgestellt hat und für die er vor die Wähler getreten ist[45]. Außerdem ist der Abgeordnete als solcher mit einer politischen Potenz ausgestattet, die es ihm gestattet, außenpolitisch auch außerhalb des körperschaftlichen Verbandes, zum Beispiel auf Reisen, tätig zu werden. So wirkt der Abgeordnete kraft seines Mandates innerhalb und außerhalb des Bundestages an der außenpolitischen Willensbildung desselben mit.

Der Bundestag ist nach sachlichen Gesichtspunkten und nach politischen Gesichtspunkten gegliedert. Wenden wir uns zunächst den sachlichen zu. Nach der Geschäftsordnung richtet der Bundestag jeweils zu Beginn seiner Legislaturperiode Ständige Ausschüsse ein. Diese Ständigen Ausschüsse sind nach Sachgesichtspunkten gegliedert[46]. In ihnen werden die Ent-

---

[44] Das wurde insbesondere in der Verwirklichung der Ostpolitik in den Jahren 1970 - 1972 sichtbar, die durch die Verweigerung einiger weniger, zum Teil unbekannter Abgeordnete gefährdet wurde.

[45] Steiger (Anm. 2), S. 184 ff.; Schäfer (Anm. 2), S. 152 ff.; Clemens Kremer, *Der Abgeordnete zwischen Entscheidungsfreiheit und Parteidisziplin*, 2. Auflage, München 1956.

[46] Schäfer (Anm. 2), 105 ff.; Steiger (Anm. 2), S. 119 ff.; Loewenberg (Anm. 2), S. 182 ff.; Herbert Frost, *Die Parlamentaussschüsse, ihre Rechtsgestalt und ihre Funktionen, dargestellt an den Ausschüssen des Deutschen Bundestages*, „Archiv des öffentlichen Rechts" (AöR), Bd. 95, 1970, S. 38 ff.: Bruno Dechamps, *Macht*

scheidungen des Bundestages als solchen, also die Plenarentscheidungen vorbereitet. Die Ausschüsse, die sich mit Fragen der auswärtigen Politik befassen, haben aber sogar ein Selbstbefassungsrecht dergestalt, daß sie selbst sich Themen aussuchen können und ihrerseits mit der Regierung in Verbindung treten können. Diese Ausschüsse sind der Auswärtige Ausschuß und der Verteidigungsausschuß. Beide sind durch das Grundgesetz selbst in Artikel 45a ausdrücklich vorgeschrieben. Außerdem gibt es weitere Ausschüsse, die sich mit außenpolitischen Fragen beschäftigen, nämlich den innerdeutschen Ausschuß und den Ausschuß für wirtschaftliche Zusammenarbeit und Entwicklung. Aber auch jeder andere Ausschuß hat irgendwann einmal außenpolitische Fragestellungen zu bearbeiten, weil es eben kaum ein innenpolitisches Problem gibt, das nicht außenpolitische Konsequenzen hat und kein außenpolitisches Problem, das nicht nach innen wirkt. So hat etwa der Haushaltsausschuß, der über die Mittelbewilligung zu entscheiden hat, einen großen Teil seiner Arbeit außenpolitischen Fragen zuzuwenden, etwa wenn er über Bewilligung von Mitteln für die Entwicklungshilfe entscheidet[47]. Der Bundestag kann auch jederzeit Sonderausschüsse für besondere Gebiete oder Aufgaben bilden, also auch für außenpolitische Fragen. Ein jüngeres Instrument sind die in § 47a der Geschäftsordnung des Bundestages (GOBT) vorgesehenen sogenannten Enquête-Kommissionen[48]. Sie werden vom Bundestag eingerichtet, um spezifische Fragestellungen und Probleme zu untersuchen, und dazu langfristige Lösungsvorschläge zu unterbreiten. Sie bestehen aus Abgeordneten, aber auch aus anderen Mitgliedern, zum Beispiel Wissenschaftlern. Eine solche Kommission hat sich mit der auswärtigen Kulturpolitik befaßt und dafür wesentliche Impulse gegeben. Darauf ist zurückzukommen[49].

Die politische Gliederung des Bundestages vollzieht sich nach den im Bundestag vertretenen Parteien. Die Abgeordneten einer Partei oder verschwisterter Parteien bilden gemäß § 10 GOBT jeweils eine Fraktion[50]. Diese

---

und Ohnmacht der Ausschüsse, Meisenheim 1954; Heribert Schatz, *Der parlamentarische Entscheidungsprozeß*, Meisenheim 1970, S. 85 ff.

[47] Zur Praxis in der Bundesrepublik siehe: Tomuschat (Anm. 7), S. 34, Fußnote 128; auch unten S. 69 ff.

[48] Hans Trossmann, *Parlamentsrecht des Deutschen Bundestages*, München 1977, S. 531 f.

[49] Unten S. 37.

[50] Trossmann (Anm. 48), S. 65 ff.; Steiger (Anm. 2), S. 107 ff.; Schäfer (Anm. 2), S. 131 ff.; Loewenberg (Anm. 2), S. 193 ff.

Fraktionen sind wesentliche Träger der parlamentarischen Arbeit. In diesen Fraktionen werden Arbeitskreise gebildet, die sich gegebenenfalls wieder in Arbeitsgruppen unterteilen. Sie entsprechen in etwa der Sachaufgliederung der Ausschüsse und umfassen die Ausschußmitglieder der Fraktion [51]. Die Fraktion entsendet ihrerseits die Mitglieder in die Ausschüsse. Die sachlichen Lösungsvorschläge kommen in der Regel aus den Fraktionen und gehen von dort entweder in die Ausschüsse oder direkt in das Plenum des Bundestages. Sie sind also die eigentlichen politischen Kraftzentren. Das gilt auch für die Außenpolitik. Ein Teil dieser Fraktionen oder eventuell eine einzige trägt und stützt die Bundesregierung. Ein anderer Teil oder wiederum eine einzelne Fraktion steht gegen die Bundesregierung und auch zu den sie tragenden Fraktionen in Opposition [52]. Diese politische Zweiteilung des Bundestages spielt gerade für unsere Fragestellung eine erhebliche Rolle [53]. In den großen außenpolitischen Fragen, in den Westverträgen in den fünfziger Jahren und in den Ostverträgen in den siebziger Jahren standen regierungstragende Fraktionen und Oppositionsfraktionen über den einzuschlagenden Kurs jedesmal in tiefem Gegensatz. Die Opposition mußte den Bundestag einschalten, um Einfluß auf die Außenpolitik nehmen zu können, da sie ja nicht in der Regierung stand [54]. Wenn also von dem Einfluß des Parlamentes auf die Gestaltung der Außenpolitik die Rede ist, dann kann es nicht nur als Einheit gesehen werden, sondern auch seine Mitglieder und Untergliederungen müssen mit einbezogen werden. Erst die Analyse des Verhaltens, des Gegeneinander wie des Zusammenspiels dieser verschiedenen Träger politischer Energie wie rechtlicher Kompetenzen, je verschieden sie jeweils auch sein mögen, kann ein einigermaßen zutreffendes Bild des Einflusses des Parlamentes auf die Außenpolitik geben.

---

[51] Loewenberg (Anm. 2), S. 205 ff., 219 ff.; Schäfer (Anm. 2), S. 142 ff.; Hans Apel, *Die Willensbildung in den Bundestagsfraktionen – die Rolle der Arbeitsgruppen und Arbeitskreise*, „Zeitschrift für Parlamentsfragen", 1. Jahrgang 1970, S. 223 ff.; Schatz (Anm. 46), S. 52 ff., dort finden sich auch bemerkenswerte Analysen der personellen Struktur der Arbeitskreise, S. 55 ff. Es zeigt sich, daß die Mitglieder in der Regel zur Führungselite von Partei und/oder Fraktion gehören, wodurch ihr persönlicher Einfluß bestimmt wird; ein Beispiel für Arbeitskreisarbeit siehe: Karl und Krause (Anm. 25), S. 74 f.

[52] Umfassend: Hans Peter Schneider, *Die parlamentarische Opposition im Verfassungsrecht der Bundesrepublik Deutschland*, Frankfurt am Main 1974.

[53] Zur Rolle der Opposition in der Außenpolitik: Heino Kaack, *Opposition und Außenpolitik*, in: *Die anachronistische Souveränität* (Anm. 6), S. 224 ff.; auch unten S. 39 f.

[54] Günter Patz, *Parlamentarische Kontrolle der Außenpolitik*, Meisenheim am Glan 1976, zum Beispiel die Haltung der SPD in der Westpolitik – S. 22 ff., die Haltung der CDU/CSU in der Ostpolitik – S. 105 ff.

4. „Außenpolitik" in der Verfassungsrechtswirklichkeit der Bundesrepublik Deutschland

a) Vorbemerkung

Die uns interessierende Frage wird in der deutschen Verfassungsrechtsliteratur unter dem Stichwort „auswärtige Gewalt" diskutiert[55]. Was auswärtige Gewalt ist, ist in der Literatur allerdings unklar. Es erscheint nicht sehr sinnvoll, die verschiedenen Begriffsbestimmungen hier vorzutragen. Am zutreffendsten ist wohl die Definition von Wilhelm Kewenig, nach der „auswärtige Gewalt" nichts anderes ist als „ein Inbegriff der verfassungsrechtlichen Kompetenzen oder Zuständigkeiten zur Wahrnehmung der auswärtigen Angelegenheiten oder eben der Außenpolitik durch die verschiedenen Organe der Bundesrepublik Deutschland"[56]. Die Kompetenzverteilung ist durch zwei Grundprinzipien getragen, die sich gegenseitig verschränken. Das eine Prinzip ist das der Gewaltengliederung, das andere ist das parlamentarische Regierungssystem.

Das System der Gewaltengliederung in der Bundesrepublik Deutschland hat gemäß Artikel 20 des Grundgesetzes seine Basis in der einheitlichen Staatsgewalt, deren Träger das Volk ist[57]. Es werden jedoch drei Modalitäten oder Funktionen unterschieden: Gesetzgebung, vollziehende Gewalt und Rechtsprechung. Diese werden in ihren Kernbereichen von drei verschiedenen Organen oder Organgruppen wahrgenommen: Die Gesetzge-

---

[55] Literaturübersicht: Hans W. Baade, *Das Verhältnis von Parlament und Regierung im Bereich der auswärtigen Gewalt der Bundesrepublik Deutschland*, Hamburg 1962; Weiß (Anm. 10); Wilhelm Grewe und Eberhard Menzel, *Die auswärtige Gewalt der Bundesrepublik*, VVDtStRL, H. 12, Berlin 1954, S. 129 ff., 197 ff.; Hans D. Treviranus, *Außenpolitik im demokratischen Rechtsstaat*, Tübingen 1966; Mosler (Anm. 10); Albert Bleckmann *Grundgesetz und Völkerrecht*, Berlin 1975, S. 201 ff. mit noch weiteren Nachweisen.

[56] Wilhelm Kewenig, Stichwort „*Auswärtige Gewalt*", in: *Handbuch* (Anm. 6), S. 37 ff., 37; Erik Hienstorfer, *Die auswärtige Gewalt des Deutschen Bundestages, Juristische Dissertation*, Marburg 1968, S. 19 f. nach Darstellung des Streitstandes; Herrmann Mosler, Stichwort „*Auswärtige Gewalt*", in: *Staatslexikon*, herausgegeben von der Görres-Gesellschaft, Bd. 1, Freiburg 1957, Spalte 753; Theodor Maunz, Artikel 32 Randnummer 1, Grundgesetz. Kommentar von Theodor Maunz, Günter Düring, Roman Herzog, Ruppert Scholz, Loseblatt-Ausgabe, Bd. 2, München Stand 1977; unklar Bleckmann (Anm. 55), S. 201 f., der von „Zuständigkeiten und Tätigkeiten" spricht.

[57] Dazu Konrad Hesse, *Grundzüge des Verfassungsrechts der Bundesrepublik Deutschland*, 10. Auflage, Karlsruhe 1977, S. 194 ff.; Theodor Maunz, *Deutsches Staatsrecht*, 21. Auflage, München 1977, S. 236 ff.; Klaus Stern, *Das Staatsrecht der Bundesrepublik Deutschland*, Bd. 1, München 1977, S. 624 ff.

bung vom Bundestag, die vollziehende Gewalt von der Regierung und den nachgeordneten Verwaltungsbehörden, die Rechtsprechung von den Gerichten. Jedoch ist die Zuweisung keine ausschließliche. Insbesondere ist die Bundesregierung an der Gesetzgebung mit verschiedenen Zuständigkeiten beteiligt und ist der Bundestag an der vollziehenden Gewalt mit verschiedenen Zuständigkeiten beteiligt. Die auswärtige Gewalt als Kompetenzinbegriff setzt sich aus Zuständigkeiten im Bereich der Gesetzgebung, im Bereich der vollziehenden Gewalt und im Bereich der Rechtsprechung zusammen [58]. Sowohl die sogenannte Exekutive, bestehend aus Bundespräsident und Bundesregierung, als auch die Legislative oder der Bundestag haben daher bereits von der Modalität her Zuständigkeiten in bezug auf die Wahrnehmung der auswärtigen Angelegenheiten. Die auswärtige Gewalt kann daher nicht einer Modalität oder Funktion mit Schwergewicht zugeordnet werden. Das ist nicht ganz unbestritten. Das Bundesverfassungsgericht und ein Teil der Literatur sind der Auffassung, daß die auswärtige Gewalt, das heißt die Wahrnehmung der auswärtigen Angelegenheiten als eines Sachbereiches, von der Modalität oder Funktion her der vollziehenden Gewalt zuzuordnen ist [59]. Ihr erscheinen die Kompetenzen des Bundestages im Bereich der auswärtigen Gewalt als Durchbrechung des Gewaltenteilungsprinzips. Diese Auffassung ist vor allem historisch begründet, und zwar sowohl ideengeschichtlich von Locke und Montesquieu her als auch verfassungsgeschichtlich aus der Geschichte der konstitutionellen Monarchie und auch noch der Weimarer Republik [60]. Eine andere Auffassung in der Literatur geht jedoch dahin, die auswärtige Gewalt als „kombinierte Gewalt" oder „gemischte Gewalt" anzusehen [61]. Sie ist auch Ausdruck einer demo-

---

[58] Mosler (Anm. 10), S. 251; Weiß (Anm. 10), S. 62 ff.

[59] Urteil des 2. Senats vom 29. Juli 1952, 2 BvE 3/51, *Entscheidungen des Bundesverfassungsgerichts*, Bd. 1, 1952, S. 351 ff., 369; Urteil des 2. Senats vom 29. Juli 1952, 2 BvE 2/52, ebenda, S. 372 ff., 395; Grewe (Anm. 55), S. 135 f.; Jürgen C. Weichert, *Der Ausschuß für auswärtige Angelegenheiten*, „Außenpolitik" 11. Jahrgang, 1960 II, S. 618 ff., 619; Mosler (Anm. 10), S. 251, 269, hebt zwar das Zusammenwirken mehrerer Organe bei der Ausübung der materiellen auswärtigen Gewalt hervor, ordnet aber die auswärtigen Angelegenheiten als deren Inhalt wesensgemäß der vollziehenden Gewalt zu.

[60] Dazu Grewe (Anm. 55), S. 130 ff.; Mosler (Anm. 10), S. 247 ff.; Weiß (Anm. 10), S. 58.

[61] So zuerst Menzel (Anm. 55), S. 197; Herrmann Kopf, *Das Parlament und die auswärtige Politik*. „Außenpolitik" 18. Jahrgang, 1967 I, S. 306 ff., 307; Baade (Anm. 55), S. 118 ff.; Grupp (Anm. 10), S. 89; Weiß (Anm. 10), S. 65 ff.; nach Friesenhahn steht ganz allgemein die Regierung der Bundesregierung und dem Bundestag „gewissermaßen zur gesamten Hand" zu, siehe: Ernst Friesenhahn, *Parlament und Regierung im modernen Staat*, VVDtStRL, H. 12, Berlin 1958, S. 9 ff., 37 f.; Hienstorfer (Anm. 56), S. 61 ff. betont zwar, daß verschiedene Organe verschiedene

kratischen Außenpolitik. Gerade sie verlangt eine stärkere Rolle des Parlamentes als demokratischem Repräsentationsorgan. Stellt man allein auf die Gemengelage der Kompetenzen in diesem Bereich ab, so ist dieser zweiten Auffassung zuzustimmen, wie im einzelnen darzulegen sein wird. Das gilt umso mehr, als die Gewaltenteilung nicht nur nicht strikt als solche durchgeführt worden ist, sondern von dem bereits erwähnten parlamentarischen Regierungssystem überlagert wird.
Das parlamentarische Regierungssystem in der Ausprägung, die es in der Bundesrepublik Deutschland gefunden hat, gibt dem Bundestag durch die Wahl des Bundeskanzlers gemäß Artikel 63 des Grundgesetzes eine Kreationsbefugnis für die Bundesregierung und eine Kontrollbefugnis über die gesamte politische Tätigkeit der Bundesregierung, also auch die außenpolitische. Das bedeutet, daß die Bundesregierung in ihrem politischen Handeln vom Bundestag abhängig ist. Zwar hat der Bundestag keinen allgemeinen Kompetenzvorrang gegenüber der Bundesregierung, ist er nicht souverän. Sondern auch er ist in das Kompetenzgefüge des Grundgesetzes eingebunden und insofern ein „konstitutionelles" Parlament, als er dieses Verfassungsgefüge nicht von sich aus zu ändern vermag. Das bedeutet insbesondere, daß er nur dort rechtsverbindliche Entscheidungen, Erklärungen und dergleichen abgeben kann, wo ihm dies ausdrücklich durch die Verfassung zugewiesen ist[62]. Aber andererseits ergeben doch seine Kreationsbefugnis und seine Kontrollkompetenzen die Möglichkeit, jede politische, also auch jede außenpolitische Frage aufzugreifen, sie zu debattieren und dazu Stellung zu nehmen und zwar gegenüber den verschiedensten Adressaten, sowohl nach innen als auch nach außen. Es genügt daher nicht, die dem Bundestag durch das Grundgesetz ausdrücklich zugewiesenen Zuständigkeiten im Bereich der auswärtigen Gewalt zur Wahrnehmung der auswärtigen Angelegenheiten und ihre praktische Ausfüllung zu untersuchen. Um unser Thema in seinen verschiedenen Verästelungen zu behandeln,

---

Zuständigkeiten in der Wahrnehmung der auswärtigen Angelegenheiten haben, lehnt aber den Begriff aus konstruktiven Gründen ab; aus politologischer Sicht: Werner Linck, *Die außenpolitische Rolle des Parlaments und das Konzept der kombinierten auswärtigen Gewalt. Probleme der Demokratie heute*, PVS 11 Jahrgang, 1970, Sonderheft 2, S. 357 ff. Nicht ganz eindeutig: Ernst Majonica, *Bundestag und Außenpolitik*, in: *Handbuch* (Anm. 6), S. 112 ff., 112 - 113.

[62] Der Bundestag ist in die Kompetenzordnung eingebunden, kann also auch nicht die Entscheidungen anderer Organe an sich ziehen. Diese Frage hat innenpolitisch, aber kaum außenpolitisch erhebliche Bedeutung. Als allgemeines verfassungstheoretisches Problem behandelt sie: Martin Kriele, *Einführung in die Staatslehre*, Reinbek bei Hamburg 1975, S. 111 ff.: „Im Verfassungsstaat gibt es keinen Souverän".

ist es vielmehr notwendig, diese allgemeine politische Zuständigkeit des Bundestages vorweg zu erörtern. Denn die Wahrnehmung dieser allgemeinen politischen Zuständigkeiten ist die Grundlage für die spezielle Wahrnehmung der Einzelzuständigkeit im Rahmen der auswärtigen Gewalt.

Ein Wort noch zum Begriff „Verfassungsrechtswirklichkeit"[63]. In der deutschen staatsrechtlichen Literatur wird häufig zwischen Verfassungsrecht und Verfassungswirklichkeit unterschieden. Damit soll zum Ausdruck gebracht werden, daß die Wirklichkeit der Entwicklung der Verfassung sich von dem Verfassungsrecht zwar anleiten lassen kann aber nicht anleiten lassen muß und daß dieses Verfassungsrecht nur eine äußere normative Erscheinung sei, die erst durch die Praxis ihre eigentliche Wirklichkeit erlangt. Der Grundgedanke, der hier angesprochen ist, ist zutreffend, nämlich daß die Verfassungsrechtsnormen so weit sind, daß sie in der Praxis der Konkretisierung bedürfen und erst durch die Praxis ihre Wirksamkeit in der einen oder anderen Richtung entfalten. Jedoch besteht hin und wieder auch die Neigung, die Verfassungswirklichkeit dem Verfassungsrecht entgegenzusetzen und die Verfassungswirklichkeit dem Verfassungsrecht vorzuordnen. Das wäre sicherlich falsch. Um nun den durchaus richtigen Grundgedanken zum Ausdruck zu verhelfen, spreche ich von Verfassungsrechtswirklichkeit als der nach und durch das Verfassungsrecht gestalteten Wirklichkeit, wobei nicht übersehen wird, daß der Vollzug oder die Wahrnehmung des Verfassungsrechtes in der Wirklichkeit auch das Verfassungsrecht selber für die Zukunft beeinflußt. Es besteht also eine Wechselwirkung.

b) Zum allgemeinen Verhältnis von Bundestag und Bundesregierung

Das Verhältnis von Bundestag und Bundesregierung in bezug auf die Politik, und damit auch die Außenpolitik, ist durch zwei Grundsätze gekennzeichnet. Der Bundestag wählt den Bundeskanzler gemäß Artikel 63 des Grundgesetzes. Der Bundeskanzler bestimmt die Richtlinien der Politik gemäß Artikel 65[64]. Diese beiden Prinzipien erzeugen eine gewisse Spannung zwischen Bundestag und Bundeskanzler als dem Chef der Bundes-

---

[63] Ausführlicher Steiger (Anm. 2), S. 22 ff.; Hesse (Anm. 57), S. 17 ff.

[64] Allgemein Maunz (Anm. 56), Artikel 65; Wilhelm Hennis, *Richtlinienkompetenz und Regierungstechnik*, 1964; Helmut Karehnke, *Richtlinienkompetenz des Bundeskanzlers, Ressortprinzip und Kabinettsgrundsatz*, „Deutsches Verwaltungsblatt" (DVBl) 1974, S. 101 ff.; Josef Kölble, *Ist Artikel 65 GG überholt?*, „Die öffentliche Verwaltung" (DÖV) 1973, S. 1 ff.

regierung. Artikel 65 gibt dem Bundeskanzler das Recht und die Zuständigkeit, die Richtlinien der Politik und damit auch der Außenpolitik festzulegen [65]. Ihm steht also ein Initiativ- und Führungsrecht zu [66]. Damit liegt ein Schwergewicht für die Gestaltung der Außenpolitik beim Bundeskanzler. Jedoch wird der Bundestag keinen Bundeskanzler wählen, dessen Politik nicht von der Mehrheit der Mitglieder des Bundestages akzeptiert wird. Vor der Wahl des Bundeskanzlers wird sich die Mehrheit des Bundestages bemühen sicherzustellen, daß eine Übereinstimmung der politischen Ziele und Vorstellungen des Bundeskanzlers mit denen der Mehrheit gegeben ist [67]. Praktisch geschieht das dadurch, daß vor der Wahl des Bundeskanzlers Verhandlungen und auch Festlegungen über die einzuschlagende politische Linie stattfinden. Wenn, was in der Bundesrepublik mit einer Ausnahme bisher die Regel war, mehrere Fraktionen den zukünftigen Bundeskanzler wählen und damit eine Koalitionsregierung bilden, finden vor der Wahl Koalitionsverhandlungen statt. In diesen Koalitionsverhandlungen werden die Inhalte der zukünftigen Politik dieser Koalitionspartner zwar nicht im Detail festgelegt, wohl aber in den Grundzügen. Es entstehen die sogenannten Koalitionsabsprachen [68]. Diese Koalitionsabsprachen können schriftlich niedergelegt werden. Das ist verschiedentlich geschehen. Sie können aber auch mündlich erfolgen und finden dann meistens ihren schriftlichen Niederschlag in der ersten Regierungserklärung, die der Bundeskanzler nach seiner Ernennung abgibt. In den schriftlich vorliegenden und bekannt gewordenen Koalitionsabsprachen etwa aus dem Jahre 1961 finden sich sehr eingehende Festlegungen über die Außenpolitik der neuzubildenden Regierung [69]. Diese Koalitionsabsprachen sind für den Bundeskanzler rechtlich unverbindlich. Er ist nicht gezwungen, bei der Wahrnehmung

---

[65] Für die Außenpolitik im besondern Grupp und Weiß (Anm. 10).

[66] In der Geschichte der Bundesrepublik gingen die fundamentalen außenpolitischen Entscheidungen, sowohl die Westorientierung als auch die Ostpolitik von den beiden Bundeskanzlern Adenauer und Brandt aus, die zur Verwirklichung aber die Mehrheit im Bundestag suchen mußten. Sie waren nicht unumstritten. Brandt wäre beinahe damit gescheitert. Aber dies waren Reaktionen, keine Aktionen des Bundestages.

[67] Ernst Majonica, früher außenpolitischer Sprecher der CDU/CSU-Fraktion, nennt daher die Wahl des Bundeskanzlers „die wichtigste außenpolitische Entscheidung, die der Bundestag trifft", siehe: Majonica, *Bundestag und Außenpolitik*, S. 113; die Wahlfunktion wird unterschätzt von Karl und Krause (Anm. 25), S. 59.

[68] Dazu Adolf Schüle, *Koalitionsvereinbarungen im Lichte des Verfassungsrechts*, Tübingen 1964; Christoph Sasse, *Koalitionsvereinbarung und Grundgesetz*, „Juristenzeitung" (JZ) 1961, S. 719 ff.; Wilhelm Kewenig. *Zur Rechtsproblematik der Koalitionsvereinbarungen*, AöR Bd. 90, 1965, S. 182 ff.; Steiger (Anm. 2) S. 250 ff.

[69] Abgedruckt in Schüle (Anm. 68). S. 137 ff.

seiner Zuständigkeit zur Festlegung der Richtlinien der Politik nach diesen Koalitionsabsprachen zu handeln. Er wird aber politisch gut daran tun, diese Linie einzuhalten. Tut er das nicht, wird er für seine Politik keine Mehrheit im Bundestag finden und riskiert, als Bundeskanzler gestürzt zu werden. Will er die politische Linie gegenüber den Koalitionsabsprachen bei der Bildung der Regierung ändern, so wird er vorher neue Koalitionsverhandlungen führen und neue Koalitionsabsprachen herbeiführen müssen. Diese Koalitionsabsprachen sind kein Akt des Bundestages als solchen. Hier handelt also nicht das Organ Bundestag. Es handeln die Fraktionen, die die neue Regierung tragen werden, beziehungsweise die Parteien, deren parlamentarischer Teil die Fraktionen sind [70]. Jedoch können die Fraktionen und die Parteien diese Koalitionsabsprachen nur treffen, weil sie eben Teil des Parlamentes sind und damit im Vorfeld des Entscheidungsprozesses im Bundestag dessen spätere Kompetenzwahrnehmung vorbereiten. Hier liegt vielleicht eine der wirksamsten Möglichkeiten, seitens des Bundestages auf die Gestaltung der Außenpolitik einzuwirken.

Die Bestimmung der Richtlinien der Politik durch den Bundeskanzler unterliegt auch nach seiner Wahl der ständigen Kontrolle durch den Bundestag. Wie bereits erwähnt, muß er dafür besorgt sein, auch während seiner Amtszeit laufend die Zustimmung der ihn tragenden Mehrheit sich zu erhalten. Gerade in außenpolitischen Fragen ist das den Bundeskanzlern nicht immer leicht gefallen. Der spektakulärste Vorgang war wohl der Zerfall der Mehrheit des Bundeskanzlers Willy Brandt in seiner ersten Amtsperiode zwischen 1969 und 1972, der zwar nicht allein, aber sehr wesentlich auf die „neue Ostpolitik" zurückzuführen war [71]. Diese Angewiesenheit auf die Zustimmung der Mehrheit des Bundestages ist insbesondere dann gegeben, wenn zu der allgemeinen politischen Kontrollkompetenz noch eine spezifische Entscheidungszuständigkeit des Bundestages hinzutritt, vor allem die, der Ratifikation von völkerrechtlichen Verträgen zustimmen zu müssen. Darauf ist später zurückzukommen [72]. Aber auch unabhängig von dieser spezifischen Kompetenz kann der Bundestag die Außenpolitik durch seine Kontrollzuständigkeiten begleiten. Der Begriff „Kontrolle" wird zuneh-

---

[70] Zur Funktion der Parteien im politischen System der Bundesrepublik: Steiger (Anm. 2), S. 167 ff. mit weiteren Verweisen. Die außenpolitischen Vorstellungen werden vorwiegend durch die Fraktion entwickelt und durch die Partei sanktioniert, die dann auch die Wahlunterstützung sucht; im innenpolitischen Bereich ist das Verhältnis wohl umgekehrt.

[71] Eine Darstellung der Vorgänge findet sich in: Patz (Anm. 54), S. 105 ff.

[72] Unten S. 43 ff.

mend unpräziser. Früher verstand man darunter eine nachträgliche Kontrolle, also einen Vorgang, der nach Abschluß der Maßnahmen der Regierung eintrat. Heute ist Kontrolle häufig begleitend und dadurch auch Mitwirkung bei der Gestaltung der Außenpolitik [73]. Der Bundestag hat verschiedene Möglichkeiten, die Bundesregierung zu veranlassen, ihre Außenpolitik der kritischen Prüfung durch das Parlament zu unterziehen. Dies kann im Plenum, in den Ausschüssen und in den Fraktionen und deren Arbeitskreisen geschehen.

Das Plenum nimmt seine Funktionen in den öffentlichen Debatten wahr. Formell hat das Plenum gemäß Artikel 43 des Grundgesetzes das Recht, jederzeit die Anwesenheit des Bundeskanzlers oder eines Bundesministers zu verlangen, damit er auf Fragen Auskunft gibt. Aber in der Regel bedarf es dieses Mittels nicht [74]. Die Debatten können vom Plenum selbst ausgelöst werden. Die erste Möglichkeit dazu ist die sogenannte „Große Anfrage" [75]. Sie wird von den Fraktionen eingebracht, um eine umfassende Erklärung der Bundesregierung über ihre Außenpolitik oder über bestimmte außenpolitische Vorgänge zu erhalten. Diese Anfrage wird von der Bundesregierung schriftlich beantwortet. Die Regierung kann aber auch von sich aus eine Regierungserklärung zur allgemeinen außenpolitischen Lage, zur besonderen außenpolitischen Lage, zu einem besonderen Vorgang et cetera abgeben [76]. Es gibt außerdem gesetzliche Pflichten der Bundesregierung,

---

[73] Zum Begriff der Kontrolle: Georg Brunner, *Kontrolle in Deutschland*, Köln 1972, S. 63 ff.; Ulrich Scheuner, *Verantwortung und Kontrolle in der demokratischen Verfassungsordnung. Festschrift für Gebhard Müller*, Tübingen 1970, S. 379 ff.; Peter Gerlich, *Parlamentarische Kontrolle im politischen System*, in: *Forschungen aus Staat und Recht* Bd. 21, Wien–New York 1973, S. 1 ff.; Wilhelm Kewenig, *Staatsrechtliche Probleme parlamentarischer Mitregierung am Beispiel der Arbeit der Ausschüsse*, Bad Homburg 1970; zur Kontrolle im Bereich der Außenpolitik: Treviranus (Anm. 55), S. 66 ff.; Weiß (Anm. 10), S. 110 ff.; Grupp (Anm. 10). S, 91 ff.; Kopf (Anm. 61), S. 208 ff.; Werner Kraus, *Die parlamentarische Kontrolle der Außenpolitik*, „Außenpolitik" 6. Jahrgang, 1955, S. 513 ff.; Karl und Krause (Anm. 25) durchgehend; verschiedene Fallstudien bietet Patz (Anm. 54) durchgehend.

[74] Trossmann (Anm. 48), S. 296 ff.; zur Praxis: Uwe Thaysen, *Zur Praxis eines grundlegenden parlamentarischen Kontrollrechts: Die Herbeirufung von Regierungsmitgliedern durch das Parlament*, „Zeitschrift für Parlamentsfragen" 5. Jahrgang 1974, S. 459 ff., es ist nie in außenpolitischen Fragen angewandt worden.

[75] Die Großen Anfragen, Kleinen Anfragen und die mündlichen Anfragen beruhen auf der Geschäftsordnung des Bundestages. Die Regierung ist nicht rechtlich verpflichtet darauf zu antworten, tut es aber in der Regel, siehe: Schäfer (Anm. 2), S. 227 ff.; Kopf (Anm. 61), S. 308.

[76] Regierungserklärungen werden von der Regierung aber in der Regel erst im Nachhinein abgegeben. Aufschlußreich sind insoweit die Darlegungen Adenauers, wie er in den Anfangsjahren den Bundestag erst dann einschaltete und unterrichtete wenn er mit den Alliierten bereits grundsätzlich einig war, siehe: Adenauer (Anm.

dem Bundestag in regelmäßigen Abständen über bestimmte Vorgänge zu berichten, so in Artikel 2 des Zustimmungsgesetzes zum Vertrag über die Europäische Wirtschaftsgemeinschaft, oder in § 27 Absatz 2 des Außenhandelsgesetzes. Ohne gesetzliche Verpflichtung wird alljährlich der auch außenpolitische Probleme behandelnde „Bericht zur Lage der Nation" vorgelegt. Ebenso wurden Berichte über die Tätigkeit in den Vereinten Nationen nach unserem Beitritt erstattet. An all diese Auskünfte, Erklärungen, Berichte der Bundesregierung können sich ausführliche Debatten anschliessen. Das ist bei Großen Anfragen, Regierungserklärungen sowie beim „*Bericht zur Lage der Nation*" regelmäßig der Fall [77]. Die anderen Berichte geben dazu in der Regel keinen Anlaß, was vielfach bedauert und kritisch betrachtet wird. Sie werden an die Ausschüsse überwiesen. Bereits die öffentliche Debatte kann als solche Einfluß auf die Außenpolitik der Regierung haben, weil sie sie einer öffentlichen Beurteilung ihrer Ziele, Inhalte und Folgen unterwirft [78]. Es werden Begründungen für sie aber auch Gegengründe deutlich. Soweit solche Debatten nicht nachträglich, das heißt nachdem die Entscheidung gefallen, zum Beispiel ein Vertrag unterzeichnet ist, stattfinden, sondern während der Vertragsverhandlungen, wird es einerseits den auswärtigen Partnern möglich, die Vorstellungen des Bundestages beziehungsweise der Mehrheit und der Opposition kennenzulernen und abzuschätzen. Zum anderen kann die verhandelnde Regierung ihre Positionen und Vorstellungen gemäß den in der Debatte deutlich gewordenen Stellungnahmen einrichten, gegebenenfalls sie verändern. Sie kann auch eine Stärkung ihrer Position gegenüber dem Partner erfahren [79]. In den

---

23), S. 268 ff. (*Europarat und Saarfrage*); dazu auch Waldemar Besson, *Die Außenpolitik der Bundesrepublik*, München 1970, S. 81; der Bundestag wurde so in Zugzwang gesetzt; Einfluß nehmen, gar mitgestalten konnte er nicht.

[77] In der 6. Legislaturperiode 1969 - 1972, in der die wesentlichen Entscheidungen über die Ostpolitik fielen, wurden acht Große Anfragen zu Themen der Deutschlandpolitik, Europapolitik, Ostpolitik, Sicherheitspolitik und Entwicklungspolitik eingebracht und debattiert. In der 8. Legislaturperiode seit Januar 1977 fanden sieben Debatten zu außenpolitischen Fragen statt über Entwicklungspolitik, die Vereinten Nationen, die KSZE, Menschenrechte, Deutschlandpolitik.

[78] Zur Funktion der Öffentlichkeit der Debatten: Steiger (Anm. 10), S. 87; derselbe, *Zur Funktion der Öffentlichkeit der Verhandlungen des Bundestages. Studium Generale* 1970, S. 710 ff.; Leo Kißler, *Die Öffentlichkeitsfunktion des Deutschen Bundestages. Theorie – Empirie*, Berlin 1976; in bezug auf die Außenpolitik: Tomuschat (Anm. 7), S. 35; Majonica (Anm. 61), S. 119 ff.; Karl und Krause (Anm. 25), S. 63 ff.

[79] Daß eine öffentliche Debatte außenpolitischer Themen auch Nachteile haben kann, weil sie vorzeitig Positionen an die Öffentlichkeit bringt und damit Festlegungen hebt zu Recht hervor: Weiß (Anm. 10), S. 101. Aber das ist von Fall zu Fall verschieden, siehe auch unten S. 34 f. und Anm. 93. Zu einseitig für Vertraulichkeit auch Majonica (Anm. 61), S. 120.

Auseinandersetzungen um die Ostpolitik haben solche Debatten mehrmals stattgefunden[80]. Diese Debatten können dann mit einer außenpolitischen Entschließung des Bundestages abgeschlossen werden. Diese enthält formalisierte Anregungen und Stellungnahmen des Bundestages[81]. Sie ist für die Bundesregierung nicht rechtlich verbindlich, hat aber doch meist ein erhebliches politisches Gewicht[82]. Sie stellt faktisch den außenpolitischen Willen des Bundestages dar, an dem sich die Regierungen tunlicherweise mehr oder weniger orientieren sollte, wenn sie nicht das Risiko eingehen will, ihre außenpolitischen Vorstellungen innenpolitisch nicht durchsetzen zu können[83]. Die Entschließungen können alle möglichen außenpolitischen Inhalte haben[84]. Die können vom Bundestag insgesamt verabschiedet werden[85] oder aber auch nur von der Regierungsmehrheit. Sie können sich an die Bundesregierung wenden, sie zu einem bestimmten Handeln in der Außenpolitik auffordern oder veranlassen, ja ihr bestimmte Ziele oder Aufgaben stellen[86]. Sie können sich aber auch als feierliche

---

[80] Siehe Anm. 77.

[81] Ein Verzeichnis außenpolitischer Entschließungen findet sich bei Grupp (Anm. 10), S. 169 ff.; siehe auch Hienstorfer (Anm. 56), S. 143 ff. Er unterscheidet inhaltliche Entschließungen und feierliche Erklärungen, was aber kaum faßbar ist.

[82] Ausführlich Grupp (Anm. 10), S. 50 f.; Tomuschat (Anm. 7), S. 36; Majonica (Anm. 61), S. 119; Hienstorfer (Anm. 56), S. 145 ff. Die Frage nach der rechtlichen Verbindlichkeit von Entschließungen spielte gerade in der Ostpolitik eine erhebliche Rolle in bezug auf die Entschließung des Bundestages bei der Verabschiedung der Zustimmungsgesetze zur Ratifikation des Moskauer Vertrages und des Warschauer Vertrages vom 17. Mai 1972. Einige Autoren versuchten nun auch eine rechtliche Verbindlichkeit zu begründen, siehe: Friedrich Klein, *Zur Anwendbarkeit der Gemeinsamen Entschließung vom 17. Mai 1972 auf den Grundlagenvertrag. Im Dienst an Recht und Staat. Festschrift für Werner Weber*, Berlin 1974, S. 105 ff.; Otto Kimminich, *Die rechtliche Bedeutung der Gemeinsamen Entschließung vom 17. Mai 1972 für die Ostverträge*, „Jahrbuch der Albertus-Universität zu Königsberg/Preußen" H. 24, 1974, S. 80 ff.; dagegen aber die wohl herrschende Meinung, mit Nachweisen bei Tomuschat ebendort.

[83] Debatten und Entschließungen vor der Entscheidung lassen sich in den außenpolitischen Entscheidungsprozeß auf den Ebenen „Selektion und Festlegung von Alternativen" einpassen, siehe: Grupp (Anm. 10), S. 124 unter Berufung auf Harold D. Lasswell, *The Decision Process: Seven Categories of Funktional Analysis*, Bureau of Governmental Research, Studies in Government, University of Maryland 1956.

[84] In letzter Zeit hatten sie zum Gegenstand die KSZE, das Seerecht, Entwicklungspolitik und anderes, siehe: Tomuschat (Anm. 1), Fußnoten 35 - 37.

[85] So die Entschließung vom 17. Mai 1972 zu den Verträgen von Moskau und Warschau.

[86] Mosler (Anm. 10), S. 292 ist der Meinung, daß „Eingriffe in die Führung der auswärtigen Angelegenheiten ihm (dem Bundestag) verwehrt" seien. Das ist so global nicht richtig. Die Regierung unterliegt einer fortlaufenden Kontrolle durch die geschilderten Instrumente. Der Bundestag kann der Bundesregierung durchaus ankündigen, daß er einem Vertrag nur zustimmen wird, wenn er diese oder jene Regelung enthält. Es ist der Bundersegierung dann freigestellt, das Risiko einzugehen, einen Vertrag

Grundsatzerklärungen an die Welt richten, um den allgemeinen politischen Willen der Volksrepräsentanz zum Ausdruck zu bringen[87]. Gerade wenn dies der Fall ist, wie bei der mehrmals erwähnten Entschließung zu den Verträgen von Moskau und Warschau, bestimmen sie damit auch das jeweilige Verhältnis zu diesen Staaten mit. Sie sind insofern unmittelbare außenpolitische Tätigkeiten des Bundestages[88]. Ein anderes Kontrollmittel ist die sogenannte „Kleine Anfrage". Sie unterscheidet sich von den Großen Anfragen dadurch, daß sie bestimmt bezeichnete Bereiche betreffen, deren Bedeutung geringfügiger ist. Die Antworten darauf werden in der Regel im Bundestag nicht diskutiert. Eine dritte Möglichkeit ist die sogenannte „Aktuelle Stunde". Hier handelt es sich um eine Kurzdebatte, die sich an die sogenannten mündlichen Fragen anschließt. Mündliche Fragen können zu allen Bereichen der Politik und damit also auch zum Bereich der Außenpolitik an die Bundesregierung und ihre Vertreter gerichtet werden. Erweist sich in der Beantwortung einer solchen mündlichen Anfrage ein Problem als so schwerwiegend und diskussionswürdig, so kann in einer Aktuellen Stunde dieses Problem intensiver diskutiert werden. Hier werden aber keine Entschließungen gefaßt. Jedoch gibt diese Kurzdebatte der Bundesregierung auch die Möglichkeit abzuschätzen, wie die „Stimmung" des Bundestages im Hinblick auf die diskutierte Frage oder das diskutierte Problem ist[89]. Aus all diesen verschiedenen Formen der Debatten, Entschließungen, Anregungen und Stellungnahmen des Bundestages im Plenum zur Außenpolitik im Rahmen des generellen Verhältnisses von Bundestag und Bundesregierung ergibt sich eine Wechselbeziehung. Dabei ist die spezifische Struktur des Bundestages der Teilung in die die Bundesregierung tragenden Mehrheitsfraktionen und die Oppositionsfraktionen zu berücksichtigen. In der Regel werden die Mehrheitsfraktionen die Regierung stützen, können ihr aber durchaus in bestimmten Fällen auch gewisse

---

anderer Art dem Bundestag vorzulegen. Weiter geht Link (Anm. 61), S. 361, der dem Bundestag das Recht zuerkennt, die Bundesregierung zur Aufnahme von Vertragsverhandlungen, wenn auch nicht in rechtlich verbindlicher Form, zu veranlassen.

[87] Anderer Ansicht anscheinend Weiß (Anm. 10), S. 101, weil die auswärtige Regierung nur mit der Bundesregierung Kontakt habe. So eng sind die Blickwinkel auswärtiger Mächte wohl kaum einzuschätzen.

[88] Hienstorfer (Anm. 56), S. 154 ff. Zur verfassungsrechtlich formellen Zulässigkeit, sich durch Erklärungen ausdrücklich an auswärtige Staaten zu wenden, S. 158 ff.

[89] Anlage 4 zur Geschäftsordnung des Bundestages, vorläufige Bestimmungen über Aussprachen zu Fragen von allgemeinem aktuellen Interessen, siehe: Trossmann (Anm. 48), S. 945 ff.

Modifikationen im Detail nahelegen. Die Opposition hingegen hat in Deutschland jedenfalls in den großen außenpolitischen Entscheidungsfragen nach 1949 immer einen Widerpart gehalten. Sowohl in der Westpolitik der 50iger Jahre als auch in der Ostpolitik der 70iger Jahre war die Opposition gerade auch außenpolitische Opposition. Eine gemeinsame Außenpolitik jedenfalls in den Grundzügen von Regierungsmehrheit und Opposition, wie sie in manchen anderen westlichen Ländern, etwa in den USA oder Großbritannien besteht, hat es in der Bundesrepublik nur in den 60iger Jahren gegeben. Diese spezifische Struktur hat zur Folge, daß aus diesen Parlamentsdebatten tatsächlich nicht allzuviel Gestaltungskraft auf die Außenpolitik ausgeht. Die Regierungsparteien werden die Regierung unterstützen, die Opposition wird sie angreifen. Gemeinsames Handeln kann nur dann und soweit der Fall sein, als der Bundestag als solcher sich der Bundesregierung gegenüberstellt, was im außenpolitischen Bereich aber äußerst selten der Fall ist. Das Instrumentarium, das bereitliegt, wird nicht sehr häufig und keineswegs so intensiv genutzt, wie es der Fall sein könnte. Es zeigt sich zum Beispiel, daß die außenpolitischen Debatten abgenommen haben gegenüber den ersten Jahren [90]. So sind außenpolitische Vorstellungen der Bundesregierung nie durch solche Debatten oder Entschließungen in entscheidenden Punkten geändert oder auch nur geprägt worden [91]. Die Funktion der Debatten liegt daher eher darin nach außen wie nach innen deutlich die außenpolitischen Zielvorstellungen der Beteiligten herauszustellen, für die Regierungsmehrheit, die Regierung zu stützen, für die Opposition, sie anzugreifen. Auf das Verhältnis zu ausländischen Partnern hat das nur mittelbare Wirkung. Nur in einem Fall, der allerdings den Abschluß eines Vertrages betrifft, hat der Bundestag als ganzer gegenüber der Regierung eine andere Haltung eingenommen und durchgesetzt. Darauf ist zurückzukommen [92].

Außer im Plenum tritt der Bundestag der Bundesregierung grundsätzlich auch in seinen Gliederungen gegenüber, das heißt in den Ausschüssen und

---

[90] Baade (Anm. 55), S. 83; Karl und Krause (Anm. 25).

[91] Skeptisch auch Tomuschat (Anm. 7), S. 35 f.; Grupp (Anm. 10), S. 125 ff., plädiert für eine Stärkung der Rolle des Parlaments; Weiß (Anm. 10), S. 93 f. berichtet, daß zwar einerseits die Entscheidung des Bundeskanzlers Erhard vom 7. März 1965, diplomatische Beziehungen mit Israel aufzunehmen, seine eigene politische Entscheidung war, diese aber doch auch durch eine Debatte im Bundestag am 17. Februar 1965 wesentlich durch die Einmütigkeit der Fraktionen für die Aufnahme zugunsten dieses Schrittes mit beeinflußt worden sei. In anderen Fällen der Aufnahme diplomatischer Beziehungen fehlen solche Einwirkungen des Bundestages ebenso wie bei Abbruch diplomatischer Beziehungen.

[92] Unten S. 61.

in den Fraktionen. Gerade in dem Bereich der Außenpolitik spielen die Ausschüsse eine nicht unerhebliche Rolle. Vieles wird wegen der notwendigen Vertraulichkeit der Angelegenheiten vom Plenum nicht behandelt, sondern in die Ausschüsse verwiesen, wo eine vertrauliche Beratung möglich ist. Für außenpolitische Angelegenheiten sind von besonderer Bedeutung der Ausschuß für auswärtige Angelegenheiten, der Verteidigungsausschuß, der innerdeutsche Ausschuß und der Ausschuß für wirtschaftliche Zusammenarbeit (Entwicklungshilfe)[93]. In diesen Ausschüssen hat vor allem auch die Opposition Gelegenheit, sich über die außenpolitischen Probleme zu informieren und auch einen gewissen Grad von Einfluß auszuüben. Der Ausschuß für auswärtige Angelegenheiten und der Verteidigungsausschuß sind durch Artikel 45a des Grundgesetzes ausdrücklich vorgesehen. Sie beraten die vom Plenum überwiesenen Gegenstände, das heißt für den Auswärtigen Ausschuß vor allem die Verträge, und schlagen diesem eine Entscheidung vor. Sie haben aber auch das Recht der Selbstbefassung, das heißt, sie können von sich aus ohne besondere Zuweisung durch das Plenum Themen aufgreifen, insbesondere die Bundesregierung zu Stellungnahmen oder Äußerungen auffordern und diese Themen im Ausschuß diskutieren[94]. Von diesem Recht macht insbesondere der Auswärtige Ausschuß ziemlich regen Gebrauch. Es finden häufig Aussprachen zwischen Ausschuß und Regierung über laufende außenpolitische Vorgänge, aber auch zu allgemeinen Problemen statt, denen Berichte der Bundesregierung zugrunde liegen[95]. Um die Vertraulichkeit völlig zu wahren, lädt der Bundesminister des Auswärtigen den Ausschuß ohne Troß auch persönlich ein, um so besonders heikle Probleme zu besprechen. Vieles ist hier also informell. Beschlüsse können nicht gefaßt werden, aber es kommt nicht nur zu Informationen, sondern auch zu Stellungnahmen, Gedankenaustausch und eventuell

---

[93] Häufig verweist die Regierung bei Fragen im Plenum auf die notwendige Vertraulichkeit und ist nur zu Behandlungen im Ausschuß bereit, Beispiele bei Weiß (Anm. 10), S. 94; siehe auch: *Bundesaußenminister Scheel vor dem Bundestag am 27. Mai 1970. Verhandlungen des Deutschen Bundestages. Stenographische Berichte* Bd. 72, S. 2690. Zu Recht weist aber Tomuschat (Anm. 7), S. 35, darauf hin, daß vertrauliche Konsultationen im Auswärtigen Ausschuß die öffentliche Beratung nicht ersetzen können und Vertraulichkeit nur in bestimmten Fällen sinnvoll, in anderen aber unangebracht sei. Ausführlicher ist die Kritik desselben (Anm. 1), S. 14 ff. mit weiterem Schrifttum in Fußnote 42.

[94] Dieses Recht war ursprünglich nicht vorgesehen. Der Ausschuß hat aber von Anfang an eine entsprechende Praxis geübt, Weichert (Anm. 59), S. 624.

[95] Weichert nennt für die Zeit von 1957 - 1960 vierzig von siebenundvierzig Sitzungen, in denen derartige Berichte diskutiert wurden, siehe: Weichert (Anm. 59), S. 618. Majonica hält diese Zahl auch für andere Zeitabschnitte für ungefähr zutreffend, siehe: Majonica, (Anm. 61), S. 118.

sogar klärenden Absprachen. Es liegt gerade in der laufenden Beobachtung der außenpolitischen Entwicklung ein Schwergewicht in der Arbeit des Ausschusses [96]. Jedoch läßt sich kaum etwas darüber aussagen, welche praktische Wirkung diese fast permanente Aussprache des Ausschusses mit der Bundesregierung hat, da, wie betont, in der Regel Vertraulichkeit herrscht und auch weitgehend eingehalten wird [97]. Ein früheres Mitglied dieses Ausschusses hat jedoch erklärt, daß er kein Instrument sei, mit dessen Hilfe das Parlament Einfluß auf die Außenpolitik der Regierung nehmen könne. Jedoch vertritt er auch die Meinung, daß der Austausch von Argumenten und Gegenargumenten zwischen Regierung und Ausschuß durchaus einen, wenn auch begrenzten Niederschlag in der auswärtigen Politik der Bundesregierung haben kann [98]. Im Jahre 1961 wurden von einem Unterausschuß des Auswärtigen Ausschusses, dem sogenannten Jaksch-Ausschuß, Empfehlungen für die Gestaltung der Beziehungen der Bundesrepublik zu den sozialistischen Staaten ausgearbeitet [99]. Sie wurden dann vom Ausschuß und vom Plenum angenommen und führten unter anderem zur Einrichtung von Handelsmissionen durch die Bundesregierung in Polen, Ungarn,

---

[96] Der Auswärtige Ausschuß richtet im übrigen auch Unterausschüsse ein, in dem dann allerdings auch Mitglieder paralleler Ausschüsse sitzen können: 1. Der Unterausschuß für humanitäre Hilfe (Abgeordnete des Auswärtigen Ausschusses, des Haushaltsausschusses, des Ausschusses für Jugend, Familie und Gesundheit, des Innenausschusses und des Ausschusses für wirtschaftliche Zusammenarbeit); 2. der Unterausschuß für Abrüstung und Rüstungskontrolle (Abgeordnete des Verteidigungsausschusses und des Auswärtigen Ausschusses); 3. der Unterausschuß für Publizistik (Abgeordnete des Auswärtigen Ausschusses und des Verkehrsausschusses) und 4. der Unterausschuß für auswärtige Kulturpolitik (Abgeordnete des Auswärtigen Ausschusses, des Ausschusses für Forschung und Technologie, des Ausschusses für wirtschaftliche Zusammenarbeit, des Sportausschusses und des Ausschusses für Bildung und Wissenschaft), siehe: Karl und Krause (Anm. 25), S. 73; zur Rolle des Auswärtigen Ausschusses: Treviranus (Anm. 55), S. 82 ff.; Weiß (Anm. 10), S. 125; Majonica (Anm. 61), S. 117 ff.; Kopf (Anm. 61), S 308 ff.; Weichert (Anm. 59), S. 623 ff.; Karl und Krause (Anm. 25) S. 71 ff.; Helga Haftendorn, *Abrüstungs- und Entspannungspolitik zwischen Sicherheitsbefriedigung und Friedenssicherung*, Düsseldorf 1974, S. 345 zur Rolle des Ausschusses bei der Vorbereitung der KSZE.

[97] An den Sitzungen dürfen nur die Mitlieder des Ausschusses beziehungsweise deren Vertreter teilnehmen. Das gleiche gilt für den Verteidigungsausschuß und den innerdeutschen Ausschuß. Darüberhinaus wird regelmäßig Vertraulichkeit beschlossen, was bedeutet, daß die Mitglieder über den Inhalt der Beratungen nur beschränkt Auskunft geben dürfen gemäß der Geheimschutzordnung des Bundestages. Zur Kritik: Tomuschat oben (Anm. 93).

[98] Majonica (Anm. 61), S. 118; etwas positiver Weiß (Anm. 10), S. 125; auch wohl Schwarz (Anm. 6), S. 57 f.; Kopf (Anm. 61), S. 310, Weichert (Anm. 59), S. 627.

[99] Majonica (Anm. 61), S. 117 f.; Patz (Anm. 54), S. 36 ff.; Kopf (Anm. 61), S. 311.

Rumänien und anderen Staaten. Hier lag also ein direkter gestaltender Einfluß auf die Außenpolitik vor. Das ist jedoch ein Ausnahmefall gewesen. Für den Verteidigungsausschuß dürfte es nicht wesentlich anders sein. Da auch er das Recht der Selbstbefassung hat, kann er neben den ihm überwiesenen Vorlagen auch andere Themen beraten. Solche wichtigen Themen sind zum Beispiel Abrüstung und Rüstungskontrolle, Verteidigungskonzeptionen, aber auch Beschaffungsprogramme, Strukturfragen der Bundeswehr, Personalfragen et cetera[100]. Daß dort neue verteidigungspolitische und damit auch außenpolitische Konzeptionen entwickelt worden wären, die die Bundesregierung grundlegend beeinflußten, dürfte wohl nicht oder kaum der Fall gewesen sein. Er hat weniger Einfluß bei den Grundsatzentscheidungen, häufiger aber bei Vollzugsentscheidungen[101]. Ähnlich ist das Bild im Ausschuß für wirtschaftliche Zusammenarbeit (Entwicklungshilfe)[102].

Wie bereits erwähnt, hat sich der Bundestag vor einigen Jahren ein neues Instrument geschaffen, um langfristig Lösungen für Grundprobleme der staatlich-gesellschaftlichen Ordnung zu entwickeln, die Enquête-Kommissionen[103]. Eine solche Enquête-Kommission hat sich sehr intensiv mit den Problemen auswärtiger Kulturpolitik beschäftigt. Sie hat einen umfangreichen Bericht erstellt und Vorschläge für die künftige Gestaltung der auswärtigen Kulturpolitik erarbeitet[104]. Dieser Bericht wurde der Bundesregierung zugeleitet. Diese hat in einer Stellungnahme die Vorschläge und Änderungen begrüßt und zugesagt, sie in ihre Tätigkeit aufzunehmen und zu verwirklichen[105]. Hier ist also in einem speziellen Gebiet der Außenpolitik eine starke, bestimmende und gestaltende Initiative des Parlamentes gegeben, die aber wohl bisher einen Sonderfall darstellt.

Im Verhältnis der Regierung zu den Fraktionen ist in bezug auf die Außenpolitik zwischen Mehrheitsfraktionen und Oppositionsfraktionen zu unterscheiden. Die Möglichkeit der erstgenannten auf die Außenpolitik einzuwirken, ist naturgemäß größer, als die der zweitgenannten. Gelegent-

---

[100] Dazu Schatz (Anm. 46), S. 88 ff.

[101] Schatz (Anm. 46). S. 156 f.

[102] Jürgen Dennert, *Außerparlamentarische Einflüsse auf den Entwicklungsausschuß des Deutschen Bundestages. Probleme der Demokratie heute* (Anm. 53), S. 388 ff.

[103] Oben S. 21.

[104] Bericht der Enquête-Kommission auswärtige Kulturpolitik gemäß Beschluß des Deutschen Bundestages vom 23. Februar 1973. Deutscher Bundestag, 7. Wahlperiode, Drucksache 7/4121 vom 7. Oktober 1975.

[105] Stellungnahme der Bundesregierung vom 23. September 1977, Deutscher Bundestag, 8. Wahlperiode, Drucksache 8/927.

lich werden aber auch beide „Seiten des Hauses" von der Regierung gleichmäßig herangezogen und unterrichtet, wenn es um sehr fundamentale Probleme deutscher Außenpolitik geht[106].
Im Verhältnis Bundesregierung zu den sie tragenden Mehrheitsfraktionen sucht diese zunächst Unterstützung, aber es finden auch Kontroversen und Ringen um außenpolitische Gestaltung zwischen diesen parlamentarischen Gliederungen und der Bundesregierung statt[107]. Zwar ist anders als bei innenpolitischenThemen die Außenpolitik in der Regel kein sehr kontroverses Gebiet zwischen Regierung und Fraktion. Jedoch hat es auch dort durchaus Auseinandersetzungen grundsätzlicherer Art gegeben[108]. Zumindest müssen der Bundeskanzler und der Außenminister doch auch werbend in den Fraktionen tätig werden und sich mit den von den Außenpolitikern der Fraktion ausgehenden Anregungen auseinandersetzen. Jede Fraktion hat einen außenpolitischen Arbeitskreis gebildet, in dem eben diese Außenpolitiker der Fraktion, die meist auch Mitglieder des Auswärtigen Ausschusses des Bundestages sind, zusammengeschlossen sind, Abgeordnete, die zum Teil darauf reflektieren, selbst einmal in der Regierung aktiv Außenpolitik treiben zu können. Es handelt sich dabei durchaus um Experten mit erheblichem Einfluß auch auf die Meinung der Gesamtfraktion[109]. Eine andere sowohl in der Fraktion als auch gegenüber der Regierung sehr einflußreiche Gruppe umfaßt den Fraktionsvorstand mit dem Fraktionsvorsitzenden an der Spitze[110]. Da Außenpolitik in der Bundesrepublik immer von ihrem Beginn ihres Bestehens an zu den wesentlichen politischen Existenzfragen gehört hat, sind auch diese Spitzenpolitiker gerade an Außenpolitik sehr interessiert. Bereits zur Zeit des Bundeskanzlers Adenauer fanden nicht nur ständige Gespräche zwischen den Fraktions-

---

[106] So wurde der Entwurf der sogenannten „Friedensnote" vom 25. März 1966 an verschiedene Mächte, die die Einleitung der Gewaltverzichtspolitik bedeutet, vorher allen Fraktionsvorsitzenden, auch denen der SPD, zur Stellungnahme zugesandt. Während der Vorbereitung der KSZE-Konferenz geschah ähnliches, siehe: Haftendorn (Anm. 96), S. 208 f., 345.

[107] Majonica (Anm. 61), S. 116 f., 120 f.

[108] In der Ära Adenauer waren insbesondere die deutsche Wiederaufrüstung und der Saarvertrag auch in den Regierungsfraktionen umstritten. In der Ära Brandt traten einige Abgeordnete aus Widerspruch zur Ostpolitik aus den Mehrheitsfraktionen aus und zur Opposition über. Zur Auseinandersetzung „Atlantiker" um Außenminister Schröder und „Gaullisten" um Franz Josef Strauß in der CDU/CSU-Fraktion in den sechziger Jahren, siehe: Schatz (Anm. 46), S. 66 f.

[109] Majonica (Anm. 61), S. 115 f. Zur Tätigkeit von Arbeitskreisen und Fraktionen in der KSZE-Vorbereitung siehe: Haftendorn (Anm. 96); speziell der CDU/CSU-Fraktionen: Christian Hacke, *Parlamentarische Opposition und Entspannungspolitik. Die Opposition der CDU/CSU zur KSZE. Verwaltete Außenpolitik* (Anm. 9), S. 263 ff.

[110] Zu seiner Rolle Schatz (Anm. 46), S. 66 ff.

vorsitzenden der Regierungsfraktionen und dem Bundeskanzler beziehungsweise dem Außenminister statt, sondern die Fraktionsvorsitzenden nahmen und nehmen noch heute bei wichtigen politischen Entscheidungen an Kabinettssitzungen teil, wenn auch ohne Stimmrecht [111]. Sie bringen auf diese Weise die Meinungen der Fraktion in den Beratungen des Kabinetts zum Ausdruck und beeinflussen damit die Entscheidungen [112]. Ein anderes Mittel der Koordinierung zwischen Bundesregierung und Bundestagsfraktionen und damit letztlich Bundestag sind sogenannte Koalitionsausschüsse, wie sie zu manchen Regierungen bestanden, so zum Beispiel in der Grossen Koalition 1966 - 1969 der Kreßbonner-Kreis [113]. In diesen Ausschüssen fand eine laufende Abstimmung der Politik zwischen Bundesregierung und tragenden Bundestagsfraktionen statt. Beide Mechanismen, Teilnahme der Fraktionsvorsitzenden an der Kabinettssitzung und Koalitionsausschüsse haben gerade für außenpolitische Gebiete immer wieder Einflußmöglichkeiten und Mitbestimmungsmöglichkeiten für das Parlament oder doch Parlamentarier eröffnet. Für die Oppositionsfraktionen ergibt sich außerhalb der Ausschüsse in der Regel kein direkter Einfluß auf die Außenpolitik, auch nicht in Fragen „gemeinsamer Außenpolitik" [114]. Sie kann in der Regel nur potentiell Außenpolitik betreiben. Aber die Ansichten ihrer Führer als mögliche Regierung von morgen werden doch vom Ausland zur Kenntnis genommen und in Rechnung gestellt. Es kann im übrigen Situationen geben, wo sie einen Einfluß gewinnen kann, wenn es um fundamentale Entscheidungen geht, für die eine breite Mehrheit gesichert werden soll. So hat zum Beispiel Adenauer 1949 bei den ersten außenpolitischen Schritten der neuen Bundesrepublik zur Beendigung der Demontage und für einen möglichen Beitritt zur Ruhrbehörde versucht, durch einen interfraktionellen Ausschuß den gesamten Bundestag schon in der Vorbereitungsphase einzuschalten [115]. Im Jahre 1955 hat er Vertreter der Opposition bei seinem Besuch in Moskau in die Delegation mit aufgenommen [116]. Die Opposition kann auch dann die Möglichkeit zur Mitwirkung erhalten, wenn die Mehrheit zu knapp oder

---

[111] Schäfer (Anm. 2), S. 139.

[112] Zu dem Zusammenspiel von Bundesregierung und Mehrheitsfraktionen siehe: Link (Anm. 61), S. 368 ff.; Loewenberg (Anm. 2), S. 214 stellt fest, daß ein Fraktionsvorsitzender auch Einfluß auf die Regierungspolitik erlangen kann, wenn der Kanzler nicht stark genug ist, um Fraktionseinflüsse abzuwehren.

[113] Majonica (Anm. 61), S. 121; Steiger (Anm. 2), S. 253.

[114] Kaack (Anm. 53); Hacke (Anm. 109); Link (Anm. 61), S. 773 ff.

[115] Adenauer (Anm. 23), S. 251.

[116] *Moskau-Bonn, Dokumentation*, Bd. 1, Köln 1975, S. 18 f., 80 f.; Konrad Adenauer, *Erinnerungen 1953 - 1955*, Stuttgart 1966, S. 487 ff.

gar verloren gegangen ist. Das war 1972 der Fall, als der Führer der Oppositionsfraktion sogar in Verhandlungen mit dem Repräsentanten des Vertragspartners Sowjetunion eintrat, um Klarstellungen des Moskauer Vertragstextes zu erreichen[117].

Die bisher dargestellten Einfluß- und Gestaltungsmöglichkeiten des Bundestages und seiner Gliederungen auf die Außenpolitik sind allgemeiner und insofern informeller Art, als sie selbst keine Entscheidungen darstellen. Sie fließen aus den Grundprinzipien des parlamentarischen Regierungssystems. Ob und wie sie realisiert werden und ob und wieweit der Bundestag tatsächlich Einfluß auf die Gestaltung der Außenpolitik in diesem Rahmen nehmen kann, ist letzten Endes von den politischen Bedingungen abhängig, unter denen die Partner stehen. Der Bundestag hat ein letztes Mittel, um seine Vorstellungen gegen eine widerstrebende Bundesregierung, insbesondere einen widerstrebenden Bundeskanzler durchzusetzen, das konstruktive Mißtrauensvotum. Gemäß Artikel 67 des Grundgesetzes kann der Bundestag den Bundeskanzler dadurch stürzen, daß er einen anderen Bundeskanzler mit der absoluten Mehrheit seiner Mitglieder wählt. Dieses Mittel ist bisher einmal eingesetzt worden, hat allerdings nicht zum Erfolg geführt, als 1972 die damalige Opposition CDU/CSU Herrn Dr. Barzel gegen den amtierenden Bundeskanzler Willy Brandt wählen wollte[118]. Sie hatte die Möglichkeit dazu gesehen, weil gerade auch aus außenpolitischen Gründen eine ganze Reihe von Abgeordneten der Regierungsfraktionen SPD und FDP zur CDU übergegangen waren. Hier wäre also bei Erfolg des konstruktiven Mißtrauensvotums eine politische Sanktion für das außenpolitische Verhalten der Bundesregierung eingetreten. Das ist jedoch nur möglich, wenn die Mehrheit des Bundeskanzlers durch Fraktionszerfall zerfällt oder wenn eine Fraktion aus der Regierung ausschert, wie es 1966 der Fall war und zum Sturz Erhards führte, allerdings nicht aus außen-, sondern aus innerpolitischen Gründen. Im Grunde ist die Einflußnahme des Bundestages und seiner Gliederungen auf die Außenpolitik eine Vorwirkung dieses letzten Sanktionsmittels der Abwahl des Bundeskanzlers, wodurch im übrigen auch die ganze Regierung gestürzt wird.

Letzten Endes hebt aber dieses System der Kontrolle der Bundesregierung durch den Bundestag einschließlich der Sanktion des konstruktiven Miß-

---

[117] Majonica (Anm. 61), S. 121.

[118] Zum Mißtrauensvotum allgemein: Steiger (Anm. 2), S. 266 ff., 287; zu den Vorgängen 1972: „Archiv der Gegenwart" 42. Jahrgang, 1972, S. 17044 D; Patz (Anm. 54), S. 125 ff.

trauensvotums nicht auf, daß die Außenpolitik geleitet und geführt wird vom Bundeskanzler und der Bundesregierung und nicht vom Bundestag. Seine Gestaltungsmöglichkeit beschränkt sich in jedem Falle auf eine Einwirkung oder Mitwirkung. Sie ist eher Reaktion als Aktion. Es gehen in der Regel keine Impulse vom Bundestag selbst aus, jedenfalls nicht mehr nach der Wahl und der Ernennung eines Bundeskanzlers. Es handelt sich eigentlich immer nur um marginale Einwirkungen. Gerade die Bundeskanzler, bei denen die außenpolitische Tätigkeit im Zentrum gestanden hat, Konrad Adenauer und Willy Brandt, haben ihre politische Führungskraft dem Parlament aufgeprägt und eine Gestaltung durch das Parlament nicht aufkommen lassen. Die eigentliche außenpolitische Kraft des Parlamentes besteht eher wohl darin, den von der Regierung ausgehenden außenpolitischen Vorstellungen die notwendige Unterstützung zu geben.
Ein zentrales Problem für die Mitwirkung und Mitgestaltung des Bundestages in der Außenpolitik bildet ganz allgemein sein Informationsdefizit gegenüber der Bundesregierung[119]. Dieses kann im Grunde trotz bestehender eigener Informationsmöglichkeiten nur durch die Bundesregierung selbst beseitigt werden. Damit verfügt sie nicht nur über einen entscheidenden Vorsprung, sondern über ein Machtmittel gegenüber dem Bundestag. Wenn auch vor allem die Opposition diesen Zustand immer wieder heftig beklagt, weil sie dadurch in erhebliche Schwierigkeiten bei der Formulierung ihrer Argumente in der Auseinandersetzung mit der Regierung kommt, so sind doch auch die Mehrheitsfraktionen von diesem Zustand betroffen. Die geschilderten Verfahren heben dieses Defizit nur zum Teil auf. Es wirkt sich auch und gerade bei laufenden Vorhaben aus, vor allem bei dem im nächsten Abschnitt zu behandelnden Verfahren zum Vertragsabschluß.
Es hat sich im übrigen gezeigt, daß – um die Mitwirkung des Parlamentes bei der Gestaltung der Außenpolitik in diesem allgemeinen Verhältnis von Parlament und Regierung zu erfassen – es notwendig ist, Parlament als Ganzes wie in seinen Gliederungen zu begreifen, wie es im Abschnitt 2 vorgeschlagen wird. Gerade hier würde die Untersuchung unvollständig bleiben, wenn man sich nur auf den Bundestag als Organ beschränken würde, auf sein Handeln als Ganzes im Plenum. Was die Inhalte angeht,

---

[119] Zu diesen Problemen: Weiß (Anm. 10), S. 111; Kopf (Anm. 61), S. 309; Link (Anm. 61), S. 371; Karl und Krause (Anm. 25), S. 75 ff.; Schatz (Anm. 46), S. 11 ff. weist auf den geringen Grad der Formalisierung und Institutionalisierung des Informationsflusses hin.

so ist hier eine Differenzierung nicht am Platze. Alles was Außenpolitik inhaltlich ausfüllt, kann vom Bundestag und seinen Gliederungen aufgenommen und zum Gegenstand der Verhandlungen, Anregungen, Stellungnahmen et cetera in den dargestellten Arten und Weisen gemacht werden. Er wird sich dabei natürlich an dem politischen Interesse ausrichten, daß das einzelne Problem hat. Dieses politische Interesse ist aber jeweils zeit- und umständegebunden und kann jeweils auf durchaus verschiedenen Gebieten der Außenpolitik liegen, der Sicherheitspolitik, der Bündnispolitik, der Wirtschaftspolitik, auch der Kultur- und Sportpolitik. Allerdings sind gerade die großen außenpolitischen Debatten immer Debatten um die Deutschlandpolitik und um die Sicherheitspolitik gewesen, aber auch um die Europapolitik.

c) *Die Zustimmung zum Vertragsabschluß*

Prinzipiell steht die völkerrechtliche Vertretung der Bundesrepublik gemäß Artikel 59 I des Grundgesetzes dem Bundespräsidenten zu. Nach allgemein herrschender Auffassung hat er jedoch nur das Recht der Willenserklärung, nicht das der Willensbildung. Dieses steht vielmehr anderen Organen zu, insbesondere dem Bundeskanzler gemäß seiner Richtlinienkompetenz aus Artikel 65[120]. Hinzu tritt der Außenminister, der als Ressortchef des Auswärtigen Amtes die Willensbildung mitträgt und gestaltet; denn er leitet gemäß Artikel 65 Satz 2 des Grundgesetzes seinen Geschäftsbereich, das heißt aber genau die Außenpolitik im Rahmen der Richtlinien des Bundeskanzlers selbständig und in eigener Verantwortung. Durch die Ausdehnung der inhaltlichen Felder der Außenpolitik werden auch andere Minister nunmehr außenpolitisch tätig, insbesondere der Minister für wirtschaftliche Zusammenarbeit (Entwicklungshilfe), aber auch der Verteidigungsminister, der Wirtschaftsminister, der Finanzminister, selbst der Agrarminister und andere[121]. Hier gilt im übrigen gemäß Artikel 65 Satz 3 des Grundgesetzes, daß bei Meinungsverschiedenheiten das Kabinett entscheidet, so daß die

---

[120] Bleckmann (Anm. 55), S. 213 f.; Maunz (Anm. 56), Artikel 59 Randnummer 5 und 18; Ondolf Rojahn, Artikel 59 Anm. 7, Grundgesetz. Kommentar, herausgegeben von Ingo von Münch, Bd. 2, München 1976, S. 655; Mosler (Anm. 10), S. 281, jedoch erkennt er dem Bundespräsidenten ein absolutes Veto gegen die Ratifikation eines Vertrages zu, S. 285; etwas differenzierter auch Hermann von Mangoldt und Friedrich Klein. *Das Bonner Grundgesetz*, 2. Auflage, Bd. II, Berlin und Frankfurt 1964, S. 1133.

[121] Schwarz (Anm. 6), S. 46, 61.

Bundesregierung als Ganze wesentlich auch an der Führung der Außenpolitik beteiligt ist. Das Auswärtige Amt hat zwar gemäß §§ 75 ff. der gemeinsamen Geschäftsordnung der Bundesministerien eine Koordinierungs- und wohl auch Filterungsfunktion. Aber diese wird doch auch gern umgangen [122].

Der Bundestag ist ausdrücklich an Akten der auswärtigen Gewalt für vier Bereiche beteiligt, den Vertragsabschluß gemäß Artikel 59 Absatz 2 des Grundgesetzes, die Erklärung des Verteidigungsfalles gemäß Artikel 115 a des Grundgesetzes, den Friedensschluß gemäß Artikel 115 l Absatz 3 des Grundgesetzes und die Übertragung von Hoheitsrechten auf zwischenstaatliche Einrichtungen gemäß Artikel 24 Absatz 1 des Grundgesetzes. Es handelt sich bei all diesen Akten um eindeutige Rechtsakte, durch die Rechtsfolgen für die Bundesrepublik ausgelöst oder begründet werden und damit um verbindliche Entscheidungen mit zudem nicht unerheblicher politischer Bedeutung für das Ganze. Außenpolitik gerinnt in diesen Akten zu rechtlichen Gestaltungen der Beziehungen und Verhältnisse.

Gemäß Artikel 59 Absatz 1 des Grundgesetzes schließt der Bundespräsident die Verträge mit auswärtigen Staaten. Nach herrschender Ansicht fallen darunten auch Verträge mit internationalen Organisationen. Aber es handelt sich hier wiederum nur um die Willenserklärung. Die Willensbildung, das heißt die Entscheidungen darüber, ob ein Vertrag ausgehandelt werden, welchen Inhalt er haben, ob er unterzeichnet und dann wirklich ratifiziert werden soll, all diese Entscheidungen liegen bei dem Bundeskanzler und dem Bundesaußenminister und in zweiter Linie bei der Bundesregierung [123]. Sie sind die aktiven Organe der Führung der Außenpolitik im allgemeinen und der Vertragspolitik im besonderen. Es besteht heute kein Zweifel darüber, daß sie hier die Initiative wie die primäre Gestaltungskompetenz haben auch im Verhältnis zum Bundestag. Sie haben eine Prärogative [124]. Aber über Artikel 59 Absatz 2 des Grundgesetzes ist der Bundestag als gesetzgebende Körperschaft bei dem Abschluß von zwei Kategorien von

---

[122] Zu den Schwierigkeiten der Koordination: Schwarz (Anm. 6), S. 47, 52 f.

[123] Weiß (Anm. 10), S. 118; Baade (Anm. 55), S. 89, 115; Majonica (Anm. 61), S. 112 f.; Schwarz (Anm. 6), S. 60 f.; zur differenzierten Haltung Moslers oben Anm. 120; zu weitgehend Link (Anm. 61), S. 373, der unter Berufung auf Max Beloff eine „Rolle des Parlaments als Initiator" fordert.

[124] Das schließt aber nicht aus, daß der Bundestag die Regierung durch Entschließungen zu veranlassen sucht, Vertragsverhandlungen aufzunehmen, bereits bestehenden Verträgen beizutreten et cetera. Im Januar 1978 brachte die oppositionelle CDU/CSU einen Antrag ein, dem Antarktis-Vertrag beizutreten, Deutscher Bundestag, 8. Wahlperiode, Drucksache 8/1427.

Verträgen mit eingeschaltet: bei Verträgen, die die politischen Beziehungen des Bundes regeln und bei solchen, die sich auf Gegenstände der Bundesgesetzgebung beziehen [125]. Hier bedarf der Bundespräsident der Zustimmung oder der Mitwirkung des Bundestages und des Bundesrates durch Bundesgesetz für die Ratifikation des Vertrages. Um welche Art von Verträgen es sich handelt, ist insofern nicht eindeutig festzustellen, als streitig ist, was Verträge sind, die „die politischen Beziehungen des Bundes regeln" [126]. Das Bundesverfassungsgericht hat diese Formel dahin verstanden, daß es Verträge sein müssen, die die Existenz des Staates, seine territoriale Integrität, seine Unabhängigkeit, seine Stellung oder sein maßgebliches Gewicht in der Staatengemeinschaft durch den Staat selbst berühren. Es hat unter dieser Regelung Wirtschaftsverträge nicht ohne weiteres subsumiert, sondern auf den Einzelfall abgestellt [127]. Tatsächlich sind auch eine ganze Anzahl, wenn auch bei weitem nicht alle handelspolitischen Verträge vorgelegt worden [128]. Mir erscheint diese Definition an der klassischen Außenpolitik orientiert und die oben dargestellten wichtigen Neuentwicklungen in bezug auf den Inhalt der Außenpolitik wie auch auf die Entwicklung der parlamentarischen Demokratie nicht hinreichend aufzunehmen. In einer mehr katalogartigen Aufzählung werden zu diesen Verträgen gerechnet militärische Bündnisse, Neutralitätsverträge, Nicht - Angriffs- und Abrüstungsverträge sowie Verträge über wesentliche Änderungen des Staatsgebietes. So gehörten der Moskauer Vertrag, der Warschauer Vertrag, der Prager Vertrag sicherlich zu den Verträgen im Sinne des Artikels 59 Absatz 2 des Grundgesetzes, die der Zustimmung für die Ratifikation bedurften. In der Literatur ist im Anschluß an das Bundesverfassungsgericht von einigen Autoren eine restriktive Auslegung vertreten worden [129], während andere einer ausdehnenden Auslegung die-

---

[125] Dazu: von Mangoldt und Klein (Anm. 120), S. 1135 ff.; Maunz (Anm. 56), Artikel 59 Randnummer 11 ff.; Rojahn (Anm. 120), S. 656 ff.; Bleckmann (Anm. 55), S. 215 ff.; Luzius Wildhaber, *Treaty-Making Power and Constitution. An International and Comparative Analysis*, Basel und Stuttgart 1971, S. 48 ff.; Mosler (Anm. 10), S. 264, 292 ff.; Weiß (Anm. 10), S. 117 ff.; Menzel (Anm. 55), S. 191 ff.; Treviranus (Anm. 55), S. 35 ff.

[126] Diese Kategorie von Verträgen ist im Grundgesetz zum ersten Mal in die Gruppe der zustimmungsbedürftigen Verträge aufgenommen, um eine Demokratisierung der Außenpolitik sicherzustellen.

[127] Urteil des Zweiten Senats vom 29. Juli 1952, 2 BvE 2/51 (Anm. 59), S. 380 f.

[128] Kurt P. Tudyka, *Parlament und Handelspolitik. Der Bundestag als Vermittler außenwirtschaftlicher Interessen*, PVS, Bd. 12, 1971, S. 283 ff. nennt für die erste Legislaturperiode 24, für die zweite 35, für die dritte 20 derartige Verträge. Später nimmt die Zahl ab.

[129] Von Mangoldt und Klein (Anm. 120), S. 1136; Maunz (Anm. 56),

ser Vorschrift das Wort reden[130]. Ich bin mehr geneigt, der ausdehnenden Auslegung zuzustimmen. Das enge nach Inhalt wie nach Zuordnung noch traditionelle Verständnis der Außenpolitik ist nicht geeignet, auf die neuen Entwicklungen einzugehen, wie sie oben sowohl für den Wandel der Inhalte wie für den Wandel der parlamentarischen Demokratie dargestellt wurden. Sie interpretiert „politisch" zu eng. Die Stellung der Bundesrepublik nach außen wird weitgehend von wirtschaftlichen Beziehungen bestimmt. Sie haben auch nach innen grundlegende Wirkung. Wirtschaftliche Zusammenarbeit ist im wesentlichen Mittel, den Frieden zu sichern. Andererseits wird durch wirtschaftliche Bindungen die Bundesrepublik auch politisch gebunden. So wird immer wieder auf die politischen Konsequenzen unserer Bindungen an Öl- oder Erdgaslieferungen aus dem Ausland hingewiesen. Zwar verschließt sich das Gericht dieser Ansicht nicht völlig und läß ein Türchen offen, da es Handelsverträge dann zu den politischen rechnet, wenn „die an sich unpolitischen Marktbeziehungen zu politischen Machtbeziehungen" werden[131]. Aber schon die Voraussetzung, daß Marktbeziehungen an und für sich „unpolitisch" seien, ist zumindest zweifelhaft. Vor allem aber muß für diese Verträge die politische Relevanz immer erst nachgewiesen werden, für die andere Kategorie wird sie mehr oder weniger vorausgesetzt. Die Last des Nachweises liegt bei dem Bundestag. Die Bundesregierung wird stets wenig geneigt sein, Verträge dem Verfahren nach Artikel 59 Absatz 2 des Grundgesetzes auszusetzen. Im Jahre 1978 wurde die Frage wieder aktuell durch das deutsch-sowjetische Wirtschaftsabkommen vom 6. Mai 1978. Eine starke Gruppe der SPD-Fraktion wollte ein förmliches Zustimmungsverfahren. Die Bundesregierung zögerte, die CDU/CSU- Fraktion war dagegen[132]. Schließlich kam es zu einer bloßen positiven Stellungnahme des Bundestages[133]. In der öffentlichen Auseinandersetzung wurde ganz deutlich da-

---

Artikel 59 Randnummer 15; Hienstorfer (Anm. 56), S. 106 f.; Mosler (Anm. 10), S. 295; Bleckmann (Anm. 55), S. 218 f.; Tudyka (Anm. 128), S. 285 weist aber darauf hin, daß eine weite Mehrheit im Bundestag für die Zustimmungsbedürfigkeit auch dieser Verträge eintrat.

[130] Menzel (Anm. 55), S. 193; Link (Anm. 61), S. 370; Friesenhahn (Anm. 61), S. 70 (Leitsatz II 3); Karl und Krause (Anm. 25), S. 61. Diese Autoren sehen in der Auslegung durch das Bundesverfassungsgericht zu Recht eine zu exekutiv freundliche Auslegung; zurückhaltend Rojahn (Anm. 120), S. 662.

[131] Bundesverfassungsgericht (Anm. 127), S. 383.

[132] „Frankfurter Allgemeine Zeitung" (FAZ) 21. VIII 1978, S. 4.

[133] 124. Sitzung vom 13. Dezember 1978, Verhandlungen des Bundestages, 8. Wahlperiode, 1978, S. 9707 A ff., dazu Drucksachen 8/2143, 8/2158, 8/2301 (Entschließungstext und Bericht des Auswärtigen Ausschusses).

rauf abgestellt, daß die Prärogative in der Außenpolitik der Regierung zukomme, die durch die Mitwirkung des Bundestages eingeschränkt sei, was möglichst eng zu intepretieren sei[134]. Dieser Zurückhaltung steht aber die Eigentümlichkeit gegenüber, daß es dem Bundestag gelungen ist gerade für Handels- und Wirtschaftsverträge ein Mitspracherecht durch einen handelspolitischen Beirat zu institutionalisieren[135]. Verträge, die die Bundesgesetzgebung betreffen, sind solche, die innerstaatlich entweder unmittelbar an Stelle von Gesetzen, Rechte, Pflichten et cetera für den Bürger begründen, also self-executing sind, oder solche, die zu ihrer innerstaatlichen Umsetzung und Durchführung der Bundesgesetze befürfen[136]. Für diese Verträge war im übrigen schon zur Zeit des Kaiserreiches die Zustimmung des Reichstages zur Ratifikation erforderlich[137]. Das Bundesgesetz, durch das die Zustimmung erteilt wird, hat sowohl die Funktion der Zustimmung und Ermächtigung, nach herrschender Meinung aber keine Verpflichtung für den Bundespräsidenten, den Vertrag zu ratifizieren[138], als auch die Funktion des innerstaatlichen Anwendungsbefehls, soweit der Vertrag als solcher anwendbar ist[139].

Formell wird der Bundestag erst mit dem Vertrag befaßt, wenn die Verhandlung abgeschlossen, das heißt der Vertragstext in der Regel unterzeichnet ist. Es liegt dann in der Entscheidung der Regierung, wann sie das Zustimmungsgesetz einbringen will. Der Bundestag kann die Initiative nicht selbst ergreifen; er kann die Regierung aber in nicht rechtsverbindlicher Weise auf-

---

[134] FAZ (Anm. 132). Nach dieser Meldung lagen im übrigen auch bereits Gutachten für einen möglichen Verfassungsprozeß bereit.

[135] Im einzelnen unten S. 63 f.

[136] Urteil des Bundesverfassungsgerichts (Anm. 127), S. 388; Maunz (Anm. 56), Artikel 59 Randnummer 17; Bleckmann (Anm. 55), S. 219 ff.; Rojahn (Anm. 120), S. 663; differenziert von Mangoldt und Klein (Anm. 120), S. 1137 ff.

[137] Artikel 11 Absatz 3 der Reichsverfassung vom 16. April 1971; ebenso Artikel 45 Absatz 3 der Reichsverfassung vom 11. August 1919 – Weimarer Verfassung.

[138] Mosler (Anm. 10), S. 285 mit Hinweisen auf Erklärungen im Bundestag; Maunz (Anm. 56), Artikel 56 Randnummer 22.

[139] Urteil des Ersten Senats des Bundesverfassungsgerichts vom 30. Juli 1952 – 1 BvF 1/52, *Entscheidungen des Bundesverfassungsgerichts*, Bd. 1, S. 396 ff., 410 f, seit dem in ständigen Rechtsprechung; Rojahn (Anm. 120), S. 670; Bleckmann (Anm. 55), S. 216 f.; Maunz (Anm. 56), Artikel 59 Randnummer 22 ff., insbesondere 25 auf den Streit, ob Völkerrecht in Landesrecht transformiert wird, was die herrschende Lehre annimmt, oder ob, wie ich meine, dem Völkerrechtssatz nur ein Vollzugs- oder Anwendungsbefehl gegeben wird, ist hier nicht einzugehen, dazu unter anderem: Karl Josef Partsch; *Die Anwendung des Völkerrechts im innerstaatlichen Recht. Überprüfung der Transformationslehre*, „Berichte der Deutschen Gesellschaft für Völkerrecht" H. 6, Karlsruhe 1964; Walter Rudolf, *Völkerrecht und Landesrecht*, Tübingen 1967, S. 205 ff.

fordern. Der Bundestag kann formell dann nicht mehr inhaltlich auf den Vertrag einwirken. Durch § 81 Absatz 3 der Geschäftsordnung des Deutschen Bundestages ist es ausdrücklich ausgeschlossen, Änderungsanträge für solche Verträge zu stellen. Der Bundestag kann also die Zustimmung nur geben oder verweigern. Er kann aber mit der Maßgabe zustimmen, daß bei der Ratifikation Vorbehalte gemacht werden sollen, soweit solche völkerrechtlich zulässig sind [140]. Im übrigen hat der Bundestag bisher immer seine Zustimmung gegeben. Annahme wie Ablehnung wirken zwar außenpolitisch. Jedoch sind sie nicht eigentlich aktiv gestaltende Akte. Aber die Zustimmungsnotwendigkeit hat „Vorwirkung". Die Regierung muß bei ihren Aktionen immer mitbedenken, ob sie die Zustimmung erlangen wird. Das wirkt sich dahin aus, daß im Parlament gegebene politische Strömungen mit einkalkuliert werden müssen. Die Bundesregierung wird daher, soweit sie nicht bereits durch die erwähnten Großen Anfragen dazu veranlaßt wird, auch von sich aus von Zeit zu Zeit bei schwierigen und bedeutenden Vertragsverhandlungen im Bundestag oder seinen Gliederungen, insbesondere den Fraktionen und dem Auswärtigen Ausschuß berichten, ihren Standpunkt sowie den Stand der Vorbereitung für den Vertrag darlegen, sich auch mit den Gegenargumenten des Ausschusses, der Fraktion und des Plenums auseinandersetzen [141]. Auch in anderen Fragen besteht Kontakt mit den Fraktionen und wohl auch mit dem Ausschuß [142]. Leider fehlen bisher Untersuchungen, so daß Genaues nicht auszumachen ist. Immerhin kann die Zustimmungsbefugnis durch die Vorwirkung mehr sein als ein Instrument der Kontrolle, sondern bis zu einem gewissen Grad und in bestimmten

---

[140] Weiß (Anm. 10), S. 141 mit Beispielen aus der Praxis; Rojahn (Anm. 120), S. 665; Karl Josef Partsch, *Parlament und Regierung im modernen Staat.* VVDtStRL, H. 16, Berlin 1958, S. 74 ff., 97 Fußnote 60; dagegen Hienstorfer (Anm. 56), S. 86 ff. Strittig ist, ob dann nur eine bedingte Zustimmung vorliegt, so wohl Partsch, anders hingegen Weiß. In der Praxis sind vom Bundestag gewünschte Vorbehalte bei der Ratifikation erklärt worden, siehe: Weiß, ebenda, Fußnote 127.

[141] Adenauer (Anm. 23), S. 250 ff. berichtet von Fühlungnahmen mit der oppositionellen SPD in bezug auf die Demontagen und die Ruhrbehörde und einem interfraktionellen Ausschuß in der Vorbereitungsphase des Petersberger Abkommens. Ähnliches war auch vor dem Beitritt zum Europarat der Fall (ebenda, S. 323 f). Bei der Vorbereitung des Deutschlandvertrages mit den Westmächten wurde ein interfraktioneller Ausschuß zur Beratung mit der Bundesregierung gebildet, siehe: Weichert (Anm. 59), S. 425. Der Auswärtige Ausschuß hat auf dem Wege der Selbstbefassung von Anfang an versucht, sich über laufende Verhandlungen zu informieren, sie zu debattieren und sich zu äußern, d.h. aber auch, gestaltend Einfluß zu nehmen, siehe Weichert (Anm. 59), S. 624. In dieser begleitenden Mitwirkung bei Vertragsverhandlungen liegt ein zentraler Bereich seiner Tätigkeit. Hinsichtlich der Beurteilung der Effektivität oben Anm. 98.

[142] Zum Beispiel für die Seerechtskonvention unten Anm. 147.

Grenzen ein Mittel auch der inhaltlichen Mitgestaltung, dessen Effektivität allerdings vom Bundestag selbst abhängt[143]. Die Verträge können inhaltlich alle Bereiche betreffen, die heute zur Außenpolitik zählen, Fischerei ebensogut wie Abschluß eines Bündnisses, umweltrelevante Fragen, Kulturpolitik, Wirtschaftsabsprachen und dergleichen mehr. Soweit die Zustimmung des Bundestages bei diesen Verträgen unabdingbar und unersetzbar ist, ist die Mitwirkungsmöglichkeit des Bundestages in der Vorwirkungsphase unter Umständen recht stark. Aber für die Regel gilt doch, daß die Regierung aufgrund ihres Initiativrechts, des Rechtes zur Verhandlungsführung und der Richtlinienbestimmung sowie vor allem durch die bessere Sachkenntnis und Nähe zur Sache der materielle Träger und Gestalter der Verhandlungen und dann auch der Verträge ist[144]. Es kann allerdings Fälle geben und hat es auch gegeben, wo aufgrund besonderer Umstände der Bundestag auch in Zustimmungsverfahren noch gestaltenden Einfluß genommen hat, auch wenn er keine Änderung am Vertrag vornehmen darf[145].

Der materielle Einfluß des Bundestages auf die Gestaltung eines Vertrages wird im übrigen noch geringer, wenn die Verträge in einem schwierigen multilateralen Beziehungsfeld ausgehandelt werden[146]. Das ist gerade bei den rechtssetzenden Verträgen fast immer der Fall, mag es sich um Kodifikationen mit Reformen handeln, wie bei der Wiener Vertragskonvention, mag es sich um mehr oder weniger neue Gestaltungen des Rechts handeln, wie bei der verhandelten Seerechtskonvention. Um die erstgenannte hat sich der Bundestag meines Wissens überhaupt nicht gekümmert. Für die in der Verhandlung stehende Seerechtskonvention hat er ein Interesse erst 1976 entdeckt und auch dieses nicht allzu intensiv[147]. Auf diesen Konferenzen kann der einzelne Staat kaum noch etwas im Alleingang erreichen, jedenfalls nicht eine Mittelmacht wie die Bundesrepublik. Sie muß sich mit

---

143 Es besteht aber eine weit verbreitete Skepsis, ob der Bundestag diese Möglichkeiten hinreichend ausnutzt, siehe: zum Beispiel Karl und Krause (Anm. 25), S. 81 f.

144 Adenauer (Anm. 23), S. 527 berichtet von einem Versuch der FDP-Fraktion auf Formulierungen des Deutschlandvertrages, der im übrigen bereits ausgehandelt, aber noch nicht unterzeichnet war, Einfluß zu nehmen, den er entschieden zurückwies.

145 Dazu unten S. 61 ff.

146 Darauf macht aufmerksam Tomuschat (Anm. 7), S. 30 f.

147 Nachweise bei Tomuschat (Anm. 7), S. 31, Fußnote 111. Ergänzend ist dazu anzumerken, daß im Laufe des Jahres 1978 sich verschiedene Ausschüsse mit der Thematik befaßt haben, siehe: „Woche im Bundestag" 8. Jahrgang 1979, H. 4, S. 27; H. 7, S. 40; H. 20, S. 25.

anderen zusammen tun, muß dabei bereits Kompromisse schließen. Dann wird in den Einzelverhandlungen eine gewisse Beweglichkeit in bezug auf die jeweiligen Möglichkeiten und Konstellationen, ein Eingehen auf und Abwehren von Vorstellungen der Partner oder Kontrahenten notwendig. Dafür ist ein Gremium wie der Bundestag völlig ungeeignet, sowohl von der Sachkenntnis wie von der Willensbildungsstruktur her. Diese multilateralen Konferenzen zur Rechtsfortbildung durch Verträge nehmen aber zu. Sie sind ein wesentliches Mittel kooperativer Außenpolitik in den neuen bedeutenden Gebieten der internationalen Wirtschaftsbeziehungen, der Ressourcennutzung et cetera. Hier kann auch die Zustimmungsbefugnis kaum noch eine „Vorwirkung" entfalten. Es entsteht ein mehr oder weniger großer Zwang zur späteren Zustimmung, wenn die Bundesrepublik sich nicht isolieren will. Ganz ausgeschaltet ist der Bundestag dort, wo eine internationale Organisation von sich aus verbindliche Rechtsregeln erlassen kann[148]. Eine Reduktion der politischen Kontroll- und Mitwirkungsfunktion der Zustimmungsbefugnis ergibt sich weiterhin daraus, daß die Bundesrepublik Mitglied überstaatlicher Organisationen, der Europäischen Gemeinschaften ist. Ihnen sind verschiedene wichtige Kompetenzen anheim gegeben worden, für die sie auch ein bestimmtes ausschließliches Vertragsschließungsrecht haben, insbesondere im wirtschaftlichen Bereich. Durch dieses können sie ohne Mitwirkung der Staaten als solche, das heißt ihrer nationalen Organe vor allen Dingen der Parlamente, für die Staaten völkerrechtliche Pflichten und Rechte begründen. Das gilt zum Beispiel für Handelsverträge gemäß Artikel 113 Vertrag über die Europäische Wirtschaftsgemeinschaft, wodurch auch auf innerstaatlicher Grundlage der Streit um die Zustimmungsbedürftigkeit gerade bei Handels- und Wirtschaftsverträgen zum Teil entfallen ist. Aber der Einfluß des Bundestages auf gerade diesen Bereich der Außenpolitik ist damit noch mehr zusammengeschrumpft. Die Regierung jedoch ist als Mitglied des Ministerrates der Europäischen Gemeinschaften durchaus noch an der Gestaltung dieses Bereiches beteiligt[149].
Der Bundestag hat bisher noch nie die Zustimmung zur Ratifikation eines Vertrages verweigert. In einem, allerdings weniger bedeutenden Fall ist das

---

[148] Hans D. Treviranus, *Neue Verfahren zur Vereinfachung und Beschleunigung des Zustandekommens von multilateralen Verträgen.* „Die Friedenswarte" 59. Jahrgang, 1976, S. 51 ff., 59.

[149] Zwar muß die Regierung gemäß des Artikels 2 des Zustimmungsgesetzes zum EWG-Vertrag den Bundestag rechtzeitig informieren, damit er Stellung nehmen kann. Aber erstens ist eine solche Stellungnahme gegenüber niemandem verbindlich und zweitens finden allenfalls Debatten im Ausschuß statt, nie aber im Plenum.

Zustimmungsgesetz gar nicht bis zur Abstimmung im Plenum gekommen [150]. In der Mehrzahl der Fälle nimmt der Bundestag keinen Einfluß auf die Verhandlung und das endgültige Ergebnis. Aber es gibt doch einige besonders herausragende Beispiele, wo der Bundestag Einfluß zu nehmen versucht hat. Dabei ist naturgemäß immer von der bereits erwähnten Zweiteilung in Mehrheitsfraktionen und Oppositionsfraktionen auszugehen. Da in der Bundesrepublik, wie ebenfalls bereits erwähnt, ein Dissens über die Außenpolitik zwischen den Regierungsfraktionen und der Opposition in den grundlegenden außenpolitischen Vorgängen bestand, mußte die Opposition über den Bundestag versuchen, ihre Vorstellungen in die Vertragsgestaltung einzubringen. Das ist ihr in der Regel aber nicht gelungen. Nur dort, wo sie sich mit den Regierungsfraktionen oder jedenfalls wesentlichen Teilen derselben in der Zielsetzung und in der Methode einig werden konnte, war ein Erfolg zu erzielen. Im Fall des deutsch-französischen Freundschaftsvertrages von 1963 war eine solche Konstellation gegeben [151]. Innerhalb der CDU/CSU-Fraktion gab es eine starke Gruppe sogenannter „Atlantiker", die in diesem Vertrag eine mögliche Belastung für die Europäische Wirtschaftsgemeinschaft, den Nordatlantikpakt und das Verhältnis der Bundesrepublik zu Amerika sahen. Sie befürchteten eine zu strikte Bindung der Bundesrepublik an Frankreich und damit eine Gefahr, in den Sog der französischen Politik der Isolierung zu geraten. Die SPD und auch die FDP-Fraktion, die letztere gehörte zu den Regierungsfraktionen, waren ebenfalls gegen diesen Vertrag. Eine Ablehnung des Vertrages kam jedoch nicht in Frage. Man behalf sich dann nach längeren Diskussionen damit, dem Zustimmungsgesetz eine Präambel voraufzuschicken. Diese Präambel war darauf angelegt, einerseits die Aussöhnung und Freundschaft zwischen dem deutschen und französischen Volke hervorzuheben, andererseits aber auch die Verbundenheit mit den sonstigen Verbündeten, insbesondere auch die Partnerschaft zwischen Europa und den Vereinigten Staaten von Amerika zu betonen. Die Bundesregierung, insbesondere der damalige Bundeskanzler Adenauer, aber auch Teile der CDU/CSU-Fraktion, waren zwar zunächst gegen die Einführung einer solchen Präambel, mußten sie aber hinnehmen. Die Präambel und ihre starke Betonung des deutsch-amerikanischen Ver-

---

[150] Abkommen zwischen Frankreich und Deutschland über den Mundat-Wald an der deutsch-französischen Grenze vom 31. Juli 1962, dazu Patz (Anm. 54), S. 97 ff.

[151] Schriftlicher Bericht des Ausschusses für auswärtige Angelegenheiten vom 8. Mai 1963, Deutscher Bundestag, 4. Wahlperiode, Drucksache IV/1252; Kopf, (Anm. 61), S. 311; Patz (Anm. 54), S. 69 ff.

hältnisses und der Verbundenheit mit den anderen Bündnispartnern in der NATO ging in dem politischen Effekt zum Teil jedenfalls gegen die Intentionen des deutsch-französischen Vertrages. Der Buchstabe wurde nicht verändert. Dazu ist der Bundestag nicht befugt. Die Präambel zum Zustimmungsgesetz hat keine rechtlich verbindliche Kraft. Sie war eine Erklärung des Bundestages gegenüber dem Bundeskanzler und der Bundesregierung einerseits, aber auch natürlich eine politische Erklärung gegenüber dem Vertragspartner und den anderen interessierten Mächten. Jedoch veränderte diese Erklärung den Geist des Vertrages, ordnete ihn in andere Zusammenhänge ein, wahrscheinlich gerade in solche, aus denen jedenfalls nach der Intention des Vertragspartners dieser Vertrag herausführen sollte. Ein anderer Fall ist das Verfahren bei der Zustimmung zur Ratifikation der Verträge von Moskau und Warschau 1972 [152]. In der Schlußphase des Zustimmungsverfahrens war es notwendig, jedenfalls die Stimmenthaltung der CDU/CSU-Fraktion zu erreichen, die damals in Opposition stand. Damit gewann diese die Möglichkeit, die sie vorher nicht hatte, auf die Schlußgestaltung Einfluß zu nehmen. Zunächst forderte sie neue Verhandlungen. Das wurde verweigert. Dann setzte sie sich dafür ein, interpretatorische Klarheiten herbeizuführen, insbesondere über angebliche Dissense in der deutschen und russischen Fassung des Moskauer Vertrages. Solche Klärungen konnten erreicht werden [153]. Damit war zwar wiederum der Wortlaut des Vertrages nicht angetastet, aber bestimmte Interpretationsmöglichkeiten waren ausgeschlossen. Schließlich konnte sie auch erreichen, daß ein wichtiger Teil des Abkommens, nämlich der „Brief zur deutschen Einheit" von der Sowjetunion in das Ratifikationsverfahren mit einbezogen und damit zum Bestandteil des Vertragswerkes gemacht wurde. Schließlich kam es auch noch zu einer Bundestagsentschließung, die gleichzeitig mit dem Zustimmungsgesetz verabschiedet wurde. Diese Entschließung des deutschen Bundestages betonte noch einmal die Grundlinien der deutschen Außen-, Ost- und Deutschlandpolitik. Sie ordnete das Vertragswerk in diesen Gesamtzusammenhang ein. Sie war in der Intention der Opposition jedenfalls dazu gedacht, die künftige Außen- und Ostpolitik der Bundesregierung einer politischen Bindung zu unterwerfen und das Vertragswerk in diese Zusammenhänge einzuordnen und von daher in seinen politischen Wirkungen in

---

[152] Patz (Anm. 54), S. 137 ff.; Willy Brandt, *Begegnungen und Einsichten. Die Jahre 1960 - 1965*, Hamburg 1976, S. 473. Wie bereits erwähnt, entstanden um die Verbindlichkeit der Entschließung lebhafte politische und juristische Auseinandersetzungen, oben Anm. 82.

[153] Brandt, ebenda.

eine bestimmte Richtung zu lenken. Wie bereits ausgeführt, sind derartige Entschließungen aber lediglich politische Willenserklärungen und haben keine rechtlich verbindliche Kraft, weder gegenüber anderen Bundesorganen, wie dem Bundeskanzler und der Bundesregierung, noch erst recht völkerrechtlich gegenüber anderen Staaten [154]. Trotzdem war sie natürlich außenpolitisch von Bedeutung. Wieweit sie die Außenpolitik späterhin prägte und geprägt hat, ist zweifelhaft. Die Opposition hat der Bundesregierung und der sie tragenden sozial-liberalen Koalition immer wieder vorgeworfen, von dieser gemeinsamen Außenpolitik der Entschließung abzuweichen. Einen Sonderfall im Vertragsrecht stellen die handelspolitischen Verträge dar [155]. Am Anfang des Bestehens der Bundesrepublik war umstritten, ob Handels- und Wirtschaftsverträge dem Zustimmungsbedürfnis nach Artikel 59 Absatz 2 des Grundgesetzes unterlägen [156]. Der Bundestag wünschte damals einen stärkeren Einfluß auf die Außenhandels- und Außenwirtschaftspolitik. Das hatte seinen Grund unter anderen auch darin, daß dies die einzige „Außenpolitik" war, die die Bundesrepublik seinerzeit betreiben konnte, diese jedoch auch erheblichen politischen Einfluß hatte und sich damit die ersten auswärtigen Beziehungen in Abkommen verdichteten. Eine Mehrheit im Bundestag, also auch aus den Regierungsparteien, verlangte nicht nur die Zustimmungsbefugnis, sondern auch die Einflußnahme auf die Gestaltung, also die aktive Mitwirkung. Aus den Auseinandersetzungen zwischen Parlament und Regierung entstand durch eine Vereinbarung zwischen Bundestag und Bundesregierung der sogenannte Handelspolitische Beirat des Bundestages. Seine Aufgabe war zunächst, mit der Bundesregierung jeweils die Zustimmungsbedürftigkeit für die Ratifikation zu klären. Die Bundesregierung übernahm es, den Ausschuß zu unterrichten. Der Beirat ist kein eigentlicher Sachausschuß des Bundestages, aber doch ein Glied desselben [157]. Rechtliche Zulässigkeit und praktische Bedeutung des Beirates sind in der Literatur umstritten [158]. Die Bedeutung ergibt sich

---

[154] Siehe Anm. 82.

[155] Zum folgenden: Hans Joachim Driehaus, *Der Beirat des Bundestages für Handelspolitische Vereinbarungen*, *Rechtswissenschaftliche Dissertation*, Münster 1972, S. 5 ff.; Tudyka (Anm. 128), S. 285 f., 289 ff.

[156] Oben S. 45 f.

[157] Driehaus (Anm. 156), S. 90. Text der Vereinbarung: Drucksache des Deutschen Bundestages, 1. Wahlperiode, I/590, abgedruckt bei Driehaus (Anm. 156), S. 14; in den folgenden Wahlperioden wurde der Beirat immer wieder aufgrund dieser Vereinbarung gebildet.

[158] Zur verfassungsrechtlichen Frage: Driehaus (Anm. 156). S. 91 ff.; zur politischen Bedeutung: Tudyka (Anm. 128), S. 299 f.

daraus, daß er in jeder Legislaturperiode neu eingerichtet wurde. Nach dem Übergang wesentlicher handelspolitischer Befugnisse auf die Europäische Wirtschaftsgemeinschaft nahm sie jedoch mehr und mehr ab[159]. Dieser Handelspolitische Beirat, dem im übrigen auch Mitglieder des Bundesrates angehören, hat durch ständige Kommunikation mit der Bundesregierung versucht, auf die Außenwirtschafts- und Außenhandelspolitik Einfluß zu nehmen[160]. Denn er hat sich nicht auf die Frage der Zustimmungsbedürftigkeit beschränkt, sondern sehr bald sich auch den materiellen Fragen zugewendet. Der Beirat wird von der Bundesregierung vor der Aufnahme, während und nach Abschluß der Verhandlungen informiert und berät aufgrund dieser Informationen. Er arbeitet ohne Überweisung durch das Plenum völlig selbständig. Er erstattet diesem nur einmal jährlich Bericht[161]. Es besteht Vertraulichkeit, so daß den tatsächlichen Vorgängen nur schwer auf die Spur zu kommen ist. Jedenfalls kann er inhaltliche Stellungnahmen noch vor Abschluß der Vertragsverhandlungen in bestimmten Richtungen abgeben, Anregungen damit verbinden und auch versuchen, bestimmte inhaltliche Ziele und Vorstellungen gegenüber der Bundesregierung durchzusetzen. Im großen und ganzen geht man wohl nicht fehl, wenn man zu der Annahme neigt, daß jedenfalls zeitweise in diesem Spezialbereich eine nicht unerhebliche Kooperation zwischen dem zuständigen Wirtschaftsminister und dem Beirat bestanden hat. Damit konnte der Bundestag über diesen Beirat gestaltend einwirken.

Neben dem Abschluß ist auch die Kündigung eines Vertrages ein erheblicher außenpolitischer Akt. Ein Teil der Wissenschaft ist der Auffassung, dieser unterliege trotz der gegebenenfalls nachteiligen Wirkungen für den Staat insgesamt nicht der Zustimmung des Bundestages[162]. Die Gegenmeinung hat aber gute Gründe für sich, wenn sie auch hier ein Zustimmungsrecht bejaht[163]. Vertragliche Eingriffe in bestehende Vertragsverhältnisse sind gemäß ihren Inhalt zustimmungsbedürftig[164].

---

[159] So Tudyka, ebenda. Die Bundesregierung unterrichtet aber den Beirat auch über EWG-Vorhaben, siehe: Driehaus (Anm. 156), S. 46 ff.

[160] Zur Arbeit des Beirates: Driehaus (Anm. 156), S. 34 ff.; Tudyka (Anm. 128), S. 294 ff.

[161] Tudyka (Anm. 128), S. 298.

[162] Partsch (Anm. 140), S. 98 f.

[163] Friesenhahn (Anm. 61), S. 70 (Leitsatz II 3); Hienstorfer (Anm. 56), S. 127 stellt für politische Verträge darauf ab, ob ihre Kündigung selbst die politischen Beziehungen regele. Bei Kündigung von Gesetzgebungsverträgen verneint er die Zustimmungsbedürftigkeit, S. 128 ff.

[164] Hienstorfer (Anm. 56), S. 14 ff.; wohl auch Bleckmann (Anm. 55), S. 225; Maunz (Anm. 56), Artikel 59 Randnummer 46.

Auch in der Bundesrepublik gibt es Regierungs- und Verwaltungsabkommen, die keiner Zustimmung des Bundestages bedürfen. Der Begriff ist umstitten. Maßgebend ist im Hinblick auf das Zustimmungserfordernis der Inhalt des Vertrages. Nur wenn für den Vollzug keine Gesetzgebung notwendig ist, können sie ohne Zustimmung Verbindlichkeit erlangen[165]. Verträge, die die politischen Beziehungen regeln, können keinesfalls als Regierungs- oder Verwaltungsabkommen geschlossen werden.
Zusammenfassend kann festgestellt werden, daß der Bundestag und seine Gliederungen auf die Vertragsgestaltung kraft der Zustimmungszuständigkeit des Bundestages einen gewissen gestaltenden Einfluß ausüben können. Da die Zustimmung notwendig ist, müssen Bundesregierung und Bundestag zusammenwirken. Insofern kann man von einer „kombinierten Gewalt" sprechen. Tatsächlich hat der Bundestag aber wohl nur auf eine geringe Zahl von Verträgen Einfluß zu nehmen versucht und Einfluß genommen. Es handelt sich dabei insbesondere um die hoch politischen Verträge, die die Grundlagen der staatlichen Existenz der Bundesrepublik Deutschland in dem Gesamtgefüge mit anderen Staaten treffen. Hier war es insbesondere immer die Opposition, die versucht hat, ihre politischen Vorstellungen gegen die der Regierung durchzusetzen oder jedenfalls doch mit zur Geltung zu bringen. Letzten Endes gelingen konnte ihr das aber nur dort, wo sie sich jedenfalls der Mitwirkung eines Teiles der Regierungsfraktionen versichern konnte, also der Bundestag damit als Einheit der Regierung gegenübertrat. In keinem Fall wurde aber die Initiative und die Verhandlungs- und Gestaltungsprärogative der Regierung in Frage gestellt oder gar beseitigt. Die Regierung ist das außenpolitisch führende Organ auch dort, wo es um die Aushandlung von Verträgen geht. Der Bundestag hat allenfalls mitwirkende, mitgestaltende Funktion.

d) Verteidigungsfall – Friedensschluß

Gemäß Artikel 115 a Absatz 1 des Grundgesetzes wird der Verteidigungsfall vom Bundestag mit Zustimmung des Bundesrates festgestellt, wenn ein Angriff von außen auf die Bundesrepublik gegeben ist oder unmittelbar droht[166]. Diese Feststellung hat zunächst bestimmte verfassungsrechtliche

---

[165] Bleckmann (Anm. 55), S. 222 mit Verweisen zum Streitstand.
[166] Diese Bestimmung wurde inhaltlich 1956 als Artikel 59a anläßlich der Übertragung der Souveränität auf die Bundesrepublik in das Grundgesetz aufgenommen und 1969 im Zuge der Schaffung der Notstandsverfassung in Artikel 115a übergeleitet.

Folgen. Aber sie löst auch das Recht des Bundespräsidenten aus, falls ein bewaffneter Angriff vorliegt, völkerrechtliche Erklärungen über den Verteidigungsfall, das heißt vor allem die Erklärung, daß man sich im Kriegszustand befinde, wiederum mit Zustimmung des Bundestages abzugeben [167]. Diese Einschaltung des Parlaments in das Kriegserklärungsverfahren ist im deutschen Verfassungsrecht neu. Erfahrungen fehlen Gott sei Dank noch. Die eigentliche gestaltende Einwirkung wird wohl vor dieser Situation liegen, nämlich zu verhüten, daß die Notwendigkeit, den Verteidigungsfall zu erklären, hier eintritt.

Das Ende des Kriegszustandes, der Friedensschluß wird gemäß Artikel 115 l Absatz 3 des Grundgesetzes durch Bundesgesetz herbeigeführt. Da der Friedensschluß in der Regel durch den Vertrag erfolgt, der zumindest „die politischen Beziehungen" betrifft, bedürfte es dazu bereits eines Zustimmungsgesetzes nach Artikel 59 Absatz 2 des Grundgesetzes [168]. Der Unterschied zwischen dem Friedensschluß durch Bundesgesetz und der Zustimmung nach Artikel 59 Absatz 2 zur Ratifikation eines Vertrages wird in der Literatur dahin gesehen, daß das Bundesgesetz über den Friedensschluß den Bundespräsidenten verpflichtet, den Friedensvertrag zu ratifizieren, während die Zustimmung nach Artikel 59 Absatz 2 des Grundgesetzes lediglich eine Ermächtigung an den Bundespräsidenten darstellt, einen Vertrag zu ratifizieren [169]. Meines Erachtens kann man aber darin außerdem auch die Befugnis des Bundestages sehen, auf die Friedensverhandlungen selbst intensiveren Einfluß zu nehmen, etwa kraft Bundestag durch eine Delegation bei den Verhandlungen anwesend zu sein. Denn die Gesetzgebung ist die Prärogative des Parlamentes, auch wenn es sich hier um angeblich nur formelle Gesetzgebung handelt [170].

e) *Integrationsgewalt*

Artikel 24 Absatz 1 des Grundgesetzes räumt dem Bundestag das Recht ein, durch Bundesgesetz Hoheitsrechte auf zwischenstaatliche Vereinigungen, Gemeinschaften, Organisationen zu übertragen. Man bezeichnet dies als die

---

[167] Dazu Bleckmann (Anm. 55), S. 222; Herzog (Anm. 56), Bd. 3, Artikel 115a Randnummer 90 ff.

[168] Bleckmann (Anm. 55), S. 223; Herzog (Anm. 56), Artikel 115 l, Randnummer 30; von Mangoldt and Klein (Anm. 120), S. 1166.

[169] Bleckmann, ebenda; Herzog, ebenda; von Mangoldt und Klein, ebenda mit Verweisen; Hienstorfer (Anm. 56), S. 132 f.

[170] Auch Bleckmann, ebenda, spricht davon, die „Hauptkompetenz" liege

sogenannte „Integrationsgewalt"[171]. Ob sie noch zur „auswärtigen Gewalt" gehört, ist umstritten. Da der Staat aber seine Eigenexistenz damit nicht aufgibt, anders als wenn er sich mit anderen Staaten zu einem Bundesstaat zusammenschließt, liegt hier doch eine spezifische Form auswärtiger Politik vor. Die Integration der Bundesrepublik in zwischenstaatliche oder überstaatliche Organisationen oder Gemeinschaften wird in der Regel durch Vertrag vorgenommen. Dieser ist ein völkerrechtlicher Vertrag, dessen Ratifikation gemäß Artikel 59 Absatz 2 des Grundgesetzes der Zustimmung des Bundestages bedarf. Das Zustimmungsgesetz hat in diesem Fall noch eine dritte Funktion; es ist Zustimmungsgesetz nach Artikel 24 des Grundgesetzes. Durch den Vertrag wird durch völkerrechtlichen Gesamtakt die Organisation begründet und ihr ihre Hoheitsgewalt als eine eigene neue verliehen. Durch das Bundesgesetz nach Artikel 24 des Grundgesetzes wird den zwischenstaatlichen oder überstaatlichen Gemeinschaften die Befugnis eingeräumt, auf dem Gebiet der Bundesrepublik unmittelbar wirksame Herrschaftsakte, das heißt Rechtsnormen und Verwaltungsakte und Urteile zu setzen, ohne daß es noch eines staatlichen Anwendungsbefehls bedarf. Dieser Vorgang betrifft also die Verfassungsordnung der Bundesrepublik. Diese kann nicht durch Vertrag, sondern nur durch Gesetz umgestaltet werden. Da dieser innerstaatliche Vorgang mit dem außenpolitischen verknüpft ist, der seinerseits durch Vertrag geregelt wird, besteht die Gefahr, daß der Bundestag auch hier der materiellen Gestaltungsmöglichkeit beraubt ist, weil er nur anschließend noch dem Vertrag zuzustimmen vermag. Artikel 24 Absatz 1 des Grundgesetzes ist die Grundlage für die Wirksamkeit der Rechtsakte der Europäischen Gemeinschaften in der Bundesrepublik. Die Gründungsverträge wurden aber von der Regierung ausgehandelt ohne Beteiligung des Bundestages. Man kann fragen, ob in zukünftigen Fällen nicht der Bundestag wegen der Zuständigkeit aus Artikel 24 Absatz 1 nicht doch an der Aushandlung des Vertrages beteiligt werden müßte. Damit würde sich eine unmittelbare Gestaltungsmöglichkeit in diesem Be-

---

beim Bundestag. Daraus folgt keine alleinige Initiativ- und Verhandlungsbefugnis für diesen, aber eine besondere Mitwirkung nach außen ist meines Erachtens durch Artikel 115 l gegeben. Hingegen will Hienstorfer (Anm. 56), S. 132 f. die Zustimmung nur auf den Akt interner Willensbildung ausrichten.

[171] Dazu Grewe (Anm. 55), S. 143 ff.; Menzel (Anm. 55), S. 209 ff.; Joseph H. Kaiser und Peter Badura, *Bewahrung und Veränderung demokratischer und rechtsstaatlicher Verfassungsstruktur in den internationalen Gemeinschaften.* VVDtStRL, H. 23, Berlin 1966, S. 1 ff, 34 ff.; Ipsen (Anm. 29), S. 47 ff.; Steiger, *Staatlichkeit* (Anm. 9), S. 80 ff.

reich der Integrationsgewalt ergeben. Von den seine Stellung schwächenden Folgen für den Bundestag durch den Übergang gewisser Rechte auf die Europäischen Gemeinschaften war bereits die Rede[172].

f) Gesetzgebungszuständigkeit und Außenpolitik

Der Bundestag ist das gesetzgebende Organ. Zwar gehen die meisten erfolgreichen Gesetzesinitiativen nicht von ihm, sondern von der Bundesregierung aus[173]. Aber der Bundestag ist doch völlig Herr über die Gestaltung eines Gesetzes, auch wenn es ihm von der Bundesregierung vorgelegt ist[174]. Er kann es nicht nur verwerfen, sondern auch völlig umändern. Da, wie oben dargelegt, Innen- und Außenpolitik sich nicht mehr eindeutig voneinander scheiden lassen, greift der Bundestag durch seine Gesetzgebungstätigkeit jedenfalls mittelbar auch in die Außenpolitik mit ein, setzt für dieselbe Rahmen, Daten, legt innerstaatliche Grundlagen. Das gilt natürlich insbesondere dort, wo er Gesetze erläßt, die selbst außenpolitischen Bezug haben, also die auswärtigen Beziehungen gestalten, wie bei den Zollgesetzen, den Außenwirtschafts- und Außenhandelsgesetzen und dergleichen. Diese Gesetzeszuständigkeit wurde in der Vergangenheit durchaus eingesetzt, um auf diese Sektoren der Außenpolitik Einfluß zu nehmen. Inzwischen allerdings sind diese Zuständigkeiten weitgehend auf die Europäische Wirtschaftsgemeinschaft übergegangen, insbesondere die Zollpolitik. Damit ist hier eine Reduktion der Gestaltungsmöglichkeiten des Bundestages in diesem Sektor eingetreten[175]. Aber auch andere Gesetze können Konsequenzen haben, die die auswärtigen Beziehungen betreffen. Das gilt selbstverständlich für die Gesetze, die zur Durchführung von internationalen Verträgen notwendig sind. Hier hat der Bundestag im Rahmen der Verträge eine gewisse Gestaltungsfreiheit. Aber auch bei der nichtvertragsbedingten oder

---

[172] Oben S. 60 f.

[173] Aufstellung für die ersten vier Wahlperioden bei Loewenberg (Anm. 2), S. 326 f. Die Opposition bringt zwar auch Gesetzentwürfe ein, kann sich damit in der Regel aber nicht durchsetzen. Es gibt auch interfraktionelle Gesetzesentwürfe, die meist im Schoß der Interparlamentarischen Arbeitsgemeinschaft, ein Zusammenschluß von Abgeordneten aller Parteien aus Bundestag und Landtagen entstehen. Sie sind im eigentlichen und besten Sinne von der Regierung unabhängige eigene parlamentarische Gesetzgebung.

[174] Zum praktischen Gesetzgebungsverfahren: Loewenberg (Anm. 2), S. 319 ff.

[175] Aber solange die Wirtschafts- und Konjunkturpolitik noch nationale Politik bleibt und auf Gemeinschaftsebene allenfalls koordiniert wird, bleibt hier noch ein Spielraum.

gebundenen Gesetzgebung können außenpolitische Beziehungen eine Rolle spielen. So hat es von amerikanischer privater Seite Vorbehalte gegenüber der Mitbestimmungsgesetzgebung des Bundestages gegeben[176]. Die Steuergesetzgebung hat angesichts der engen wirtschaftlichen Verflechtung der Bundesrepublik mit anderen Staaten ebenfalls bestimmte außenpolitische Aspekte. Andere Bereiche sind etwa die Pressegesetzgebung oder auch die Strafgesetzgebung. Was die erstgenannte betrifft, so hat es Interventionen gegeben, weil man das Gefühl hatte, wir räumten der Presse eine zu große Freiheit ein, die selbst Verunglimpfungen nicht bestrafe. Im Strafrecht war und ist die Frage der Verjährung von Völkermord und Naziverbrechen ein Punkt starker außenpolitischer Auseinandersetzungen[177]. Alle Fragen, die mit der Rechtsstellung von Ausländern in der Bundesrepublik zu tun haben, werden gesetzlich geregelt, teilweise aufgrund von vorhandenen Verträgen, teilweise ohne solche Grundlagen. Auch hier kann der Bundestag gestaltend auf die auswärtigen Beziehungen Einfluß nehmen, je nachdem, wie er die Stellung von Ausländern in der Bundesrepublik festlegt[178]. Es wird sich sicher noch eine ganze Reihe anderer Beispiele finden, wo durch innenpolitische Gesetzgebung außenpolitische Beziehungen mitgestaltet werden. Allerdings ist auch hier nicht zu bestreiten, daß die Bundesregierung auf den Gesetzgebungsvorgang doch erheblichen Einfluß nehmen kann und auch nimmt, so daß der Bundestag hier nicht allein entscheidend gestaltet.

g) *Budgetgewalt und Außenpolitik*

Der Bundestag hat gemäß Artikel 110 des Grundgesetzes das Budgetrecht[179]. In einer Epoche, da die Bundesrepublik zu den wirtschaftlich starken Staaten gehört und wesentlich an den Hilfeleistungen, insbesondere

[176] Dazu Wilhelm Wengler, *Die Mitbestimmung und das Völkerrecht*, Baden-Baden 1975.

[177] Da die 30 Jahresfrist Ende 1979 ausläuft, bereiten Abgeordnete des Bundestages einen Initiativgesetzentwurf vor, der die Aufhebung der Verjährung zum Ziel hat. Der zuständige Bundesjustizminister hat diese Frage ausdrücklich der Initiative des Bundestages überlassen. Innenpolitik und Außenpolitik sind hier besonders eng verbunden, weil ein innerstaatliches Gesetz für deutsche Täter deren Verbrechen im Ausland gegen Ausländer zum Gegenstand hat. Die Entscheidung steht allein dem deutschen Gesetzgeber zu. Aber sie betrifft fast ausschließlich das Verhältnis zu Ausländern.

[178] Tomuschat (Anm. 7), S. 37 weist aber gerade an diesem Gesetz darauf hin, wie der Bundestag seine Chancen, durch die Gesetzgebung außenpolitisch zu wirken, versäumt.

[179] Zur praktischen Ausübung des Budgetrechts im allgemeinen: Schäfer (Anm. 2), S. 274 ff.

der Entwicklungshilfe für andere Staaten beteiligt ist, kommt diesem Budgetrecht erhebliche Bedeutung zu[180]. Die für die Hilfeleistung erforderlichen Mittel müssen durch den Bundestag bereitgestellt werden im Rahmen des Haushaltsplanes. Die Entwicklungshilfe gehört auch noch weitgehend zu dem Teil des Haushaltsplanes, der frei disponibel ist, also nicht zu dem größeren Teil, dessen Ausgaben durch Gesetze bereits festgelegt sind. Die Ausrichtung derselben gehört mit zu den umstrittensten Gebieten auswärtiger Politik. Sie war früher weithin als Instrument der Deutschlandpolitik eingesetzt worden und auch heute wird wieder die These vertreten, „die Entwicklungspolitik müsse der Außenpolitik dienen"[181]. Die Mittelbewilligung richtet sich entsprechend aus. Zwar werden auch hier immer die Vorschläge von der Regierung gemacht, aber der Bundestag kann doch über diese Vorschläge hinweggehen und seine eigenen Vorstellungen über Entwicklungshilfe in der Mittelbewilligung einbringen[182].
Ein anderer über das Budget vom Bundestag beeinflußbarer Sektor der Außenpolitik ist die Sicherheits- oder Verteidigungspolitik. Hier werden im Bundestag vor allem in seinen Ausschüssen durch Streichungs- oder Erhöhungsvorschläge, die nicht nur von der Opposition, sondern auch von den Mehrheitsfraktionen kommen können, Versuche unternommen, auf unsere Bündnispolitik, auf die Entspannungspolitik et cetera Einfluß zu nehmen[183]. Die Bereitstellung von Mitteln für ein neues Waffensystem oder die Verweigerung derselben setzt ein entsprechendes außenpolitisches Datum. Meines Wissens ist jedoch diese Budgetgewalt bisher noch nicht in einer spektakulären Weise seitens des Bundestages für die Gestaltung der Sicherheitspolitik eingesetzt worden.
Der Bundestag bewilligt aber nicht nur Haushaltsmittel vorweg im Haushaltsplan. Sondern es hat sich auch die Praxis entwickelt, daß Ausschüsse beim konkreten Haushaltsvollzug mitwirken, indem im Haushaltsgesetz für bestimmte Positionen eine Zustimmung oder Genehmigung zur Ausgabe durch den Haushaltsausschuß, den Verteidigungsausschuß oder den Aus-

---

[180] So auch Tomuschat (Anm. 1), S. 40 (des Manuskripts); Karl und Krause (Anm. 25), S. 62 f. Aber auch andere finanzpolitische Maßnahmen wie Militärhilfe, Bürgschaften, allgemeine Kredite et cetera haben außenpolitische Relevanz.

[181] Oben Anm. 22.

[182] Tomuschat (Anm. 1), S. 40. Im Entwurf des Haushaltsplanes 1978 hatte die Bundesregierung zum Beispiel 14,971.990 Milliarden für Rüstungsgüter vorgesehen, der Bundestag diese auf 14,937.990 Milliarden gekürzt, der Etat des Entwicklungshilfeministeriums war mit 4,676.097 Milliarden angesetzt und wurde mit 3,989.743 Milliarden beschlossen.

[183] Zum Beispiel gab es Auseinandersetzungen um die Beschaffung des Überwachungssystems AWACS für die Bundeswehr.

schuß für wirtschaftliche Zusammenarbeit erteilt werden muß[184]. Diese Praxis ist verfassungsrechtlich umstritten[185]. Aber sie hat sich erhalten und dadurch dem Bundestag durch seine Ausschüsse eine Einflußnahme auf konkrete außenpolitisch relevante Entscheidungen eröffnet.

h) Direkte Außenpolitik des Bundestages?

Die völkerrechtliche Vertretung der Bundesrepublik liegt, wie gesagt, beim Bundespräsidenten. Die Formulierung und Führung der Außenpolitik liegt bei der Bundesregierung. Der Bundestag hat mitwirkende, allenfalls mitgestaltende Zuständigkeiten und in einigen Fällen mitentscheidende. Hat er darüber nicht auch noch die Möglichkeit, selbst direkte Außenpolitik zu treiben? Sicherlich kann er die Bundesrepublik völkerrechtlich nicht vertreten. Jedoch gibt es drei Wege, auf denen der Bundestag beziehungsweise seine Mitglieder als solche direkt außenpolitisch wirksam werden können: die Teilnahme von Abgeordneten an Verhandlungen der Bundesregierung, die Mitgliedschaft und Mitarbeit von Abgeordneten in internationalen parlamentarischen Gremien, Reisen von Delegationen von Bundestagsabgeordneten ins Ausland.
Zweimal haben Abgeordnete als solche an Verhandlungen als Vertreter ihrer Fraktionen teilgenommen, 1955 bei den Verhandlungen Adenauers in Moskau und 1970 bei den Verhandlungen Scheels ebenfalls in Moskau. In beiden Fällen handelte es sich um besonders schwierige Verhandlungssituationen, in denen Grundentscheidungen für die Zukunft getroffen wurden und die der deutschen Seite nicht unerhebliche Opfer auferlegten. Darum sollte wohl das Parlament als solches von vornherein miteinbezogen werden. Allerdings gelang es 1970 nicht, Vertreter aller im Bundestag vertretenen Parteien an den Verhandlungen teilnehmen zu lassen[186], während 1955 auch die damalige Opposition einen Vertreter zu den Verhandlungen entsandt hatte. Der Europarat und die Europäischen Gemeinschaften kennen jeweils eine

---

[184] Tomuschat (Anm. 1), S. 40 f.; Beispiele bei Schäfer (Anm. 2), S. 267, gerade auch bei militärischen Beschaffungsprogrammen. Für die Entwicklungshilfe werden zum Teil Globalsummen ausgeworfen, für deren Aufteilung auf Empfängerländer die Exekutive dann der Zustimmung bedarf.

[185] Schäfer (Anm. 2), S. 265 ff.; Steiger (Anm. 2), S. 137 f. mit weiteren Verweisen; Klaus Kröger, *Zur Mitwirkung des Bundestages am Haushaltsvollzug*, DöV 1973, S. 439 ff.; Tomuschat, ebenda.

[186] Dazu der Briefwechsel zwischen Außenminister Walter Scheel und der CDU/CSU-Fraktion, siehe: *Texte zur Deutschlandpolitik*, herausgegeben vom Bundesministerium für innerdeutsche Beziehungen, Bd. 6. Februar 1971, S. 68.

parlamentarische Versammlung als eigenes Gemeinschaftsorgan. Diese beiden werden gegenwärtig noch aus Abgeordneten der Parlamente der Mitgliedstaaten gebildet. Hier haben die Abgeordneten ein außenpolitisches Betätigungsfeld, allerdings beschränkt auf die jeweilige Organisation und ihre Aufgaben. Zudem haben beide Versammlungen kein Entscheidungsrecht, sondern können nur Empfehlungen aussprechen, die sich entweder an die anderen Organe oder an die Mitgliedstaaten richten. Diese Empfehlungen haben aber noch unter Umständen sehr erhebliche politische Wirkung. Das gilt insbesondere für die Resolutionen der Versammlung des Europarates. Es bedürfte intensiverer Analysen, um festzustellen, welche Wirkung diese gemeinsame Arbeit von Parlamentariern verschiedener Staaten für die außenpolitische Entwicklung hat. Aber es scheint doch vieles darauf hinzudeuten, daß diese parlamentarische Zusammenarbeit für das Verhältnis der Mitgliedstaaten in der jeweiligen Organisation durchaus positiv ist und von daher auf diese Zusammenarbeit Impulse ausgehen. Neben diesen organschaftlichen parlamentarischen Versammlungen der genannten Gemeinschaften gibt es auch inoffizielle parlamentarische Gremien, zum Beispiel im Rahmen der NATO. Hier besprechen Parlamentarier gemeinsame Bündnisprobleme, aber auch Probleme des Verhältnisses des Bündnisses zu der Außenwelt, so insbesondere auch die Entspannungspolitik. Wieweit der gestaltende Einfluß allerdings reicht, läßt sich nicht sagen, aber jedenfalls besteht hier eine Möglichkeit dazu. Schließlich gibt es auch die Interparlamentarische Union, ein Zusammenschluß aus Parlamentariern aus allen Staaten oder jedenfalls einem Großteil, der auch Parlamentarier aus Staaten verschiedener Staats- und Gesellschaftsformen umgreift. Hier finden alljährlich Tagungen mit den verschiedensten Themen statt. Diese Parlamentarier-Treffen tragen zum politischen Klima sicherlich bei und können für die „offizielle" Außenpolitik der Regierungen durchaus von Gewicht sein[187]. Es werden hier unter Umständen für konkrete Probleme, zum Beispiel auf dem Gebiet des Umweltschutzes, Lösungen vorbereitet, die nachher in die Regierungs-Außenpolitik eingehen[188].

Deutsche Parlamentarier scheinen recht reisefreudig zu sein. Es finden sowohl Reisen parlamentarischer Delegationen zu anderen Parlamenten in

---

[187] Kopf (Anm. 61), S. 311 f.

[188] Die Parlamentarier, die diesen Gremien angehören, erstatten dem Bundestag regelmäßig Berichte. Im übrigen werden die Entschließungen und Beschlüsse dieser Gremien sowohl der Organe der internationalen Organisationen als auch der Interparlamentarischen Union dem Bundestag vorgelegt. Jedoch werden weder die einen noch die anderen im Plenum erörtert, sondern an die Ausschüsse verwiesen. Inwieweit diese nun debattieren und was dabei schließlich herauskommt, ist schwer festzustellen.

anderen Staaten statt als auch Einzelreisen. Streng formal gesehen sind beide Typen private Reisen. Aber die Reisenden reisen, weil sie Parlamentarier sind, um Kontakte herzustellen auf Parlamentarierebene, um zu informieren und um sich zu informieren für ihre politische Tätigkeit. Während der Ausarbeitung dieses Referates reiste zum Beispiel eine Delegation des Präsidenten des Bundestages nach Israel. Die Gespräche zwischen den Mitgliedern und der israelischen Regierung erfreuten sich erheblicher Beachtung und wurden als Beitrag zum Abbau der aufgrund der Ereignisse während des Dritten Reiches noch bestehenden Schwierigkeiten verstanden. Ebenfalls fand zur gleichen Zeit eine Reise einer Delegation in die südafrikanischen Länder statt, die ebenfalls eine erhebliche Beachtung fand. Die Reiseergebnisse sowohl Informationen als auch dabei gewonnene Überzeugungen werden sich auf Afrika-Politik der Bundesrepublik gegenüber dem südlichen Afrika sicher mit auswirken. Solch eine Reise kann zum Beispiel Einfluß auf die Mittelbewilligung haben. Sie kann aber auch dazu führen, die Bundesregierung in bestimmte Richtungen für ihre Afrika-Politik zu drängen. Auch Einzelreisen mögen außenpolitische Wirkungen entfalten, insbesondere wenn es sich um prominente Parlamentarier handelt. Dabei kann es sich sowohl um Parlamentarier der Regierungsfraktion als auch der Opposition handeln. Zur Entwicklung der deutschen China-Politik haben Reisen führender CDU/CSU-Mitglieder, des ehemaligen Außenministers Gerhard Schröder und des ehemaligen Verteidigungs- und späteren Finanzministers Franz Josef Strauß, die beide vor dem Bundeskanzler in China waren, sicher mit beigetragen. Es ist auch nicht unbekannt geblieben, daß der gegenwärtige Staatsminister im Bundeskanzleramt, Wischnewsky, noch als Abgeordneter Reisen in arabische Länder unternommen hat, um dort für die Bundesrepublik außenpolitische Missionen zu erfüllen [189]. Hin und wieder bedient sich die Bundesregierung eines Abgeordneten als offizieller Verhandlungsführer. Dann handelt er aber nicht namens des Bundestages, sondern namens der Bundesregierung und nach ihren Weisungen [190].

---

[189] Während der KSZE-Verhandlungen reisten mehrfach Abgeordnete zum Beispiel nach Genf, um sich ihr eigenes Urteil zu bilden, das dann in die Meinungsbildung der Fraktionen über die Entscheidung einging, für die Oppositionsabgeordneten, siehe: Hacke (Anm. 109), S. 272. Etwas gekünstelt wirkt die These Hienstorfers (Anm. 56), S. 160, Abgeordnete dürften bei Kontakten mit ausländischen Repräsentanten „den Rahmen von Höflichkeitsgesten nicht sprengen". Wer den Führer der Opposition im Deutschen Bundestag, im Weißen Haus, im Kreml oder anderswo empfängt, oder auch den Fraktionschef einer Regierungspartei, will mit ihm über Politik reden und nicht Höflichkeiten austauschen.

[190] Dazu Partsch (Anm. 140), S. 99; Hienstorfer (Anm. 56), S. 191.

Diese direkte Außenpolitik von Abgeordneten des Bundestages ist sicherlich nicht zu überschätzen. Aber sie prägt doch auch mit den außenpolitischen Prozeß, das heißt sie prägt mit die Beziehungen der Bundesrepublik zu anderen Staaten, zu internationalen Organisationen und Einrichtungen. Das Betreiben von Außenpolitik im demokratischen Staat ist diffus geworden. Die Regierung hat nicht mehr das Monopol darauf. Allerdings in den entscheidenden Fragen und in den entscheidenden außenpolitischen Vorgängen hat sie sicherlich die Prärogative und die Führung und Leitung. Aber die Regierung bedarf der Sicherung der Randbedingungen, in denen sie ihre Politik vollzieht. Diese Sicherung der Randbedingungen kann durch die Tätigkeit von Parlamentariern im internationalen Bereich erfolgen, da sie einerseits ein Amt innehaben, andererseits aber doch nicht direkt für die Außenpolitik verantwortlich sind.

5. *Schlußfolgerungen*

Der Einfluß des Bundestages auf die Außenpolitik ist bedingt durch seine generelle Stellung im parlamentarischen Regierungssystem. Die Führung der Außenpolitik liegt schwergewichtig bei der Bundesregierung, wie die Führung der Politik überhaupt. Aber der Bundestag hat aufgrund seiner allgemeinen politischen rechtlichen Stellung als auch aufgrund besonderer Zuständigkeiten Zugriffsmöglichkeiten auf die Außenpolitik. Er kann diese durchaus beeinflussen und mitgestalten. Die Führung kann er nicht übernehmen. Aber man kann doch von der Anlage des Systems her sagen, daß die Wahrnehmung der auswärtigen Angelegenheiten nach einem Wort des früheren Bundesverfassungsrichters Ernst Friesenhahn dem Bundestag und der Bundesregierung zur gesamten Hand zustehen oder daß es sich um eine „kombinierte Gewalt" handelt, wie Ebenhard Menzel es genannt hat[191]. Die Ausfüllung des Zuständigkeitssystems der auswärtigen Gewalt in der Praxis zeigt, daß die Bundesregierung ein Übergewicht hat und wahrscheinlich sogar zunehmend. Der Bundestag nimmt viele Möglichkeiten nicht wahr[192]. Nur in außerordentlich bedeutsamen außenpolitischen Entscheidungsprozessen versucht er, Einfluß zu nehmen und mit zugestalten. Er

---

[191] Siehe oben Anm. 55.

[192] Zu einer insgesamt eher negativen Einschätzung der Rolle des Bundestages in der Außenpolitik kommen Karl und Krause (Anm. 25), S. 79 „unbedeutender Faktor", S. 81 „mehr Schatten als Licht". Das scheint mir allerdings untertrieben.

überläßt der Bundesregierung auch dort das Feld, wo es eigentlich nicht notwendig wäre. Eine Einschränkung der Gestaltungmöglichkeiten des Bundestages vollzieht sich durch die Verlagerung von Zuständigkeiten von der Bundesrepublik auf die Europäischen Wirtschaftsgemeinschaften und durch die wachsende Abhängigkeit von Verflechtungen der Bundesrepublik in regionalen und universalen Zusammenhängen.

Die vorstehende Ausführungen sind sicherlich zu knapp und zu wenig detailliert, insbesondere sagen sie zu wenig über die Praxis aus, um die alte Streitfrage entscheiden zu können, ob Außenpolitik überhaupt der parlamentarischen Mitgestaltung und darüberhinaus der Demokratisierung zugänglich ist. Eine ältere These verneint dies[193]. Um das zu klären, käme es unter anderem auch darauf an zu bestimmen, was eigentlich mit „Demokratisierung" gemeint ist. Gemeint ist wohl mit dieser These, daß die Außenpolitik eine Prärogative des Regierungsorgans sei und auch bleiben müsse. Eine Voraussetzung dieser These ist allerdings, daß Außenpolitik nach ihren Aufgabenstellungen und ihren Handlungsformen doch so stark von der Innenpolitik unterschieden sei, daß sie anderen Gesetzmäßigkeiten unterliege. Gerade diese Grundvoraussetzung scheint mir aber heute nicht mehr gegeben zu sein, wie ich im ersten Teil versucht habe darzulegen. Die Verflechtung zwischen beiden und die gegenseitige Einwirkung von Außenpolitik auf Innenpolitik und von Innenpolitik auf Außenpolitik läßt eine strikte Scheidung nicht mehr zu. Gerade weil Faktoren der auswärtigen Beziehungen sowohl organisierter als auch unorganisierter Art die Innenpolitik bis hin zum Verfassungsrecht und zur Verfassungspolitik bestimmen[194], wird die Forderung nach stärkerer Einschaltung des Parlamentes in die Wahrnehmung der Außenpolitik zunehmend Gewicht erhalten. Die Praxis sieht allerdings bisher kaum danach aus. Die Konzentration auf die „große" Außenpolitik der Sicherheits- und Bündnisfragen führt zum Teil zur Vernachlässigung anderer Gebiete, die für die Gestaltung der auswärtigen Beziehungen ebenfalls bedeutsam sind. Vor allem übersieht diese These aber auch, daß es im demokratischen Staat prinzipiell keinen Bereich staatlicher Gewalt gibt, der nicht demokratisch legitimiert werden muß. Nur folgt daraus nicht, daß nun das Parlament ein Träger der Außenpolitik sein müßte. Die Regierung ist ebenfalls ein demokratisch legitimiertes Organ, gerade dann, wenn sie durch Wahl aus dem Bundestag

---

[193] Zum Beispiel Alexis de Toqueville, *De la démocracie en Amérique*; dazu Karl und Krause (Anm. 25), S. 58.

[194] Dazu Tomuschat (Anm. 7), S. 49 ff.

hervorgeht. Von dem selbstverständlichen Verfassungsgebot einer „demokratischen Außenpolitik" her läßt sich also das Verhältnis zwischen Regierung und Bundestag nicht ohne weiteres konzipieren. Wohl aber ergibt sich aus dem aufgezeigten Gefüge von Regierung und Bundestag, daß dieser im Rahmen seiner Stellung und Zuständigkeiten in der Außenpolitik ein notwendiger Entscheidungsträger ist. Die Frage ist natürlich auch, ob der Bundestag nach seiner bisherigen Struktur und Arbeitsweise überhaupt in der Lage ist, auf diese neuen Anforderungen zu reagieren und sie adäquat wahrzunehmen. Das ist ein allgemeines Problem des heutigen Parlamentarismus, der weitgehend noch nach den Strukturen und Methoden des 19. Jahrhunderts funktioniert. Insofern ist die Teilhabe und Mitgestaltung des Bundestages an der Außenpolitik eingebettet in die umfassendere Problematik der Organisation des parlamentarischen Regierungssystems überhaupt. Es ist sicher zu wenig, wenn sich der Bundestag darauf beschränkt, in großen Debatten die Grundlinien des deutschen außenpolitischen Handelns von Zeit zu Zeit zu diskutieren und kritisch durch die Opposition und affirmativ durch die Regierungsparteien einer Prüfung zu unterziehen. Wenn er wirklich gestaltenden Einfluß nehmen will, wird er sich weitere Instrumente schaffen müssen. Es gibt bereits Beispiele, wie etwa die Jaksch-Kommission und die Enquête-Kommission zur auswärtigen Kulturpolitik[195]. Auch der Handelspolitische Beirat war eine Möglichkeit der Mitgestaltung. Wichtig ist, daß der Bundestag diese Möglichkeiten und Instrumente nutzt und ausbaut, eventuell neue hinzufügt. Das Maß seiner Mitgestaltung hängt wesentlich von ihm selbst ab.

---

[195] Sie könnten zu Fragen der Entwicklungspolitik, aber auch der Abrüstungs- und der Rüstungskontrolle eingesetzt werden, skeptisch dazu nicht ohne Grund, siehe: Karl und Krause (Anm. 25), S. 77.

Marian Rybicki

Die Rolle des Parlaments bei der Gestaltung und der Verwirklichung der Außenpolitik

1. Einleitung

In meinem Referat möchte ich mich auf die Rolle des derzeitigen polnischen Parlaments, d. h. des Sejms der Volksrepublik Polen, im Bereich der Außenpolitik konzentrieren. Zum Ausgangspunkt meiner Erwägungen nehme ich die geltenden Vorschritfen des Verfassungsgesetzes der Volksrepublik Polen und die Geschäftsordnung des Sejms. Unter der vordergründigen Berücksichtigung der Doktrin des polnischen Verfassungsrechts möchte ich zugleich in den wichtigsten Grundfragen an bestimmte generelle Tendenzen anknüpfen, die bei der Entwicklung des sozialistischen Konstitutionalismus auftreten. Bei der Erörterung konkreter Lösungen und Institutionen werde ich ebenfalls dahin trachten, die aktuelle Praxis des Sejms im besprochenen Bereich darzustellen. Da der Titel des Referats die Rolle des Parlaments sowohl bei der Gestaltung als auch bei der Realisierung der Außenpolitik ankündigt, möchte ich schon einleitend im Interesse der Exaktheit die Problematik dieses Referats aufzeigen. Vor allem wird dabei von der Rolle des Sejms bei der Gestaltung der Außenpolitik die Rede sein. Was dagegen die Realisierung dieser Politik anbetrifft, wäre es wohl schwierig, in gleicher Weise von der Rolle des Sejms zu sprechen. Dies ist nämlich vor allem die Domäne der Aktivitäten der Regierung und ihrer einschlägigen Organe, vor allem aber des Ministers für Auswärtige Angelegenheiten. Die Rolle des Sejms beschränkt sich hier vielmehr auf die Kontrolle der Realisierung der Außenpolitik unter dem Aspekt ihrer Gesetzmäßigkeit, d. h. der Konvergenz konkreter Entscheidungen und Schritte der Regierungsorgane mit den in der Verfassung der Volksrepublik Polen genannten Zielen und Grundsätzen sowie mit den in den Gesetzen und Beschlüssen des Sejms enthaltenen Bestimmungen, die zugleich die Grundrichtungen der Aktivitäten des Staates im Bereich der Beziehungen mit dem Ausland bezeichnen. Das Fundament unserer

politischen Staatsform, das sozialistische Prinzip der Einheit der Staatsmacht, findet im Unterschied zum Prinzip der Gewaltenteilung, seinen Niederschlag im Aufbau des ganzen Apparates, der den Sejm zum einzigen höchsten Staatsorgan erhebt, dem alle anderen Staatsorgane untergeordnet sind und der die souveränen Rechte des Volkes verwirklicht. Aus diesem Prinzip resultiert unter anderem das Recht des Sejms auf Kontrolle der Tätigkeit ausnahmslos aller Glieder des Staatsapparates.
Ein derart verstandener Grundsatz der Einheit und Geschlossenheit der Staatsmacht ist jedoch nicht mit der Ablehnung der Notwendigkeit gleichbedeutend, die Funktionen auf die einzelnen, jeweils zuständigen Staatsorgane aufzuteilen.
Insbesondere gehören die Ausführungen und Anweisungen zu den Verwaltungsorganen, d. h. auf zentraler Ebene zu dem Aufgabenbereich des Ministerrates und der einzelnen Minister, die im Rahmen ihrer Befugnisse agieren und für ihre Tätigkeit vor dem Sejm, oder, falls dieser nicht tagt, vor dem Staatsrat verantwortlich zeichnen und Bericht erstatten.
Man muß dabei berücksichtigen, daß die Leitung der Beziehungen zu anderen Staaten einen sehr wirksamen Apparat und manchmal sehr rasche Entscheidungen erfordern, die nicht immer eine vorherige öffentliche Diskussion auf dem breiteren Forum des Parlaments gestatten.
Deshalb räumt auch die polnische Verfassung der Regierung bei der Führung der Außenpolitik weite Kompetenzen ein. Im Artikel 41 Ziff. 9 heißt es unter anderen, daß dem Ministerrat bei den Beziehungen zu anderen Staaten die allgemeine Leitung obliegt, und im Artikel 42, daß die Minister bestimmte Sparten der Staatsverwaltung leiten, was vollauf auch für das vom Außenminister geleitete Ministerium gilt. Unter Berücksichtigung der zitierten verfassungsrechtlichen Ermächtigungen der Regierung in der Außenpolitik sollte die Rolle des Sejms somit vor allem unter zwei Aspekten betrachtet werden, nämlich:

1) dem der Gestaltung und Festlegung der Grundsätze und Ziele dieser Politik;
2) dem der Kontrolle über die Tätigkeit aller Staatsorgane, die sich mit der Außenpolitik befassen, d. h. diese realisieren.

Dies trifft nicht nur auf die Regierung und deren Organe zu, sondern auch auf den Staatsrat, der im polnischen System nicht nur durch das Parlament, und zwar ausschließlich aus dem Abgeordnetenkreis gewählt wird, sondern auch in seiner Gesamttätigkeit dem Sejm untersteht.

2. *Sejm und Partei*

Ein besonderes Problem, das in dem einleitenden Teil dieses Referats erklärt werden sollte, ist das Verhältnis der Rolle des Sejms bei der Gestaltung und Kontrolle der Außenpolitik des Staates zu der Rolle der marxistisch-leninistischen Partei, d. h. der Polnischen Vereinigten Arbeiterpartei, die im Verständnis des Artikels 3 der 1976 novellierten Verfassung der Volksrepublik Polen die „führende politische Kraft der Gesellschaft beim Aufbau des Sozialismus darstellt"[1].

Dabei muß man vor allen Dingen berücksichtigen, daß diese Partei sowie die neben tätigen zwei anderen Parteien, d. h. die Vereinigte Bauernpartei und die Demokratische Partei sowie auch die Nationale Einheitsfront, auf einer anderen Plattform, in anderen Formen und mit anderen Mitteln agieren, als dies bei Staatsorganen der Fall ist. Nur Staatsorgane verfügen über Befugnisse, für alle Institutionen und Bürger verbindliche Rechtsakte anzugeben. Beschlüsse der führenden Parteiinstanzen sind dagegen für Parteimitglieder verbindlich und verpflichten sie, übereinstimmend mit den Parteidirektiven zu handeln.

In diesem Zusammenhang sollte der durch den Ersten Sekretär des Zentralkomitees der Polnischen Vereinigten Arbeiterpartei Edward Gierek auf dem 8. Plenum des Zentralkomitees der Polnischen Vereinigten Arbeiterpartei im Jahre 1971 formulierte grundsätzliche Standpunkte zitiert werden, aus dem folgendes hervorgeht: „Die richtungsweisenden Direktiven der Partei sollten dadurch zur Geltung kommen und zum Inhalt der Politik des Staates werden, daß sie in die Entscheidungen der staatlichen Repräsentations- und Ausführungsorgane im Rahmen ihrer verfassungsrechtlichen Ermächtigungen eingehen".

Je allgemeiner, grundsätzlicher und richtungsweisender die Parteidirektiven sind, desto größer sind selbstverständlich die Gestaltungsmöglichkeiten für

---

[1] Eine umfassendere Darstellung der Problematik der Beziehung der Partei zum Staat liefern: A. Łopatka, *Kierownicza rola partii w stosunku do państwa socjalistycznego* (*Führungsrolle der Partei gegenüber dem sozialistischen Staat*), Poznań 1963; S. Zawadzki, *Partia a aparat państwowy* (*Die Partei und der Staatsapparat*), „Państwo i Prawo" 1971, H. 11; W. Skrzydło, *Kierownicza rola PZPR w stosunku do Sejmu* (*Die Führungsrolle der Polnischen Vereinigten Arbeiterpartei im Verhältnis zum Sejm*), in: *Sejm PRL* unter Red. von A. Burda, Wrocław–Warszawa–Kraków–Gdańsk 1975, S. 187 - 238.

die Staatsorgane bei den konkreten inhaltlichen Festlegungen in Gesetzen, Verfügungen und Entscheidungen.

In der Praxis spielen auch die Regeln des Vorgehens bei der Besetzung führender Posten in Partei und Staat eine wichtige Rolle. So kann sowohl die Verbindung dieser Posten in den Händen einer Person zulässig sein, als auch die grundsätzliche Trennung bei der Besetzung von Posten in der Partei und im Staatsapparat.

In sozialistischen Ländern, in denen wir es mit der Verbindung von Partei- und Staatsstellung zu tun haben, erfolgt bei der Führungsspitze des Partei- und Staatsapparates eine weitgehende Identifikation der verschiedenen Funktionen, und in der Praxis verschwinden dann die eigentlichen Kompetenzgrenzen. Dort hingegen, wo die Teilung die Regel ist, identifiziert sich die Partei nicht mit dem Staatsapparat, sie vertritt diesen nicht und enthebt ihn – was damit zusammenhängt – nicht seiner Verantwortung. Dadurch bewahrt die Partei die volle Möglichkeit einer wirksamen und unabhängigen politischen Kontrolle über die Tätigkeit des Staatsapparates.

Im Ergebnis ist dieses System bei der Festigung der Rolle der Partei als politischer Führungskraft der Gesellschaft beim Aufbau des Sozialismus förderlich. Dies entspricht weitestgehend dem Standpunkt Lenins, der die Notwendigkeit der Teilung der Funktionen zwischen Parteiorganen und Staatsorganen unterstrich.

Was die jetzige Situation in Polen anbetrifft, so haben wir es generell genommen mit einem derartigen Modell der Beziehungen zwischen Parteiorganen und Staatsorganen zu tun, das sich auf die Abgrenzung dieser beiden Apparate stützt.

3. Verfassungsrechtliche Bestimmungen

Beim Übergang zu den Ermächtigungen des Sejms, die sich auf die Außenpolitik des Staates erstrecken, muß als Grundlage des Verfassungsgesetzes der Volksrepublik Polen herangezogen werden, nämlich deren Artikel 20 Absatz 3, der dem Sejm folgende Aufgaben zuweist:

1) Gesetzgebung;
2) Beschlußfassung über fundamentale Richtlinien der Staatstätigkeit;
3) Ausübung der Kontrolle über die Tätigkeit anderer Organe der Macht und der Staatsverwaltung.

Erwähnenswert ist, daß bis vor kurzem der ursprüngliche Text der Verfassung von 1952 nur zwei dieser Aufgaben nannte, nämlich die Gesetzgebung und die Ausübung der Kontrolle über die Tätigkeit anderer Staatsorgane. Die neue Aufgabe, die Beschlußfassung über fundamentale Richtlinien der Staatstätigkeit, wurde erst bei der Novellierung der Verfassung vom 10. Februar 1976 übernommen. In der der Novellierung des Verfassungsgesetzes vorangehenden Debatte im Sejm wurde unterstrichen, daß die Erweiterung nichts völlig Neues bringe, sondern sich aus der Praxis des Staates im Laufe der letzten Jahre eben in dieser Richtung ergeben habe. Diese Praxis konnte sich von Anfang an auf das Grundgesetz der im Jahre 1952 verabschiedeten Verfassung stützen, daß der Sejm das höchste Organ der Staatsmacht ist und als höchster Sprecher des Willens des werktätigen Volkes die souveränen Rechte der Nation verwirklicht. Man könnte also sagen, daß die Novellierung von 1976 die Grundaufgabe des Sejms, wie sie die Funktion der staatlichen Obrigkeit ist, weiterentwikkelte und bereicherte und daß ihnen – ebenfalls für den Sejm – ein konkreter und bindender Charakter gegeben wurde. In der zeitgenössischen Literatur zum polnischen Verfassungsrecht wird der Standpunkt vertreten, daß diese Herausstellung der neuen Aufgabe des Sejms in Form der Beschlußfassung mit der die Grundrichtungen der Tätigkeit des Staates bezeichnet werden und die Aufnahme dieser Aufgabe expressis verbis in die Verfassung besagt, daß anders als vor 1976, da der Sejm solche Beschlüsse nur verabschieden konnte, ihm nunmehr die Pflicht ihrer Verabschiedung obliegt[2].

Dieses trifft selbstverständlich auf die Innen- und Außenpolitik zu.

4. Gesetzgebung und Außenpolitik

Unter den Aufgaben des Sejms wird an erster Stelle in der Verfassung die Gesetzgebungstätigkeit erwähnt. Die Verabschiedung von Gesetzen gehört nämlich zu den wichtigsten, traditionellen und für jedes Parlament charakteristischen Kompetenzen, die ihm ausschließlich zustehen. Obwohl die gesetzliche Regelung beträchtlich häufiger die Normung von Rechten und Pflichten der Bürger, ihr Verhältnis zum Staat und andere Fragen der Innenpolitik betrifft, darf dennoch die Bedeutung der Gesetzgebung für den Bereich der Außenpolitik des Staates nicht unterschätzt werden.

[2] Vgl. A. Gwiżdż, *Uchwały Sejmu określające podstawowe kierunki działalności państwa* (*Sejmbeschlüsse, die Grundrichtungen der Tätigkeit des Staates bestimmen*), „Państwo i Prawo" 1976, H. 11 (369), S. 11.

In den Jahren, die seit dem Inkrafttreten der Verfassung von 1952 verstrichen sind, könnte eine stattliche Anzahl von Gesetzen angeführt werden, deren Vorschriften direkten Einfluß auf die Gestaltung der polnischen Beziehungen zu anderen Staaten hatten und Ausdruck der Grundrichtung und der Ziele der polnischen Außenpolitik waren. Als Beispiele seien folgende Rechtsakte genannt: Gesetz vom 17. Juni 1959 über das Paßwesen; Gesetz vom 14. Juli 1961 über das Zollrecht; Seerecht-Gesetzbuch vom 2. Dezember 1961; Gesetz vom 31. Mai 1962 zum Luftrecht; Gesetz vom 29. März 1963 über Ausländer; Gesetz vom 12. November 1965 zum internationalen Privatrecht; Gesetz vom 29. Mai 1974 über den Wirkungsbereich des Ministers für Auswärtige Angelegenheiten und viele andere. In der Mehrzahl der Fälle lag die Gesetzesinitiative bei der Regierung, zu deren verfassungsrechtlichen Kompetenzen unter anderen die allgemeine Leitung der Beziehungen zu anderen Staaten gehört und die über spezialisierte Organe, wie das Ministerium für Auswärtige Angelegenheiten oder das Ministerium für Außenhandel verfügt, die sich im Bereich von Problemen, die eine gesetzliche Regelung erfordern, am besten und laufend auskennen.
Die Rolle des Sejms und seiner Hilfsorgane, in diesem Falle am häufigsten der Sejmausschüsse für Auswärtige Angelegenheiten und für Außenhandel als für die einschlägigen Probleme zuständig, sowie der Ausschuß für Verfassungsrechtliche Arbeiten, in den gegenwärtig alle Gesetzentwürfe eingehen, beruht darauf, sämtliche Gesetzentwürfe und die von der Regierung eingebrachten Vorschläge der Regelung auf ihre Rechtmäßigkeit hin zu prüfen, unter anderem vom Aspekt der Grundziele und Aktionsrichtungen des polnischen Staates, der Übereinstimmung des Gesetzentwurfs mit der Verfassung und dem Gesamtsystem des geltenden Rechts, seiner inneren Einheitlichkeit, Klarheit und juristischen Korrektheit.
Die Prüfung eines Gesetzntwurfs durch den Sejm erfolgt in zwei zeitlich voneinander getrennten Lesungen, was eine weitestgehend intensive Diskussion und Prüfung des Entwurfs ermöglichen soll. Die endgültige Entscheidung wird auf einer Plenarsitzung des Sejms durch Abstimmung getroffen, wobei die Beschlüsse die einfache Mehrheit der Stimmen erfordern, bei Anwesenheit von mindestens zwei Drittel aller Abgeordneten.
Der Abstimmung über einen Gesetzentwurf geht ein Bericht des sachlich zuständigen Sejmausschusses voraus. Der Bericht enthält ein Gutachten des Ausschusses über den Gesetzentwurf; soweit der Ausschuß eine Beschlußfassung beantragt, verbindet er dies meist mit konkreten Vorschlägen zur Änderung, Ergänzung und zu Korrekturen des Gesetzentwurfs. Nach Bericht-

erstattung des Ausschusses erfolgt auf dem Plenum des Sejms eine Diskussion, während der auch andere Anträge und weitere Verbesserungen zum Gesetzentwurf durch die einzelnen Abgeordneten eingebracht werden können. In den letzten Jahren stoßen wir neben den auf Initiative der Regierung eingebrachten Gesetzentwürfen auf eine neue Erscheinung, nämlich auf die Initiative von einigen Abgeordneten, meist im Ergebnis von Diskussionen und Postulaten, die auf den Beratungen der zuständigen Sejm-Ausschüsse eingebracht werden. In Übereinstimmung mit Artikel 53 Absatz 2 der Geschäftsordnung des Sejms können die Gesetzentwürfe der Abgeordneten durch die Sejm-Ausschüsse oder auch von den Abgeordneten beantragt werden. In diesem Falle sind Unterschriften von mindestens 15 Abgeordneten erforderlich.

Ein neues Beispiel dieser Art Abgeordnetenaktivität im Bereich der Gesetzgebung, die direkt die Beziehungen zum Ausland betrifft, sind die folgenden vom Sejm am 17. Dezember 1977 verabschiedeten Gesetze, deren Entwürfe von Abgeordneten eingebracht wurden:

1) Gesetz über das Hoheitsgebiet der Volksrepublik Polen auf der Ostsee, das dessen Breite bis zu 12 km ausdehnt;
2) Gesetz über die polnische Zone der Hochseefischerei, das nach dem Beispiel anderer Ostseeanrainer (u. a. Schweden) diese Zone ausweitet, um die Fangmöglichkeiten polnischer Fischer in der Ostsee zu gewährleisten;
3) Gesetz über den Festlandsockel der Volksrepublik Polen, das die Grenzen dieses Sockels den Grenzen der Zone der Hochseefischerei annähernd anpaßt.

Beachtenswert ist, daß die Entwürfe dieser Gesetze der außerordentliche Sejm-Unterausschuß vorbereitet hat, der dazu durch folgende ständige Sejm-Ausschüsse berufen wurde: den Ausschuß für Hochseewirtschaft und Schiffahrt, den Ausschuß für Außenhandel, den Ausschuß für Auswärtige Angelegenheiten und den Ausschuß für Gesetzgebungsarbeiten[3].

5. *Sejm und Verträge*

Für die Außenpolitik eines jeden Landes haben die internationalen Verträge eine außerordentlich wichtige Bedeutung. Deshalb möchte ich mich jetzt dem Problem der Ratifikation und der Kündigung dieser Verträge als Akte von entscheidender Bedeutung vom Aspekt ihrer bindenden Kraft für den gege-

[3] Vgl. *Stenogramm von der 13. Sejmsitzung der Volksrepublik Polen vom 16. und 17. Dezember 1977*, S. 127 - 133.

benen Staat zuwenden. Die Verfassung der Volksrepublik Polen bestimmt in Artikel 30 Absatz 9 Ziff. 8, daß die Ratifikation und die Kündigung internationaler Verträge zur Kompetenz des Staatsrates gehören.
Die in Polen angenommene Lösung ist der in einigen anderen sozialistischen Ländern geltenden Prozedur ähnlich. In der Sowjetunion obliegen diese Berechtigungen dem Präsidium des Obersten Sowjets der UdSSR, in Ungarn dem Präsidiumsrat der Ungarischen Volksrepublik, d. h. Organen von ähnlichem (wenngleich nicht identischem) Charakter wie der Staatsrat der Volksrepublik Polen. In der ČSSR ist für die Ratifikation internationaler Verträge der Präsident der Republik zuständig, in Bulgarien liegt die Kompetenz gemäß der Verfassung von 1971 sowohl bei der Volksversammlung als auch beim Staatsrat. In Rumänien fällt die Ratifikation und Kündigung internationaler Verträge, die Gesetzesänderungen folgern, in den Kompetenzbereich des Parlaments (Große Volksversammlung), die internationalen Verträge dagegen in den des Staatsrates.
Übereinstimmend mit Artikel 30 Absatz 2 der Verfassung der Volksrepublik Polen ist der Staatsrat in seiner gesamten Tätigkeit dem Sejm unterstellt. Deshalb sind auch die Aktivitäten des Staatsrates im Bereich der Ratifikation und Kündigung internationaler Verträge (ebenso wie bei Nomination und Abberufung von Vertretern der Volksrepublik in anderen Ländern) der Aufsicht des Sejms unterstellt. Sofern jedoch solche Rechtsakte durch den Staatsrat in einem Zeitraum vorgenommen werden, da der Sejm nicht tagt (z. B. Verabschiedung von Dekreten mit Gesetzkraft oder Änderungen in der Besetzung des Ministerrates), einer Bestätigung des Sejms auf der nächsten Sitzung erfordern, insofern sieht die Verfassung für die Ratifizierung und Kündigung von Verträgen keine bestimmte Form vor, welche die Unterstellung des Staatsrates unter den Sejm zum Ausdruck bringen würde. In der polnischen wissenschaftlichen Literatur hat sich angesichts dessen die Meinung gebildet, daß die Befugnis zur Ratifizierung eine eigene, selbständige und sogar ausschließliche Kompetenz des Staatsrates darstellt. Im Zusammenhang damit stellten sich Praxis und Theorie auf den Standpunkt, daß internationale Verträge, nach deren Ratifizierung durch den Staatsrat und nach ihrer Veröffentlichung im Gesetzblatt, unmittelbar rechtswirksam sind, ohne die Notwendigkeit einer besonderen Transformation in das innerstaatliche Recht.
Ein interessantes Problem, das sich in der Praxis ergeben hat, ist die Ermächtigung zur Ratifizierung von internationalen Verträgen durch den Sejm in den Fällen, in denen sich der Staatsrat aufgrund der besonderen Bedeutung

dieser Verträge an den Sejm wendet. Dies war 1955 der Fall, als sich der Staatsrat an den Sejm um Ratifizierung des Warschauer Vertrags wandte. Nach Überprüfung des Antrages durch den Sejm-Ausschuß für Auswärtige Angelegenheiten und übereinstimmend mit dem Rechenschaftsbericht dieses Ausschusses faßte der Sejm den Beschluß, den Vertrag zu ratifizieren. Das Ratifikationsdokument selbst wurde jedoch durch den Staatsrat erstellt, wobei man damals die Fomulierung anwandte, in der festgestellt wurde, daß: „Der Sejm ratifizierte [...] übereinstimmend mit diesem Beschluß erklärt der Staatsrat [...][4]. Eine besondere, obgleich von der beschriebenen andere Ratifikationsprozedur wurde im Falle des zwischen der Volksrepublik Polen und der Bundesrepublik Deutschland unterzeichneten Vertrags über die Grundlagen der Normalisierung ihrer gegenseitigen Beziehungen vom 7. Dezember 1970 angewandt.

Der Ratifikation dieses Vertrags durch den Staatsrat gingen eine vorherige Überprüfung und Stellungnahme durch den Sejm-Ausschuß für Auswärtige Angelegenheiten und den Sejm-Ausschuß für Gesetzgebungsarbeiten voraus. Dies geschah aufgrund der Überweisung des Antrags über die Ratifikation an den Sejm durch den Vorsitzenden des Staatsrates.

Der Sejm nahm auf seiner Plenarsitzung vom 27. April 1972 die Information des Außenministers über die Ratifikation des Vertrags zur Kenntnis und akzeptierte sodann die Vorschläge des Seniorenkonvents zur Beauftragung des Ausschusses für Auswärtige Angelegenheiten sowie des Ausschusses für Gesetzgebungsarbeiten, auf einer gemeinsamen Tagung die dem Sejm vorgestellte Information des Außenministers zur Debatte zu stellen und sich zur Ratifikation zu äußern[5]. Die Debatte fand am 25. Mai 1972 auf der gemeinsamen Sitzung der zwei erwähnten Sejm-Ausschüsse statt, die sich nach der Diskussion einstimmig für die Ratifikation entschieden. Den gemeinsamen Beschluß beider Ausschüsse stellte der Vorsitzende des Sejm-Ausschusses für Auswärtige Angelegenheiten dem Staatsrat auf dessen Sitzung vor, wonach der Staatsrat den Vertrag ratifizierte.

In diesem Fall wurde der Sejm in das Ratifikationsvorgehen in Formen eingeschaltet, welche die verfassungsrechtliche Kompetenz des Staatsrates im Bereich der Ratifikation internationaler Verträge nicht beschränkte. Die beiden angeführten Beispiele zeigen, daß sich der Staatsrat in Fällen internationaler Verträge von besonders großer Bedeutung aus eigener Ini-

---

[4] Vide: Ges. Bl. 1955 Nr 30 Ziff. 182.

[5] Vgl. *Stenogramm von der 3. Sejmsitzung der Volksrepublik Polen, VI. Legislaturperiode, 1. Sitzung — 27. April 1972*, S. 25 - 39.

tiative um Stellungnahme an das höchste Organ der Staatsmacht, d. h. das Parlament, wendet. Dieses Vorgehen findet seine rechliche Grundlage in der schon erwähnten Verfassungsregel, die den Staatsrat in seiner ganzen Tätigkeit dem Sejm unterstellt.

Vor der gegenwärtigen Regelung der verfassungsrechtlichen Ratifikation internationaler Verträge sowie der präsentierten Praxis sollte daran erinnert werden, daß in den polnischen Wissenschaftlerkreisen, besonders nach 1956, viele Male Postulate gestellt wurden, die Befugnisse des Sejms über die Ratifikation gewisser Kategorien internationaler Verträge in der Verfassung klar zu bezeichnen.

Insbesondere wurde auf die Zweckmäßigkeit der Einführung einer Vorschrift zur Erteilung des Einvernehmens vom Sejm für die Ratifikation solcher Verträge hingewiesen, deren Sachgegenstand bereits in Gesetzen geregelt ist oder die einen gesetzlichen Weg erfordern[6].

6. *Grundziele und Prinzipien der Außenpolitik*

Eine neben der gesetzgeberischen Tätigkeit zweite Aufgabe des Sejms ist übereinstimmend mit der 1976 novellierten einschlägigen Vorschrift der Verfassung der Volksrepublik Polen: „Die Aufnahme von Beschlüssen, die die Grundrichtungen der staatlichen Tätigkeit bezeichnen" (Artikel 20 Absatz 3 der Verfassung).

Obgleich diese Befugnis des Sejms in die Verfassung verhältnismäßig vor kurzem aufgenommen wurde, so gestaltete sich jedoch schon früher (besonders zu Beginn der sechziger Jahre) eine derartige Praxis, daß im Zusammenhang mit den wichtigsten Ereignissen auf der internationalen Arena, die unser Land betreffen, der Sejm Beschlüsse faßte, die Direktiven an die Anschrift der staatlichen Organe enthielten, in denen er sie zum bestimmten Handeln verpflichtete.

Einen solchen Charakter hatte z. B. der Beschluß des Sejms vom 23. Oktober 1975 über die Ergebnisse der Konferenz für Sicherheit und Zusammenarbeit in Europa von Helsinki[7].

---

[6] Vgl. K. Skubiszewski, *Miejsce traktatów w porządku prawnym PRL* (*Der Platz von Verträgen in der Rechtsordnung der Volksrepublik Polen*), „Sprawy Międzynarodowe" 1973, Nr. 1, S. 90 - 91.

[7] Veröffentlicht in „Monitor Polski" Nr. 33, Pos. 201 von 1975.

In diesem Beschluß finden sich, neben Elementen feierlicher Deklaration, wie die Feststellung von der „Konvergenz der Beschlüsse der Konferenz mit den lebenskräftigen Interessen unseres Staates und Volkes" auch Formulierungen von bindendem Charakter, die ein Gebot an die Anschrift aller Staatsorgane sind. Das resultiert aus dem Teil des Beschlusses, in dem der Sejm „den Willen der Volksrepublik Polen bestätigt, diese Beschlüsse einzuhalten und konsequent zur Umsetzung dieser Beschlüsse in die Praxis zu handeln". Sache der künftigen Praxis wird es sein, die sich auf die neue Verfassungsvorschrift stützt und die vom Sejm geformt wird, welchen Bereich der Probleme der Begriff „Grundrichtungen der Tätigkeit des Staates" beihalten wird, wenn es um die Außenpolitik gehen wird, und inwieweit tiefgehend und konkret in diese Materie im Bereich der einzelnen Probleme die richtungsweisenden Beschlüsse des Sejms eingreifen werden [8].

Bei Überprüfung dieser Problematik kann man nicht die Umstände umgehen, daß in dem gegenwärtigen sozialistischen Verfassungsrecht immer deutlicher die Tendenz auftritt, in der Verfassung selbst die Grundziele und Grundprinzipien der Außenpolitik zu bestimmen.

In diese Richtung ging die Novellierung der Verfassung der Volksrepublik Polen von 1976. Dies fand seinen Niederschlag in der Vervollkommnung des bisherigen Inhalts der Verfassung durch eine neue Vorschrift, die in dem gegenwärtigen Artikel 6 über die neuen Grundsätze der polnischen Außenpolitik enthalten ist. Er bestimmt, daß die Volksrepublik Polen

1) sich von den Interessen des polnischen Volkes, seiner Souveränität, Unabhängigkeit und Sicherheit, dem Friedenswillen und der Zusammenarbeit zwischen den Völkern leiten läßt;
2) an die ehrenvollen Traditionen der Solidarität mit Kräften der Freiheit und des Fortschritts, der Festigung der Freundschaft und Zusammenarbeit mit der Union der Sozialistischen Sowjetrepubliken und mit anderen sozialistischen Staaten anknüpft;
3) die Beziehungen zu Staaten mit andersartigen Gesellschaftssystemen auf die Grundsätze des friedlichen Nebeneinanders und Zusammenarbeit stützt.

Die Tendenz, in die sozialistischen Verfassungen Komplexe von Bestimmungen aufzunehmen, welche die Grundziele und Prinzipien der Außenpolitik des Staates bestimmen, zeichnete sich bereits von den sechziger Jahren in den neuen Verfassungen der ČSSR, Jugoslawiens, der Deutschen Demokra-

---

[8] Diese Problematik wurde weiterentwickelt; interessante Schlüsse an die Anschrift der Sejmpraxis enthält der Artikel von A. Gwiżdż, *op. cit.*, S. 20 ff.

tischen Republik, Rumäniens und Bulgariens sowie in der 1972 novellierten Verfassung der Ungarischen Volksrepublik ab[9]. Letztlich kam diese Tendenz in der neuen Verfassung der UdSSR vom 7. Oktober 1977 besonders stark zum Ausdruck, die den Zielen und Prinzipien der Außenpolitik ein besonderes, das vierte Kapitel, widmet. Als jüngste Verfassung unter den europäischen Verfassungen sozialistischer Staaten enthält sie zugleich, was Leonid Breschnew in seinem Referat unterstrich, Elemente, die anderen, früheren Verfassungen sozialistischer Staaten eigen sind[10]. Man kann auch sagen, daß die Verfassung der Sowjetunion in ihrem Teil über Außenpolitik eine staatsrechtliche Form höchsten Ranges allen Grundprinzipien gegeben hat, die in Helsinki in der KSZE-Schlußakte gebilligt wurden.

Im Artikel 28 der Verfassung wurden als Ziele, die von der Außenpolitik der Sowjetunion angestrebt werden, genannt: Verhütung aggressiver Kriege, Erreichen einer allgemeinen und totalen Abrüstung und konsequente Realisierung des Grundsatzes der friedlichen Koexistenz von Staaten mit andersartigen Gesellschaftsordnungen; veröffentlicht wurde auch eine besondere Vorschrift, die die Propagierung des Krieges verbietet.

Von besonderer Bedeutung ist vom Aspekt der Realisierung dieser Ziele der Artikel 29 der Verfassung der Sowjetunion, der bestimmt, daß die Beziehungen der UdSSR mit anderen Ländern auf folgenden Grundlagen gestaltet werden:

- Einhaltung der Prinzipien der souveränen Gleichheit, des gegenseitigen Verzichts auf Gewaltanwendung oder die Gefahr der Gewaltanwendung;
- Unantastbarkeit der Grenzen;
- territoriale Integrität der Staaten;
- friedliche Regelung der Streitigkeiten;
- Nichteinmischung in innere Angelegenheiten;
- Achtung der Menschenrechte und Achtung der Grundfreiheiten;
- Gleichberechtigung und Recht der Völker auf Selbstbestimmung über ihr Schicksal;
- Zusammenarbeit zwischen den Staaten;
- redliche Ausführung der Verpflichtungen, die aus den allgemeingültigen

---

[9] Vgl. S. Gebethner, *Cele i zasady polityki zagranicznej w konstytucjach państw socjalistycznych* (*Ziele und Grundsätze der Außenpolitik in Verfassungen sozialistischer Staaten*) „Państwo i Prawo" 1972, H. 6 (316) S. 14 ff.

[10] Vgl. *Referat von Leonid Breschnew über den Entwurf der Verfassung der UdSSR und die Ergebnisse der gesamtnationalen Diskussion über dieses Dokument auf der 7. Tagung des Obersten Sowjets der Union der Sozialistischen Sowjetrepubliken am 4. Oktober 1977*, in *Konstytucja ZSRR*, Warszawa 1978, S. 22.

Prinzipien und Normen des Völkerrechts resultieren sowie aus den durch die Sowjetunion unterzeichneten internationalen Verträgen[11]. Auf dem Hintergrund der oben charakterisierten Tendenzen zur Bestimmung der Grundziele und Grundlagen der Außenpolitik in der Verfassung selbst sowie auch angesichts dessen, daß in dem polnischen System die Rechtsquellen des Sejmbeschlusses mit der Verfassung (und auch mit den gewöhnlichen Gesetzen) übereinstimmen müssen, sollte anerkannt werden, daß die in diesen Grenzen vom Sejm getroffene Wahl der außenpolitischen Probleme, die Gegenstand seiner richtungsweisender Beschlüsse sein sollen, zur Stärkung der Rolle und des Einflusses des Parlaments auf die Realisierung der Grundziele der Außenpolitik führen und damit die Erweiterung der Parlamentskontrolle über die Regierungsorgane zusammenhängen muß, insbesondere das Ministeriums für Auswärtige Angelegenheiten, die diplomatischen Vertretungen und andere polnische Stellen im Ausland.

7. *Sejm-Ausschüsse und Außenpolitik. Interpellationen*

Übergehend zu der Analyse der Verfassungsvorschriften, der Geschäftsordnung des Sejms sowie der Praktiken im Bereich der dritten Grundaufgabe des polnischen Parlaments, d. h. der Kontrolle über die Tätigkeit aller anderen Staatsorgane, muß unterstrichen werden, daß in dem uns interessierenden Bereich der Außenpolitik seit Oktober 1956 die Formen und die Intensität der Kontrolle deutlich zunehmen. Die sich auf diesem Gebiet während der aufeinanderfolgenden Legislaturperioden des Sejms von 1957 bis 1977 abzeichnenden Änderungen sind insbesondere in der Tätigkeit der Sejm-Ausschüsse zu bemerken, im kleineren Ausmaß dagegen auf den Plenarsitzungen des Sejms.
Bei der Forschung nach den Ursachen der Schwerpunktverlagerung der Kontrollfunktion des Sejms im Bereich der Außenpolitik vom Plenum des Parlaments zu den Ausschüssen (vor allem – obwohl nicht ausschließlich – zu dem Ausschuß für Auswärtige Angelegenheiten), sollte man den besonderen Charakter der Materie, die Gegenstand der Kontrolle ist, beachten. Bekanntlich gehören die Angelegenheiten der Außenpolitik des Staates zu

---

[11] Artikel 29 der Verfassung der UdSSR, polnische Übersetzung. Warszawa 1978, S. 58.

den schwierigsten und damit delikaten Materien und erfordern oft eine gewisse vertrauliche Überprüfung, was bei den in aller Öffentlichkeit abgehaltenen Plenarsitzungen des Parlaments schwer durchführbar ist.
Das Ausschußsystem gestattet hingegen eine eindringlichere und tiefgründigere Betrachtung, ein Vordringen zum Kern dank der kameralen Atmosphäre der Beratungen, welche eine unmittelbare Diskussion und einen raschen Austausch einfacher Fragen und Antworten begünstigt. Ein zahlenmäßig kleinerer Kreis der Mitglieder in den Sejmausschüssen, in der Regel etwa 30 bis 40 Abgeordnete, gestattet ebenfalls eine raschere Anberaumung von Sitzungen und eine schnelle Stellungnahme in dringenden Angelegenheiten.
Andererseits werden diesem Verfahren gewisse Grenzen gesetzt. In Übereinstimmung mit Artikel 26 der Geschäftsordnung des Sejms sind die Sejm Ausschüsse Hilfsorgane des Parlaments bei der Kontrolle der Aktivitäten einzelner Staatsorgane. Obwohl das Gewicht der Meinungen der Ausschüsse mit Rücksicht auf die Autorität der repräsentierten politischen Kräfte sowie wegen der hohen Position der Ausschüsse sehr groß ist, haben sie dennoch keine endgültige Entscheidungsbefugnis. Die Ausschüsse können dem Sejm Resolutionsentwürfe mit Postulaten an die Anschrift der Regierung, des Staatsrates, des Vorsitzenden der Obersten Kontrollkammer, des Generalstaatsanwalts der Volksrepublik Polen und der einzelnen Minister unterbreiten sowie über an diese Organe gerichteten Forderungen beschließen, wobei die Antworten auf diese Forderungen auf den Sitzungen der Ausschüsse geprüft werden.
Eine neue Form, die sich in der letzten Zeit immer mehr durchsetzt, ist die Vorlage von Stellungnahmen in Form von Gutachten der Ausschüsse an die obersten Staatsorgane, der Ausschuß kann sich dabei an das Organ, für welches das Gutachten bestimmt ist, zwecks Stellungnahme wenden.
Ein zusätzlich wichtiger und entscheidender Faktor von großer Bedeutung für die Arbeit der Ausschüsse ist der Umstand, daß sie auch dann, wenn der Sejm im Plenum nicht zusammenkommt, tagen können.
Ein Ausschuß, welcher die größte Bedeutung hinsichtlich der Kontrolle der Staatsorgane in der Außenpolitik hat, ist der Ausschuß für Auswärtige Angelegenheiten, obwohl einschlägige Probleme auch in den Arbeiten anderer Kommissionen vorkommen, z. B. im Ausschuß für Außenhandel oder im Ausschuß für Hochseewirtschaft und Schiffahrt.
Der Sejm-Ausschuß für Auswärtige Angelegenheiten gehört hinsichtlich der Zahl der Mitglieder zu den größten Sejm-Ausschüssen und hat derzeit

40 Mitglieder. Ihm gehören Repräsentanten der Polnischen Vereinigten Arbeiterpartei und der anderen Parteien und Fraktionen im Sejm an, u. a. der katholische Abgeordnetenzirkel „Znak", PAX und der Christlichen Sozialen Vereinigung sowie parteilose Abgeordnete.
Übereinstimmend mit der Praxis nach 1956 gehören dem Präsidium des Ausschusses für Auswärtige Angelegenheiten, das aus dem Vorsitzenden und seinen vier Vertretern besteht, stets nicht nur die Repräsentanten der politischen Parteien an, sondern auch der katholischen Abgeordnetenzirkel. Das ist unabhängig von der Zahlenstärke dieser Abgeordnetenfraktionen im Parlament der Fall. Die zahlenmäßige Zusammensetzung ist sehr unterschiedlich, sie beträgt beispielsweise bei der Abgeordnetenfraktion der Polnischen Vereinigten Arbeiterpartei 261 Abgeordnete, bei der Abgeordnetenfraktion der Vereinigten Bauernpartei 113 Abgeordnete, bei der Abgeordnetenfraktion der Demokratischen Partei 37 Abgeordnete und bei den Abgeordnetenzirkeln „Znak", PAX und Christliche Soziale Vereinigung jeweils von fünf bis zu drei Abgeordnete. Bei dieser Zusammensetzung des Ausschusses für Auswärtige Angelegenheiten und seines Präsidiums kommt eine zusätzliche und grundlegendere Tendenz zum Ausdruck, die das Ziel hat, für die Probleme der Außenpolitik des Staates mit Rücksicht auf deren außergewöhnliche und besonders große internationale Bedeutung eine parlamentarische Kontrolle bei voller und gleichberechtigter Teilnahme aller politischen und gesellschaftlichen Kräfte im Sejm, die den Grundstock der Nationalen Einheitsfront bilden, zu sichern. Was die Problematik der Sitzungen der Sejm-Ausschüsse der gegenwärtigen, siebenten Legislaturperiode des Sejms der Volksrepublik Polen anbetrifft, die Angelegenheiten der Kontrolle der Außenpolitik gewidmet sind, umfaßt diese ein sehr breites und gegenüber zu den vorherigen Legislaturperioden ständig wachsendes Problemgebiet. Es scheint, daß dies ein natürlicher Prozeß ist, der den Eigenheiten unserer Zeiten entspricht, in der die Aktivitäten der Außenpolitik aufhören, eine Domäne der Diplomaten und eines Ressorts, d. h. des Ministeriums für Auswärtige Angelegenheiten, zu sein. Ähnlich wie in anderen Ländern wächst die Bedeutung der internationalen Zusammenarbeit in allen Lebensbereichen. Wir haben also eine in Entwicklung begriffene Internationalisierung von Wissenschaft, Technik, Wirtschaft und Kultur, die immer mehr verbunden ist mit einem regen Informationsaustausch und mit dem Austausch von Werken im Bereich der Kultur und Kunst, der Technologie, der Lizenzen, Patente usw. Zusammen mit der Entwicklung der Kommunikations- und Verkehrsmittel erfolgt eine Annäherung an

entfernte Länder sowie ein beschleunigter Personen-, Waren-, Gedanken- und Erfahrungsaustausch. Dies geschieht in den Beziehungen zu anderen Staaten, aber auch zu spezialisierten Institutionen, in den Beziehungen einzelner Städte, Universitäten, Institute und in den Beziehungen der Wissenschaftler, in einem nie in der Vergangenheit bisher gekannten Ausmaß. Bei der Ausübung der Kontrollbefugnisse durch das Parlament und seine ständigen Hilfsorgane (vor allem den Ausschuß für Auswärtige Angelegenheiten, den Ausschuß für Außenhandel und den Ausschuß für Hochseewirtschaft und Schiffahrt) im Bereich der Außenpolitik, gibt es eine Entwicklung über den traditionellen Rahmen hinaus zu einer breiten Befassung mit Problemen, die mit den internationalen Beziehungen und Zusammenarbeit auf verschiedenen Plattformen zusammenhängen. Wenn wir z. B. die Fragen der Ausschußsitzungen der letzten zwei Jahre betrachten, so finden wir die folgenden Angelegenheiten als Gegenstand der Kontrolltätigkeit der Ausschüsse:

- Stand und Ergebnisse in der Politik der militärischen Entspannung und Abrüstung;
- Stand und Perspektiven des Kulturaustausches mit dem Ausland im Aspekt der KSZE-Schlußakte von Helsinki;
- Stand der Beziehungen Polens zu den Entwicklungsländern;
- Stand und Richtung des touristischen Auslandsverkehrs;
- Regierungspolitik in Sachen Familienzusammenführung;
- Tätigkeit von Gesellschaften der Freundschaft, Partnerstädten sowie andere gesellschaftliche Kontakte mit dem Ausland;
- Stand der Vorbereitungen zum Treffen der Ministervertreter für Auswärtige Angelegenheiten zur Realisierung der KSZE-Schlußakte;
- Programm der wissenschaftlich-technischen Zusammenarbeit der Volksrepublik Polen mit dem Ausland;
- Begutachtung des Belgrader Treffens;
- Information über den Verlauf und die Ergebnisse der 32. Tagung der UNO-Volksversammlung;
- Abrüstungsproblematik unter besonderer Berücksichtigung des Verlaufes und Standes der Wiener Verhandlungen;
- Begutachtung der vertragsrechtlichen Beziehungen der Volksrepublik Polen zu andern Ländern.

Der Ausschuß für Auswärtige Angelegenheiten prüfte ebenfalls in diesem Zeitraum die Gewährleistung der Interessen der polnischen Hochseefischerei im Lichte der schwedischen Vergrößerung der Fischereizone und be-

schloß im Zusammenhang damit Postulate, die zur Grundlage der auf Initiative der Abgeordneten eingebrachten drei Gesetzentwürfe dienten, was im vorliegenden Referat bereits erwähnt wurde.
Nicht alle durch den Ausschuß überprüften Probleme kommen in die Plenarsitzungen des Sejms. Nicht immer ist dies auch nötig. In sehr vielen Angelegenheiten werden die Desiderate und die im Rahmen der Kontrollbefugnisse des Ausschusses formulierten Gutachten durch die Regierung oder die einzelnen Minister erledigt.
Die Kontrolle der Außenpolitik durch den Sejm in pleno kommt in der bisherigen Praxis in folgenden Formen vor:

1) durch Überprüfung und Billigung des Regierungsprogramms, das im Exposé des Premierministers zu Beginn jeder neuen Legislaturperiode des Sejms enthalten ist sowie durch Besetzung – auf Antrag des Premierministers – der Posten in der Regierung, insbesondere der des Ministers für Auswärtige Angelegenheiten, des Ministers für Außenhandel und des Ministers für Hochseewirtschaft und Schiffahrt;
2) durch Überprüfung und Beschließung der durch die Regierung eingebrachten Entwürfe der sozial-ökonomischen Wirtschaftspläne für mehrjährige und Jahreszeiträume sowie des Staatshaushaltsplans d. h. Akten, die zugleich die Außenpolitik betreffen;
3) durch Überprüfung der dem Sejm alljährlich vorgelegten Rechenschaftsberichte über die Durchführung des Staatshaushalts- und des Volkswirtschaftsplans vor der Erteilung des Absolutoriums durch den Sejm. Diese Form der parlamentarischen Kontrolle über die Tätigkeit der Regierung umfaßt ebenfalls die Staatshaushalte des Ministers für Auswärtige Angelegenheiten und des Ministers für Außenhandel. Die Rechenschaftsberichte geben also dem Sejm gewisse Möglichkeiten, die durch die Regierung mit Hilfe der im Haushalt vorgesehenen Finanzmittel realisierte Außenpolitik zu kontrollieren;
4) durch Überprüfung der Rechenschaftsberichte und Informationen der Regierung sowohl vom allgemeinen Charakter als auch solcher, die ausschließlich Außenpolitik betreffen. Damit hängt die Aufnahme vom Sejm der Beschlüsse zusammen, die den Standpunkt zu den unterbreiteten Problemen enthalten.

Ein diesbezügliches Beispiel aus der Praxis, das in den letzten Jahren immer mehr angewandt wird und sich einbürgert, bilden die durch den Vorsitzenden des Ministerrates oder den Minister für Auswärtige Angelegenheiten dem Sejm auf seinen Plenarsitzungen vorgelegten Informationen über die aktuellen Probleme der Außenpolitik der Volksrepublik Polen. Meistens sind diese mit wichtigen internationalen Ereignissen und den von Polen mit anderen Staaten unterzeichneten Verträgen verbunden. Zu nennen ist beispielsweise die am 24. Juni 1976 dem Plenum des Sejms vorgelegte Information des Ministers für Auswärtige Angelegenheiten Stefan Olszowski über die Ergebnisse des offiziellen Besuchs des Ersten Sekretärs des Zentralkomitees der Polnischen Vereinigten Arbeiterpartei und Mitglieds des Staatsrates Edward Gierek in der Bundesrepublik Deutschland. Zum Abschluß einer ausgedehnten Diskussion, während der die Repräsentanten aller Abgeordnetenklubs und Abgeordnetenkreise das Wort ergriffen, faßte der Sejm einen Beschluß, der zu den unterbreiteten Fragen Stellung nahm; deren Entwurf wurde von dem Sejm-Ausschuß für Auswärtige Angelegenheiten eingebracht. Einen ähnlichen Charakter hatte die auf der Plenarsitzung des Sejms am 2. Dezember 1976 gegebene Information des Vorsitzenden des Ministerrates Piotr Jaroszewicz über den Verlauf und die Ergebnisse des Besuchs der Partei- und Regierungsdelegation in der Sowjetunion und über die Resultate der Bukarester Konferenz des Politischen Beratungskomitees der Mitgliedsstaaten des Warschauer Vertrages. Nach Diskussion dieser Angelegenheiten verabschiedete der Sejm am 18. Dezember 1977 auf Antrag des Ausschusses für Auswärtige Angelegenheiten einen die Information zustimmend zur Kenntnis nehmenden Beschluß. Einen ganzheitlicheren Charakter hatte die Information des Ministers für Auswärtige Angelegenheiten Emil Wojtaszek über die Außenpolitik der Volksrepublik Polen im Jahre 1977, die auf dem Plenum des Sejms am 16. Dezember 1977 vorgestellt wurde. Bei der Stellungnahme zu dieser Information faßte der Sejm einen umfassenden Beschluß über die Hauptrichtungen der auswärtigen Tätigkeit des Staates, wobei auch zu einigen internationalen Schlüsselproblemen Stellung genommen wurde[12]. Die Interpellationen der Abgeordneten stellen eine der charakteristischen Form der parlamentarischen Kontrolle über die Regierung ebenfalls im Bereich der Außenpolitik dar. Sie geben jedem Abgeordneten das Recht, sich an den Vorsitzenden des Ministerrates bzw. an die einzelnen Minister mit Fragen in bestimmten Angelegenheiten zu wenden. Die Interpellierten

---

[12] Vgl. *Stenogramme: von der 4. Sitzung des Sejms der Volksrepublik Polen vom 24. Juni 1976*, S. 45 - 73; *von der 6. Sitzung des Sejms der Volksrepublik Polen vom 2. Dezember 1976*, S. 22 - 27; *von der 7. Sitzung des Sejms der Volksrepublik Polen vom 18. Dezember 1976*, S. 115; *von der 13. Sitzung des Sejms der Volksrepublik Polen am 16. und 17. Dezember 1977*, S. 6 - 15.

sind verpflichtet, entweder der Sejmsitzung eine mündliche Antwort zu erteilen oder eine schriftliche Antwort zu Händen des Sejmmarschalls einzureichen, jedoch nicht später als 14 Tage nach Erhalt der Interpellation.

Den Text einer schriftlichen Antwort schickt der Sejmmarschall dem Interpellanten zu und informiert den Sejm über dessen Wortlaut.

Im Falle einer als nicht ausreichend angesehenen Antwort beziehungsweise eines terminwidrigen Unterbleibens einer Antwort kann der Interpellant sich an das Präsidium des Sejms zwecks Einbringumg der Interpellation in die Tagesordnung des Sejms wenden. Die Geschäftsordnung des Sejms sieht vor, daß in solchen Fällen die Überprüfung der Angelegenheit u. a. auch zusätzliche Erklärungen des Interpellanten und Interpellierten, eine Diskussion sowie eine Beschlußnahme des Sejms über die Anerkennung der Antwort als ausreichend bzw. eine Aufforderung an den Interpellierten zu deren Ergänzung umfassen kann.

Die Geschäftsordnung des Sejms der Volksrepublik Polen sieht u. a. neben der Interpellation einen anderen unkomplizierteren Weg vor, nämlich die Abgeordnetenanfrage.

Während Interpellationen bei Angelegenheiten komplizierteren Charakters gestellt werden, betreffen die Anfragen meistens unkomplizierte, einfache Angelegenheiten, und dem Fragenden geht es vor allen Dingen um eine Sachinformation über Fakten. Die Anfragen werden schriftlich eingereicht, spätestens 24 Stunden vor der Sitzungseröffnung, auf welcher man wünscht, die Antworten zu bekommen. Die Geschäftsordnung sieht vor, daß die Antworten auf diese Anfragen auf der Sejmsitzung mündlich erteilt werden, wobei im Unterschied zur Interpellation über die Frage und erteilte Antwort keine Debatte durchgeführt wird [13].

In der Praxis des polnischen Parlaments wird die Form der Abgeordneteninterpellationen auf den Plenarsitzungen des Sejms, die Angelegenheiten der Außenpolitik der Regierung betreffen, bisher in begrenztem Ausmaß genutzt. Dieses trifft auch auf die Abgeordneten-Anfragen zu, die konkreteren Charakter haben; denn die Praxis nützt vor allem die Beratungen des Sejm-Ausschusses für Auswärtige Angelegenheiten und des Sejm-Ausschusses für Außenhandel aus. Die größte Anzahl von Anfragen erhalten Vertreter der Regierungsressorts während der Überprüfung von Rechen-

[13] Vide Artikel 76 - 85 der Geschäftsordnung des Sejms der Volksrepublik Polen vom 1. März 1967 (einheitlicher Text „Monitor Polski" vom 1976, Nr. 21 Pos. 94).

schaftsberichten und Informationen über konkrete Realisierung von Vorhaben im Bereich der Außenpolitik, im Verlauf der Haushaltsdebatte über Teile des Haushalts, die diese Angelegenheiten umfassen. Zweifellos gehört es zum Charakter des polnischen Parteisystems, daß die Elemente der Mitbeteiligung und Mitverantwortung an der Ausübung der Macht deutlich überwiegen und sogar die Konkurrenzelemente des Kampfes um Macht ausschalten. Dies begünstigt die breitere Nutzung der Sejm-Ausschüsse bei der Ausübung der Kontrolle über die Regierung und ermöglicht einen umfassenderen Meinungsaustausch zwischen den Abgeordneten und den Repräsentanten der Regierung zum Erzielen der Erklärung von Standpunkten und Verständigung, als dies während der Plenarsitzungen des Sejms möglich wäre, die eher zu dramatischen Zusammenstößen und effektvollen, polemischen Gefechten herausfordern.

8. Außenpolitische Tätigkeit der Abgeordneten

Bei der Erörterung der Rolle des Sejms im Bereich der internationalen Beziehungen darf nicht die Form der Abgeordnetentätigkeit übergangen werden, die über die Rahmen des Sejms und seiner Organe hinausreicht. Vor allem geht es hier um die Teilnahme der Abgeordneten an den Arbeiten der Interparlamentarischen Union, um den Austausch von Parlamentsdelegationen mit anderen Ländern, um Auslandsreisen von Studiengruppen, welche auf Veranlassung der Sejm-Ausschüsse zur Prüfung bestimmter Probleme sowie für andere direkte internationale Kontakte organisiert werden.

Übereinstimmend mit Artikel 22 der Geschäftsordnung des Sejms werden die Angelegenheiten, die in den Bereich der Beziehungen des Sejms zu Parlamenten anderer Länder fallen, vom Präsidium des Sejms geleitet. Hingegen ist die polnische Gruppe der Interparlamentarischen Union auf der Basis des ungezwungenen und freiwilligen Beitritts der Abgeordneten gebildet worden [14].

Die erhebliche Belebung im Bereich der internationalen Kontakte der Parlamentarier, die in den letzten Jahren im Zusammenhang mit den Entspannungsprozessen und der Entwicklung der internationalen Zusam-

---

[14] Vgl. A. Gwiżdż, *Unia międzyparlamentarna. Zarys charakterystyki* (*Interparlamentarische Union. Abriß der Charakteristik*), „Sprawy Międzynarodowe", 1958, Nr. 7 - 8.

menarbeit zwischen Staaten unterschiedlicher Staatsformen erfolgte, stellt einen Faktor dar, der den gegenseitigen Erfahrungsaustausch ermöglicht und das Arsenal der in den Arbeiten der Parlamente angewandten Mittel bereichert. Die geschickte Zunutzemachung der aus diesen Kontakten gewonnenen Erkenntnisse kann ebenfalls zur erweiterten Effektivität der Parlamentskontrolle im Bereich der Außenpolitik beitragen.

10. Schlußfolgerungen

In diesem Referat habe ich lediglich einen sehr allgemeinen Überblick über die gegenwärtige Rolle des Sejms bei der Gestaltung und Kontrolle der Realisierung der Außenpolitik gegeben. Zum Schluß möchte ich noch einmal unterstreichen, daß wir uns hier in einem gewissen Entwicklungsprozeß befinden, den man nicht als beendet ansehen kann.
Man kann prognostizieren, daß mit der weiteren Vervollkommnung der sozialistischen Demokratie sowohl eine Intensivierung und bessere Nutzung der bisher bestehenden Institutionen und Formen der parlamentarischen Tätigkeit sowie ihre weitere Ausweitung in solcher Richtung erfolgen wird, um die völlige Übereinstimmung der Außenpolitik mit den Erfordernissen und dem Willen des Volkes, die auf der gemeinsamen Plattform der Nationalen Einheitsfront zum Ausdruck kommt, zu gewährleisten.

II

Rechtsfragen der Ostsee und die Zusammenarbeit zwischen den Anliegerstaaten

Ingo von Münch

Die gegenwärtige Situation der Ostsee und die Zusammenarbeit zwischen den Anliegerstaaten

Die gegenwärtige Situation im Ostseeraum ist – was das Verhältnis zwischen der Bundesrepublik Deutschland und der Volksrepublik Polen betrifft – von einer im ganzen gesehen positiven Zusammenarbeit bestimmt. Wie die folgenden Ausführungen zeigen werden, bestehen zwischen der Bundesrepublik Deutschland und der Volksrepublik Polen in bezug auf die Situation der Ostsee zur Zeit nur relativ wenige Probleme; auch diese sollten bei gegenseitigem guten Willen lösbar sein. Es wäre grotesk und unverantwortlich zugleich, wenn der angesichts der leidvollen Geschichte so überaus wichtige deutsch-polnische Prozeß der Verständigung zwischen unseren beiden Völkern, wie er im Warschauer Vertrag vom 7. Dezember 1970 und im Langfristigen Abkommen über den Warenverkehr und die Zusammenarbeit auf wissenschaftlich-technischem Gebiet vom 15. Oktober 1970 seinen Ausdruck gefunden hat, über der Frage des Fangens von Heringen ernsthaft gestört würde.

Eine das Thema voll ausschöpfende Betrachtung müßte an sich die Zusammenarbeit aller Ostsee-Anliegerstaaten behandeln. Im Rahmen des deutsch-polnischen Völkerrechtskolloquiums erscheint es aber zulässig und angebracht, die Betrachtung vor allem auf die Berührungspunkte zwischen der Bundesrepublik Deutschland und der Volksrepublik Polen zu konzentrieren. Die Zusammenarbeit zwischen anderen Ostseeanliegerstaaten untereinander, z. B. zwischen den skandinavischen Staaten untereinander oder zwischen den Staaten des Rates für gegenseitige Wirtschaftshilfe untereinander, wird deshalb hier nicht erörtert.

Wenn im folgenden das Schwergewicht der Betrachtung auf das deutsch-polnische Verhältnis gelegt werden soll, so wäre es andererseits eine ganz unzulässige Verengung der Sicht, wollte man die Ostsee nur als ein deutsch-polnisches Problem behandeln. Die gegenwärtige Situation der Ostsee ist vielmehr ein multilaterales Problem aller Anliegerstaaten, ja aller schiffahrttreibenden Staaten überhaupt: Die Diskussion, die unter den Stichwörtern „Meer des Friedens", „Mare clausum", „Randmeer" über den allgemeinen Status der Ostsee geführt wird, beweist dies.

1. Der allgemeine Status der Ostsee

a) „Meer des Friedens"?

Die Vokabel von der Ostsee als einem „Meer des Friedens", die sich unter anderem in der Gemeinsamen Erklärung der Regierung der DDR und der Volksrepublik Polen vom 20. Juni 1957 findet[1], wird in der DDR-Literatur dahin umschreiben, „daß dieser Raum von den Auswirkungen der NATO-Strategie frei bleiben muß"[2]. Konkreter formuliert geht es bei diesem sog. „Kampfziel" der Ostseevölker um den „Abbau der regelmäßigen militärischen Präsenz von NATO-Nichtanliegern"[3]. Dem Völkerrechtler, der ohne ideologische Scheuklappen den allgemeinen Rechtsstatus der Ostsee betrachtet, stellt sich damit die Frage, ob es irgendeine völkerrechtliche Norm gibt, welche die Präsenz von NATO-Schiffen in der Ostsee verbietet. Eine solche Norm ist weder im geltenden völkerrechtlichen Vertragsrecht noch im geltenden Völkergewohnheitsrecht auffindbar. Die DDR-Autorin Hilde Peters, von der das letztgenannte Zitat stammt, will sich auf „die geltenden allgemeinen Prinzipien des Völkerrechts stützen"[4]. Was mit „geltenden allgemeinen Prinzipien des Völkerrechts" gemeint sein soll, wird nicht klar. Sollte es sich dabei um die „general principles of law recognized by civilized nations" im Sinne des Artikels 38 Absatz 1 lit. c des Statuts des Internationalen Gerichtshofes handeln, so ist – selbst unter Berücksichtigung aller Unklarheiten, die mit dieser unglücklich formulierten Norm verbunden sind – jedenfalls klar, daß diese Norm sich nicht mit der Präsenz von irgendwelchen Schiffen in irgendwelchen Meeren befaßt, und erst recht nicht mit der Präsenz von NATO-Schiffen in der Ostsee.

---

[1] Text: „Archiv der Gegenwart" vom 22. 6. 1957, A 6508.

[2] J. Haalck/G.Reintanz, *Internationales Seerecht*, in: *Leitfaden für Seeoffiziere*, Leipzig 1972, S. 113.

[3] H. Peters, *Neue Aspekte der Entwicklung eines Rechtssystems der friedlichen Nutzung der Ostsee-Region*, in: *Deutsche Außenpolitik*, Bd. 19, (1974), S. 807 ff.

[4] Anm. 3, S. 807.

Ist also die Vokabel „Meer des Friedens" in bezug auf die Ostsee kein Begriff des geltenden Völkerrechts, so kann es sich dabei nur um ein politisches Schlagwort handeln. Tatsächlich hat diese Vokabel nicht durch wissenschaftliche Stellungnahmen von Völkerrechtlern Beachtung gefunden, sondern dadurch, daß sie von Politikern propagiert worden ist. Der Chor der Prominenten, die das Lied von der Ostsee als „Meer des Friedens" angestimmt haben, reicht von Chrustschow (Äußerungen in Leningrad und während seines Aufenthaltes in Finnland im Sommer 1957),[5] über Mikojan (Interview in Rostock im August 1957 gegenüber der polnischen Presseagentur)[6] bis zu Ulbricht (Rede an die skandinavischen Staaten im Frühsommer 1957)[7]. In der Presse der Volksrepublik Polen sind diese Gedanken mit großem Interesse aufgenommen worden. „Trybuna Ludu" nahm die Äußerungen Chrustschows in Finnland und die bereits erwähnte Gemeinsame Erklärung der Regierungen der Volksrepublik Polen und der DDR zum Anlaß, Überlegungen darüber anzustellen, wie die Friedenspolitik im Ostseeraum aussehen könnte; in diesen Überlegungen von „Trybuna Ludu" wurde gesprochen von einer Neutralisierung, von Rüstungsbeschränkung, von „besonderen Formen der Kontrolle in diesem Gebiet" und von „internationalen Organen der Ostseestaaten"[8]. Und die polnische Wochenzeitschrift „Świat i Polska" schrieb: „Ein Vorschlag zur Begrenzung der Rüstung im Ostseeraum wäre ein wichtiger Bestandteil der allgemeinen Bemühungen um eine internationale Entspannung"[9].

Lohnt es sich, diese politischen Gedanken weiterzuverfolgen? Die Ostsee als ein „Meer des Friedens" – wer wollte nicht den Frieden in der Ostsee, den Frieden auf allen Meeren, den Frieden in der Welt überhaupt? Was könnten die Menschen in Polen und Deutschland, die die Schrecken eines Krieges mehr als viele andere Völker am eigenen Leib erfahren haben, sich sehnlicher wünschen[10]?

Dem Völkerrechtler stellt sich allerdings die Frage, wie dieses Ziel im Ostseeraum konkretisiert werden könnte. Theoretisch denkbare Möglichkeiten sind Entmilitarisierung, Neutralisierung und Rüstungsbegrenzung.

---

5 „Neue Zürcher Zeitung" vom 3. Juli 1957.

6 Vgl. „Die Welt" vom 13. August 1957.

7 Zitiert nach A. Weinstein, *Die Ostsee ist kein russisches Meer*, „Frankfurter Allgemeine Zeitung" vom 29. August 1957, S. 1.

8 Vgl. den Bericht in „Neue Zürcher Zeitung" vom. 3. Juli 1957.

9 Vgl. „Die Welt" vom 8. August 1957.

10 Die Sicherung des Friedens ist ein Hauptanliegen des Vertrages zwischen der Bundesrepublik Deutschland und der Volksrepublik Polen über die Grundlagen der Normalisierung ihrer gegenseitigen Beziehungen vom 7. Dezember 1970 (Warschauer Vertrag); Text: „Bundesgesetzblatt" 1972, T. II, S. 361 ff.

Von diesen Denkmodellen wäre eine allgemeine Entmilitarisierung à la Åland-Inseln[11] die radikalste Lösung – vermutlich aber auch die utopischste; denn es ist kaum anzunehmen, daß sich alle an der Ostsee interessierten Staaten oder auch nur die Anliegerstaaten dazu bereit erklären werden, die strengen Verpflichtungen auf sich zu nehmen, wie sie z. B. in Artikel 3 und Artikel 4 der Åland-Konvention enthalten sind.

Eine Neutralisierung wäre nur dann akzeptabel, wenn ein militärisches Gleichgewicht bestünde, was nicht der Fall ist[12].

Maßnahmen der Rüstungsbegrenzung könnten gewiß nicht punktuell unter den Anliegerstaaten der Ostsee vereinbart werden, sondern sind – wenn überhaupt – politisch nur als kleiner Teil des großen Abrüstungspaketes denkbar, das zwischen den Supermächten zur Verhandlung steht (Stichworte: SALT; MBFR)[13].

Schließlich läßt sich wohl auch kein Vergleich zwischen der Lage der Ostsee und der Lage im Indischen Ozean ziehen, der bekanntlich durch die Resolution der Generalversammlung der Vereinten Nationen Nr. 2832 (XXVI) vom 16. Dezember 1971[14], bestätigt durch die Resolution Nr. 3080 (XXVIII) vom 6. Dezember 1973[15], zu einer „zone of peace" deklariert worden ist. Der Unterschied liegt darin, daß die Anliegerstaaten des Indischen Ozeans nicht Mitglieder der beiden großen Militärblöcke sind, sondern – in der Sprache der Declaration of the Indian Ocean as a zone of peace – „Non-Aligned Countries", und daß keine der Großmächte Anliegerstaat des Indischen Ozeans ist. Umgekehrt würde die Übertragung des Inhaltes dieser Deklaration auf die Ostsee bedeuten, daß die Großmächte („the Great Powers") aufgefordert wären, unverzüglich Konsultationen („immediate consultations") mit den Anliegerstaa-

---

[11] Vgl. die Konvention betreffend die Nicht-Befestigung und Neutralisation der Åland-Inseln vom 20. Oktober 1921 (Text: *League of Nations Treaty Series*, Bd. 9, S. 212).

[12] Bei Berechnung der militärischen Gewichte dürften auch nicht nur die Seestreitkräfte gezählt werden, sondern es müssen alle Streitkäfte – z.B. auch die Anzahl der Panzer – berücksichtigt werden.

[13] Vgl. dazu G. Fahl, *Internationales Recht der Rüstungsbeschränkung Loseblattsammlung* Berlin 1975 ff. Vgl. auch Schwedische Angaben über sowjetische Ostseemanöver, „Neue Zürcher Zeitung" vom 22/23. Oktober 1978.

[14] 2022nd plenary meeting. Der Text ist abgedruckt in: *Dokumente* (Herausgeber: Institut für Internationale Angelegenheiten der Universität Hamburg, Institut für Internationales Recht an der Universität Kiel, Institut für Völkerrecht der Universität Göttingen), Bd. 43: *UN-General Assembly Resolutions*, ausgewählt und zusammengestellt von K. Krakau/ H. v. Wedel/ A. Göhmann, Frankfurt am Main 1975, S. 28.

[15] Text in: *Dokumente* Bd. 43, (Anm. 14), S. 29.

ten aufzunehmen mit dem Ziel der Eliminierung aller militärischer Stützpunkte, Installationen, logistischer Versorgungsfacilitäten, Stationierung von Atomwaffen und anderen Massenvernichtungswaffen und irgendeiner Manifestation von militärischer Anwesenheit der Großmächte im Zusammenhang mit den Rivalitäten zwischen den Großmächten („any manifestation of great Power military presence in the Indian Ocean conceived in the context of great Power rivalry"). Von derartigen Absichten der Großmächte zu solcher Abstinenz in der Ostsee ist bisher nichts bekannt geworden. Deshalb kann der Indische Ozean nicht als Vorbild für Regelungen in der Ostsee genommen werden, ganz abgesehen davon, daß die Chancen einer Realisierung des „zone of peace" – Konzepts für den Indischen Ozean selbst nicht gut stehen[16].

b) „Mare clausum"?

Während die Vokabel vom „Meer des Friedens" verhältnismäßig neueren Datums ist, hat der Begriff des „mare clausum" eine lange Geschichte. Das Werk von John Selden *Mare clausum Sive de Dominio Maris* (1635) hat wie kaum eine andere völkerrechtliche Publikation die seerechtliche Diskussion beeinflußt. Ob man so weit gehen kann zu sagen, die „mare clausum" – Doktrin sei im 17. Jahrhundert die Regel gewesen und die Freiheit der Hohen See die Ausnahme[17], kann hier dahin gestellt bleiben; denn jedenfalls ist diese Regel – ihre Existenz einmal unterstellt – in der späteren Entwicklung des Völkerrechts abgelöst worden[18] vom Grundsatz der Freiheit der Hohen See, so wie er u. a. in Artikel 2 des Genfer

---

[16] Vgl. die insoweit kritischen Äußerungen von R. W. Copson, *East Africa and the Indian Ocean – a zone of peace*?, „African Affairs" Bd. 76, 1977, S. 339 f. (S. 352).

[17] So T. Miljan, *Mare Clausum Balticum and the Law of the Sea*, „Osteuropa-Recht" Bd. 21, 1975, S. 103 ff., S. 108 (Anm. 14).

[18] Ablehnend zur Heranziehung der alten Verträge auch H. H. Mahnke, *Die Ostsee – ein geschlossenes Meer*? „Deutschland-Archiv" Bd. 9, 1976, S. 1179 ff., S. 1186; Miljan, a.a.O., S. 111. Sogar das DDR-Lehrbuch *Völkerrecht* (herausgegeben von der Arbeitsgemeinschaft für Völkerrecht beim Institut für Internationale Beziehungen an der Akademie für Staats- und Rechtswissenschaft der DDR, Bd. I, Berlin 1973) gebraucht die Vergangenheitsform: „Hinsichtlich der Ostsee galt bis weit in das 19. Jahrhundert hinein der Grundsatz, daß aus ihrem Charakter als geschlossenes Meer das Recht der Anliegerstaaten folge, den Verkehr von Seestreitkräften von Nichtanliegerstaaten zu reglementieren. Unter dem Einfluß der britischen Seehegemonie ist diese Rechtsauffassung dann in der Völkerrechtslehre und der Staatenpraxis mehr und mehr in den Hintergrund getreten, ohne jedoch völlig zu verschwinden" (S. 385).

Übereinkommens über die Hohe See von 1958 als Kodifizierung schon vorher geltenden Völkergewohnheitsrechts seinen Ausdruck gefunden hat. Gleichwohl sind vereinzelt Versuche unternommen worden, die Ostsee auch heute noch (oder muß man sagen: wieder?) als Geschlossenes Meer zu betrachten. So zählt das Völkerrechtslehrbuch der Akademie der Wissenschaften der UdSSR neben dem Schwarzen Meer auch die Ostsee zu den geschlossenen Meeren[19]. Zum geschlossenen Meer gehören nach dieser Auffassung nämlich neben den Gewässern, die vom Landgebiet zweier oder mehrerer Staaten umschlossen sind und keine Verbindung mit dem offenen Meer besitzen, auch die „Gewässer, die vom Landgebiet zweier oder mehrerer Staaten umschlossen sind, aber Verbindungen mit dem offenen Meer durch Meerengen oder Kanäle besitzen, die jedoch die Bedeutung von Seewegen haben, die nur zu den Küsten der Uferstaaten führen" [20]. Der (geographischen) Lage nach werden im Akademie-Lehrbuch das Schwarze Meer und die Ostsee als „tief in das Festland hineinreichende große Buchten mit ziemlich engen Einfahrtsflächen" bezeichnet, „die sich grundsätzlich vom Offenen Meer unterscheiden" [21].

Die juristischen Folgerungen, die aus der Konstruktion der Ostsee als „mare clausum" zu ziehen sein würden, sind allerdings nicht klar. Gedacht sein könnte dabei an das Verbot des Befahrens mit Militärschiffen von Staaten, die nicht Anliegerstaaten der Ostsee sind; so gedacht wären „mare clausum" und „Meer des Friedens" inhaltsgleich.

Nicht inhaltsgleich sind „Meer des Friedens" und „mare clausum", wenn „mare clausum" nicht die militärische Nutzung, sondern die Schiffahrt durch Nicht-Anliegerstaaten überhaupt im Auge hat. Im Völkerrechtslehrbuch der Akademie der Wissenschaften der UdSSR kann man dazu lesen:

> „Das Prinzip der Schiffahrtsfreiheit auf offener See wird mit daraus entstehenden Rechten auf das geschlossene Meer nicht angewandt [22] [...]. Aus der besonderen Lage des Schwarzen Meeres und der Ostsee folgt, daß ihre Rechtslage ausschließlich von den Uferstaaten bestimmt wird. Lediglich den Uferstaaten steht in diesen Gewässern das Schiffahrtsrecht, das Recht zur Ausübung des Seegewerbes und das Ein- und Ausfahrtsrecht zu" [23].

---

[19] *Völkerrecht*, herausgegeben von der Akademie der Wissenschaften der UdSSR – Rechtsinstitut, Deutsche Übersetzung, Hamburg 1960, S. 234.
[20] Anm. 19, S. 233.
[21] Anm. 19, S. 234.
[22] Anm. 19, S. 233.
[23] Anm. 19, S. 234.

Diese ebenso eindeutige wie völkerrechtlich unrichtige Aussage wird jedoch anschließend wieder relativiert:

„Im Interesse der Weiterentwicklung und der Festigung der internationalen Zusammenarbeit sowie der internationalen Wirschaftsbeziehungen muß die Ein- und Ausfahrt und die Schiffahrt in diesen Meeren (außerhalb der Hoheitsgewässer und Sperrzonen) für Handelsschiffe aller Länder, auch derer, die nicht zu den Uferstaaten gehören, offenstehen[24].

Die Theorie vom Status der Ostsee als eines geschlossenen Meeres wird auch von anderen sowjetischen Autoren, z. B. von Molodtsow, Bakow und Malinin, vertreten[25].
Begründet wird diese Ansicht u. a. mit historischen Präzedenzfällen, wobei weit in die Historie zurückgegriffen wird. Als Präzedenzfälle werden genannt: Der Friedensvertrag zwischen Schweden und Dänemark von Roskilde von 1658, der Vertrag zwischen Rußland und Schweden von 1759, der als Liga der bewaffneten Neutralität bezeichnete Vertrag zwischen Rußland, Dänemark und Schweden von 1780 (dem Preußen und Österreich im Jahre 1782 und Portugal im Jahre 1783 beitraten), der Vertrag zwischen Rußland, Schweden und Dänemark von 1800 (der die Liga der bewaffneten Neutralität erneuern sollte), schließlich der Vertrag zwischen Dänemark und den Europäischen Seemächten betreffend die Abschaffung des Sundzolles von 1857 und der entsprechende Vertrag zwischen Dänemark und den USA aus demselben Jahre.
Die genannten Verträge sind als völkerrechtshistorische Dokumente interessant – für das geltende Völkerrecht sind sie, mit Ausnahme der Abschaffung der Sundzölle, irrelevant; juristisch gesehen sind sie – aus der Sicht von 1978 – Sternschnuppen, die in der Ostsee verglüht sind. Dies folgt daraus, daß entweder die Vertragspartner selbst sich nicht mehr an die Verträge gebunden fühlen, oder daraus, daß die genannten Verträge sich untereinander widersprechen (der dänisch-schwedische Vertrag von Roskilde z. B. wollte das dominium maris Baltici auf diese beiden Staaten beschränken), oder daraus, daß die genannten Verträge durch Zeitablauf

---

[24] Anm. 19, S. 234.

[25] In dem neuen, im Jahre 1974 in Moskau erschienen Seevölkerrechtslehrbuch der Akademie der Wissenschaften der UdSSR *Sowriemiennoje miezdunarodnoje morskoje prawo* (in deutscher Übersetzung von E. Rauch erschienen unter dem Titel: *Modernes Seevölkerrecht. Die Rechtsordnung der Gewässer und des Bodens des Weltmeers*, Baden-Baden 1978) wird die Ostsee nicht mehr als „mare clausum" bezeichnet; vgl. die S. 225 - 226, 230 - 231 in der deutschen Übersetzung.

oder andere Ereignisse obsolet geworden sind, schließlich daraus, daß die heutigen Anliegerstaaten nur zum kleineren Teil zu den Partnern jener Verträge gehörten. Präzedenzfälle im Sinne von erloschenen Verträgen zwischen anderen Vertragspartnern sind keine Völkerrechtsquelle, die den Status eines Gebietes zu regeln vermögen. So hat denn auch der Ständige Internationale Gerichtshof in seinem Urteil im Wimbledon-Fall an keiner Stelle die Ostsee als geschlossenes Meer bezeichnet, sondern vielmehr gerade auf Kanäle Bezug genommen[26], die offene Meere miteinander verbinden. Bekanntlich ist auch von der Flottenkonferenz von Rom (1924) der Vorschlag, die Ostsee für Kriegsschiffe von Nichtanrainerstaaten zu sperren, nicht angenommen worden.

Der Gedanke von der Ostsee als eines „mare clausum" wird allerdings nicht nur durch die oben erwähnten historischen Präzedenzfälle gestützt; vielmehr wird im Völkerrechtslehrbuch der Akademie der Wissenschaften der UdSSR zusätzlich das Argument der „Lebenswichtigkeit" zur Stützung jenes Gedankens vorgebracht:

> „Als Meere sind sie (gemeint sind: das Schwarze Meer und die Ostsee) nur für die Küstenstaaten lebenswichtig, deren Landgebiet sie fast ganz umschließt. Die Notwendigkeit, das Schwarze und das Baltische Meer als geschlossene Meere anzuerkennen, ergibt sich aus den berechtigten Ansprüchen der Küstenländer auf ihre Sicherheit gegenüber Angriffen anderer Staaten, die keinen Besitz und folglich auch keine Lebensinteressen im Raume des Schwarzen und Baltischen Meeres haben"[27].

Mit „Lebenswichtigkeit" und Argumenten der „Sicherheit" könnte jedoch jedes Meer zu einem „mare clausum" gemacht werden: Die Nordsee, das Ägäische Meer, das Mittelmeer insgesamt – alle diese Meere sind für die Anlieger lebenswichtig. Die geographische Breite des Zuganges kann in diesem Zusammenhang völkerrechtlich nicht entscheidend sein: Die Zugänge zum Mittelmeer durch die Straße von Gibraltar und durch den Suez-Kanal sind kaum breiter als die Zugänge in die Ostsee. Gleiches

---

[26] Urteil vom 19. August 1923, Serie A No. 1; hier heißt es, nachdem zunächst der Suez-Kanal und der Panama-Kanal, sodann der Kieler Kanal erwähnt werden: „Moreover they are merely illustrations of the general opinion according to which when an artificial waterway connecting two open seas has been permanently dedicated to the use of the whole world, such waterway is assimilated to natural straits in the sense that even the passage of a belligerent man-of-war does not compromise the neutrality of the sovereign State under whose jurisdiction the waters in question lie" (S. 28). Zu dem Fall allgemein vgl. I. von Münch, *Wimbledon-Fall*, in: Strupp/Schlochauer, *Wörterbuch des Völkerrechts*, Berlin 1962, Bd. 3, S. 850 ff.

[27] Anm. 19, S. 234.

gilt für die Nordsee, soweit der Zugang durch die Straße von Dover – die der bei weitem wichtigste, weil meist befahrene Zugang ist – in Frage steht. Schließlich: Wo fangen die „Lebensinteressen" an und wo hören sie auf? Könnten die USA, Kanada, Großbritannien und Irland den Nordatlantik aus Gründen der Sicherheit für Kriegsschiffe von Nicht-Anliegerstaaten sperren, indem sie den Nordatlantik zum „mare clausum" erklären? Vermutlich nicht: Nach geltendem Völkerrecht können die Anliegerstaaten eines Meeres dieses nicht aus der Liste der Gebiete der Hohen See streichen.

c) *„Randmeer"?*

In den vorangegangenen Erörterungen war die Rechtslage der Ostsee so dargestellt, wie sie sich aus dem geltenden Völkerrecht ergibt, insbesondere aus dem Genfer Übereinkommen über das Hohe Meer von 1958, bei dem alle Anrainer der Ostsee mit Ausnahme von Schweden und der DDR Mitgliedstaaten sind.

Das Internationale Seerecht ist jedoch seit einigen Jahren in dynamischer, ja geradezu atemberaubender Entwicklung: Was gestern noch gesicherter Rechtsstand war, kann heute schon weggeschwommen sein, und was heute noch im Völkerrecht fest verankert ist, kann morgen schon gelichtet sein und der Vergangenheit angehören. Kaum ein anderes Rechtsgebiet ist so im Fluß wie das Seerecht. Die jahrhundertealte Drei-Seemeilen-Grenze für die Breite der Küstengewässer ist in verhältnismäßig kurzer Zeit – nämlich in wenigen Jahrzehnten – von breiteren Grenzziehungen abgelöst; die Drei-Seemeilen-Grenze klingt heute fast wie ein Märchen aus längst vergangenen Zeiten. Dabei kann und soll positiv hervorgehoben werden, daß die Volksrepublik Polen und die Bundesrepublik Deutschland sich beim Wettlauf der Staaten um „Seenahme" große Mäßigung auferlegt haben: Die Volksrepublik Polen hat ihre Küstengewässer erst vor relativ kurzer Zeit – nämlich durch Gesetz vom 17. Dezember 1977 – auf Zwölf-Seemeilen erweitert; die Bundesrepublik begnügt sich in ihren Küstengewässern nach wie vor mit der Drei-Seemeilen-Grenze [28].

Was nun den allgemeinen Status der Ostsee betrifft, so ist im Lichte der neuen Entwicklung des Seerechts vor allem die Konzeption der Randmeere zu betrachten, die auf den Seerechtskonferenzen der Vereinten Nationen

---

[28] Stand: 1. August 1978.

seit 1974[29] als Vorschlag eingebracht worden ist. Auf der 3. UN-Seerechtskonferenz in Caracas (1974) hatten der Iran und der Irak „draft articles on enclosed and semi-enclosed seas" vorgelegt;[30] „enclosed sea" wurde in dem Entwurf des Iran definiert als „a small body of inland waters surrounded by two or more States which is connected to the open seas by a narrow outlet", „semi-enclosed sea" als „a sea basin located along the margins of the main ocean basins and enclosed by the land territories of two or more States". Der Entwurf des Irak enthielt den Vorschlag einer Legaldefinition des Begriffes „semi-enclosed sea which constitutes part of the high seas", nämlich als „an inland sea which is surrounded by two or more States, which may provide a corridor of the high seas between opposite and adjacent States and which is connected with other parts of the high seas by a narrow outlet"[31]. Der Informal Single Negotiating Text, der auf der Genfer Session von 1975 vorgelegt wurde, enthält in Artikel 133 einen Vorschlag einer Legaldefinition, nämlich

> „[...] the term 'enclosed or semi-enclosed sea' means a gulf, basin or sea surrounding two or more States and connected to the open seas by a narrow outlet or consisting entirely or primarily of the territorial seas and exclusive economic zones of two or more coastal States"[32].

Diese Definition wurde mit einer geringfügigen sprachlichen Veränderung (statt „surrounding" hieß es nun „surrounded by") und mit veränderter Artikelnummer, nämlich als Artikel 129, in den „Revised Single Negotiating Text"[33] übernommen. Die Fassung des „Informal Composite Nego-

[29] Das Schrifttum zu den UN-Seerechtskonferenzen ist inzwischen nahezu unübersehbar geworden. Die wichtigsten Dokumente sind abgedruckt in: *Third United Nations Conference on the Law of the Sea. Documents of the Caracas Session 1974.* Compiled and introduced by R. Platzöder, „Werkhefte des Instituts für Internationale Angelegenheiten der Universität Hamburg" H. 26, 1975; *Third United Nations Conference on the Law of the Sea. Documents of the Geneva Session 1975.* Compiled and introduced by R. Platzöder, „Werkhefte u.s.w." H. 27, 1975; *Third United Nations Conference on the Law of the Sea. Documents of the New York Session* 10 March – 7 May 1976. Compiled and introduced by R. Platzöder, „Werkhefte u.s.w." H. 29, 1976.

[30] A/CONF. 62/C. 2/L. 71/Add. 2 (abgedruckt in: *The United Nations Conference on the Law of the Sea. Documents of the Caracas Session 1974,* (Anm. 29) S. 182.

[31] *Documents* (Anm. 30), S. 181.

[32] A/CONF. 62/WP. 8/Part II, 7 May 1975, abgedruckt in: *Third United Nations Conference on the Law of the Sea. Documents of the Geneva Session 1975* (Anm. 29), S. 31 ff. (S. 67).

[33] A/CONF. 62/WP. 8/Rev. 1/Part II, 6 May 1976, abgedruckt in: *Third United Nations Conference on the Law of the Sea. Documents of the New York Session 1976* (Anm. 29), S. 65 ff. (S. 112).

tiating Text" hat wiederum die Definition des Revised Single Negotiating Text mit einer geringfügigen Veränderung („For the purposes of this Part" anstelle „For the purposes of this Chapter") und bei Änderung der Artikelnummer (jetzt: Artikel 122) übernommen, so daß nummehr der vermutlich vorläufig wichtigste Textentwurf lautet:

> "For the purpose of this Part, 'enclosed or semi-enclosed sea' means a gulf, basin or sea surrunded by two or more States and connected to the open seas by a narrow outlet or consisting entirely or primarily of the territorial seas and exclusive economic zones of two or more coastal States".

Schließlich sind noch ein Vorschlag der UdSSR und ein Vorschlag Algeriens, des Irak, Libyens, Rumäniens und der Türkei auf der Genfer Session 1978 zu erwähnen. Der sowjetische Vorschlag lautet:

> "[...] the term 'enclosed or semi-enclosed sea' means a Gulf or small sea running deep inland, surrounded by two or more States and connected to the open seas by one or several narrow outlets"[34].

Der gemeinsame Vorschlag Algeriens, des Irak, Libyens, Rumäniens und der Türkei lautet wie die Definition des Informal Composite Negotiating Text, fügt jedoch hinter „sea" noch die Worte an: „with different characteristics"[35].

Welche dieser Formulierungen auch immer betrachtet wird, so kann wohl kein Zweifel daran bestehen, daß die Ostsee unter diese Formulierungen fällt[36]. Entscheidend ist deshalb, welche völkerrechtlichen Folgerungen aus dem Status der Ostsee als einer „semi-closed sea" zu ziehen wären, falls dieses Konzept sich durchsetzen würde. Mit anderen Worten: Worin bestände die Besonderheit der Ostsee gegenüber anderen Meeren, die keine „semi-closed seas" sind?

Der Informal Composite Negotiating Text fordert in Artikel 123 die Anliegerstaaten zur Zusammenarbeit untereinander bei Ausübung ihrer Rechte und Pflichten nach der Konvention auf:

---

[34] C. 2/Informal Meeting/13, 27 April 1978.

[35] C. 2/Informal Meeting/18, 20 April 1978.

[36] In bezug auf Meere, die Kontinente trennen, hatte Finnland den Vorschlag gemacht, daß solche Meere aus dem Begriff der „enclosed or semi-enclosed seas" herausgenommen werden sollten – dies wäre für das Mittelmeer wichtig gewesen; vgl. U. Jenisch, *Ergebnisse der 6. Session der 3. UN-Seerechtskonferenz. 22. Mai bis 15. Juli. New York. Analyse des Informal Composite Negotiating Text – ICNT.* „Hamburger Weltwirtschaftsarchiv" (HWWA) Report Nr. 46 (herausgegeben vom HWWA-Institut für Wirtschaftsforschung, Hamburg), Dez. 1977, S. 33.

"States bordering 'enclosed or semi-enclosed seas' should cooperate with each other in the exercise of their rights and duties under the present Convention. To this end they shall endeavour, directly or through an appropriate regional organization:
a) To co-ordinate the management, conservation, exploration and exploitation of the living resources of the sea;
b) To co-ordinate the implementation of their rights and duties with respect of the preservation of the marine environment;
c) To co-ordinate their scientific research policies and undertake where appropriate joint programmes of scientific research in the area;
d) To invite, as appropriate, other interested States or international organizations to co-operate with them in furtherance of the provisions of this article."

Analysiert man diese Bestimmung, so scheint ihr juristischer Gehalt auf den ersten Blick gering zu sein: eine Zusammenarbeit von Anliegern eines Meeres in bezug auf ihre gegenseitigen Rechte und Pflichten ist schon nach bisher geltendem Völkerrecht zulässig, und eine solche Zusammenarbeit ist gewiß auch sinnvoll.
Die Regelung des Artikels 123 ist also völkerrechtlich nur dann interessant, wenn sie über den geltenden Rechtszustand hinaus geht. Ein solches Ausgreifen wäre in drei Richtungen denkbar:
1. Den Anliegerstaaten einer „semi-closed sea" wird eine völkerrechtliche Verpflichtung zur Zusammenarbeit auferlegt, die vorher nicht bestand;
2. die Staaten, die nicht Anliegerstaaten der „semi-closed sea" sind, werden von der Zusammenarbeit ausgeschlossen, und zwar auch dann, wenn sie die Zusammenarbeit mit den Anliegerstaaten wünschen;
3. die Anliegerstaaten erhalten unter dem Mantel der Zusammenarbeit mehr völkerrechtliche Rechte als ihnen an sich nach der Konvention zustehen, was zugleich zur Folge hat, daß die völkerrechtlichen Rechte der Nicht-Anliegerstaaten in eben diesem Umfang verkürzt werden.
Was den ersten Punkt (Verpflichtung der Anliegerstaaten zur Zusammenarbeit) betrifft, so gebraucht Artikel 123 im Satz 1 die Formulierung, die Anliegerstaaten „should co-operate[...]", während es im Satz 2 heißt: „To this end they shall endeavour[...]". Da der Inhalt des Satzes 2 an Satz 1 angehängt ist, die Regelung des Satzes 2 also die Regelung gemäß Satz 1 voraussetzt, kommt der Auslegung des Satzes 1 – mithin: des Ausdruckes „should co-operate" – die entscheidende Bedeutung zu. Ob der Ausdruck „should" in völkerrechtlichen Verträgen[37] imperative Bedeutung hat oder

[37] Zum Sprachproblem im Völkerrecht allgemein vgl. W. Rudolf, *Die Sprache in der Diplomatie und in internationalen Verträgen*, Frankfurt am Main 1972.

nur voluntative Bedeutung, läßt sich wohl nicht allgemein beantworten[38]. Offensichtlich kann man auch keine strenge Unterscheidung danach vornehmen, ob ein Text „should" oder „shall" gebraucht; denn nicht selten werden in einunddemselben Text diese beiden Ausdrücke gebraucht, obgleich nur ein Sinn gemeint sein kann. Ein Beispiel hierfür ist der bereits erwähnte Vorschlag des Irak auf der Caracas-Session; Artikel 4 des Irak-Vorschlages lautete: „Freedom of navigation should be maintained in 'semi-closed seas' which constitute part of the high sea", während es in Artikel 6 heißt:

„Where the establishment of a 12-mile territorial sea in 'semi-closed sea',which constitutes part of the high seas, has the effect of enclosing as territorial sea areas previously considered as part of the high seas, freedom of navigation shall exist in those waters".

Bei „shall" und „should" treten dieselben Auslegungsschwierigkeiten auf, wie z. B. beim Gebrauch des Ausdruckes „recommend" in Dokumenten der Vereinten Nationen[39]. Eine Auslegung des Artikels 123 des Informal Composite Negotiating Text anhand der Kriterien des Artikels 31 Wiener Vertragsrechtskonvention gibt keinen sicheren Aufschluß; wahrscheinlich wird man in Artikel 123 Satz 1 keine strikte, bindende rechtliche Verpflichtung sehen können, aber doch wiederum mehr als eine bloße Absichtserklärung.

Was den 2. Punkt betrifft (Ausschluß der Nicht-Anliegerstaaten von der Zusammenarbeit), so ist daran zu erinnern, daß Artikel 123 Informal Composite Negotiating Text die Nicht-Anliegerstaaten erwähnt, indem die Anliegerstaaten sich darum bemühen sollen („shall endeavour") „to invite, as appropriate, other interested States or international organizations to co-operate with them in furtherance of the provisions of this article". Falls eine solche Einladung nicht erfolgt, besteht vermutlich kein Rechtsanspruch der Nicht-Anliegerstaaten auf Partizipation an der Kooperation. Diese Tatsache kann ein Nachteil für die Nicht-Anliegerstaaten sein, dann nämlich, wenn bei der Kooperation der Anliegerstaaten z. B. auf dem Gebiet des Umweltschutzes Maßnahmen (Standards) beschlossen werden,

---

[38] Die Schwierigkeiten liegen hier ähnlich wie im deutschen Verwaltungsrecht bei den „Soll"-Vorschriften.

[39] Vgl. dazu F. Blaine Sloan, *The binding force of a 'Recommendation' of the General Assembly of the United Nations*, „British Yearbook of International Law" Bd. XXV, 1948, S. 1 ff. (S. 13).

die auch die Nicht-Anliegerstaaten betreffen oder belasten. Hierauf wird im Abschnitt Umweltschutz zurückzukommen sein.
Am wichtigsten ist jedoch der 3. Punkt, also die Frage, ob die Figur der „semi-enclosed sea" den Anliegerstaaten mehr völkerrechtliche Rechte gibt als diese ohnehin schon haben.
Einen diesbezüglichen Vorschlag enthielt der Informal Single Negotiating Text, dessen Artikel 135 lautete:

„The provisions of this Part shall not affect the rights and duties of coastal or other States under other provisions of the present Convention, and shall be applied in a manner consistent with those provisions"[40].

Die Tatsache, daß Artikel 135 des Informal Single Negotiating Text nicht in den Informal Composite Negotiating Text aufgenommen worden ist, kann für die Nicht-Anliegerstaaten Gutes oder Schlechtes bedeuten: Gutes nämlich, wenn die Nichtaufnahme dahin zu deuten ist, daß der Inhalt des Artikels 135 eine Selbstverständlichkeit darstellt und eine Aufnahme dieses Artikels deshalb überflüssig erschien. Negativ wäre die Nichtaufnahme für die Nicht-Anliegerstaaten dann, wenn daraus eine Ablehnung des Inhaltes des Artikels 135 entnommen werden muß.
Manches spricht dafür, daß die Unberührtheit der völkerrechtlichen Rechte und Pflichten der Nicht-Anliegerstaaten in der Tat eine Selbstverständlichkeit ist; jedoch: Was ist heute im Völkerrecht – und schon gar im internationalen Seerecht – noch selbstverständlich?
Der Informal Composite Negotiating Text, der den Problemkreis „Enclosed und semi-enclosed seas" in auffälliger Kürze – fast scheint es: unwirsch – in nicht mehr als zwei Artikeln behandelt (der ganze Abschnitt IX enthält nur die Artikel 122 - 123), fordert daher Kritik geradezu heraus. Zu rügen ist vor allem, daß die Diskussionen, die zu diesem Thema auf der 6. Session gefürt worden sind, unberücksichtigt geblieben sind[41].
In der 6. Session hatte sich eine Gruppe „Semi-enclosed Seas" gebildet, in der die Bundesrepublik Deutschland und die Volksrepublik Polen gemeinsam arbeiteten, zusammen mit Dänemark, Finnland, dem Iran, Jugoslawien, Libyen, Rumänien, der Türkei und den Vereinigten Arabischen Emiraten. Diese Staatengruppe beabsichtigte, einen einheitlichen Gegenentwurf zu formulieren, jedoch ohne Erfolg, da innerhalb dieser Gruppe die Meinungen

---

[40] *Third United Nations Conference on the Law of the Sea. Documents of the Geneva Session 1975*, „Werkhefte" 27 (Anm. 29), S. 67
[41] Zutreffend die Kritik von U. Jenisch (Anm. 36), S. 33.

insofern geteilt waren, als einige Mitglieder das ganze Kapitel streichen wollten, andere Mitglieder dagegen das Kapitel zwar beibehalten wollten, aber nicht unverändert, sondern ergänzt um neue Regelungen für Durchfahrtsrechte und Rechte zum Bau von Installationen. Schließlich hat ein Vorschlag von Algerien, Jugoslawien, Libyen, Rumänien und der Türkei, den Artikel 135 des Informal Single Negotiating Text wiederherzustellen, Unterstützung auch durch andere Staaten, unter anderem die Bundesrepublik Deutschland, gefunden[42].

Selbst bei Berücksichtigung berechtigter Interessen der Anliegerstaaten gibt es keinen Grund, die „semi-closed seas" aus dem Status der Hohen See herauszulösen. Zwar läßt sich nicht bestreiten, daß mit der Einführung von Fischereizonen bzw. Wirtschaftszonen (auf beides wird noch einzugehen sein) die Ostsee in einigen (nicht: allen) Fragen des internationalen Seerechts einem Sonderstatus unterliegt, der de facto ein Sonderstatus der ganzen Ostsee ist, weil diese Zonen aneinanderstoßen, d. h. anders als z. B. im Südatlantik oder im Pazifik keine „Rinnen" mehr freilassen. Aber es kann nicht genug davor gewarnt werden, auch die Schiffahrtsfreiheit in der Ostsee einem Sonderregime unterwerfen zu wollen. Unweigerlich würde ein solches Beispiel zur Nachahmung in anderen „closed or semi-closed seas" anreizen, und dort dann die Schiffahrtsfreiheit der Ostsee-Anliegerstaaten, die ja nicht nur in der Ostsee, sondern weltweit Schiffahrt treiben, behindern. Wenn aber die „closed or semi-enclosed seas" sinvollerweise Teil der Hohen See bleiben, dann sollte darauf gedrängt werden, daß die Sonderregelungen in bezug auf die „closed or semi-closed seas" überhaupt gestrichen werden.

d) Zugänge zur Ostsee

Den einzigen natürlichen Zugang zur Ostsee bilden der Sund und die Belte (Großer Belt und Kleiner Belt)[43]. Diese drei Wasserwege liegen vollständig in den Küstengewässern der Anliegerstaaten, also Dänemarks in bezug auf die Belte und Dänemarks und Schwedens in bezug auf den Sund. Wegen dieser geographischen Situation werfen der Sund und die Belte keine unmittelbaren deutsch-polnischen Probleme auf. Beim Sund und den Belten

---

[42] Der Fünf-Staaten-Vorschlag enthielt zusätzlich noch Artikel für interne Abgrenzungsfragen und für die ungehinderte Passage durch Meerengen in den Zugangsmeeren, vgl. U. Jenisch (Anm. 36), S. 34.

[43] Vgl. dazu H. N. Götz, *Belte* in: Strupp/Schlochauer, *Wörterbuch des Völkerrechts* Bd. 1, Berlin 1960, S. 175 f.

geht es vielmehr jeweils nur um Probleme zwischen Dänemark bzw. Schweden auf der einen Seite, und den Staaten, deren Schiffe den Sund und die Belte durchfahren, auf der anderen Seite. Deshalb soll im folgenden nur kurz auf die Rechtslage dieser Wasserwege eingegangen werden.

Bei der Rechtslage von Sund und Belten handelt es sich um einen Ausschnitt aus dem Problemkreis „Meerengen", der schon seit langem immer wieder im Blickpunkt völkerrechtlicher Interessen steht. Die Genfer Konvention über das Küstenmeer und die Anschlußzone geht bekanntlich vom „innocent passage" – Konzept aus. Diese Konvention haben jedoch von den Anliegerstaaten der Ostsee nur Dänemark, Finnland und die UdSSR unterzeichnet, nicht dagegen die übrigen Ostseestaaten (also z. B. auch nicht die Bundesrepublik Deutschland und Polen). Da Polen, wie auch die DDR und die UdSSR, seit langem einen Sonderstatus der Ostsee im Sinne eines „Meer des Friedens" oder eines „mare clausum" anstreben, liegt darin auch der Wunsch nach einem Sonderstatus des Sundes und der Belte inbegriffen, insbesondere in bezug auf die Durchfahrt von Seestreitkräften[44]. Würde man den Vorstellungen der Staaten des Warschauer Paktes in bezug auf die Ostsee als „Meer des Friedens" oder „mare clausum" folgen, so wären Auswirkungen dieser Konzeption auf die Ostsee-Meerengen konsequent. Jedoch können aus den bereits genannten Gründen schon die Vorstellungen, wie sie unter den Vokabeln „Meer des Friedens" und „mare clausum" entwickelt worden sind, nicht akzeptiert werden, und also auch nicht auf jenen Vorstellungen aufbauende Thesen zu den Ostsee-Meerengen. Die riesige militärische Überlegenheit der Staaten des Warschauer Paktes gegenüber den anderen Ostseeanliegern würde letztere ohne NATO-Unterstützung nahezu wehrlos machen.

Die militärischen Aspekte[45] sollen hier jedoch nicht vertieft werden, auch nicht die strittige Frage, ob der Vertrag von Kopenhagen vom 14. März 1857 die Durchfahrtsfreiheit auch für Kriegsschiffe[46] garantiert. Ganz

---

[44] Vgl. dazu J. Symonides, *Zagadnienia prawne Baltyku*, Instytut Nauk Prawnych Polskiej Akademii Nauk, Red. L. Gelberg, 1969, S. 123 ff.: Englische Zusammenfassung (*The legal position of the Baltic Straits*) S. 165 ff. Dagegen zu Recht kritisch: R. Platzöder, *Politische Konzeptionen des Meeresvölkerrechts*, Stiftung Wissenschaft und Politik, Ebenhausen 1976, S. 99.

[45] In der Literatur der Staaten des Warschauer Paktes wird insbesondere der Dänische Erlaß vom 25. Juli 1951 kritisiert, weil er angeblich NATO-Schiffe bevorzuge: vgl. dazu J. Haalck/G. Reintanz (Anm. 2), S. 163 und J. Symonides (Anm. 44), S. 166/167.

[46] Vgl. dazu einerseits (bejahend) Bo Johnson, *The Baltic*, in: *New Directions in the Law of the Sea* (ed. by R. Churchill, K. R. Simmonds, J. Welch) Bd. III, Dobbs Ferry 1973, S. 217/218, andererseits (verneinend) J. Symonides (Anm. 44), S. 166.

allgemein sollte überhaupt vermieden werden, die Entwicklung des internationalen Seerechts allzusehr unter militärischem Aspekt zu sehen, und damit einen Aspekt in den Vordergrund zu rücken, der bei der Betrachtung des Internationalen Seerechts nur ein Nebenaspekt sein darf.
Dänemark und Schweden sind im übrigen der Meinung, daß der gegenwärtige Status der Ostsee-Meerengen für alle Beteiligten zufriedenstellend für Stabilität im Ostseeraum sorgt:

> "The free entrance to the Baltic is, thus, a reality and has been so for more than 160 years. The right of passage is based on national legislation and on principles of public international law. Custom has made the free entrance through the straits part of a recognised 'European legal order', as well as the principle of the 'open sea', with regard to the Baltic is also part of the same order. The 'order' referred to has no doubt contributed to the stability of the Baltic region"[47].

Welches Meerengenkonzept sich bei einem Abschluß der UN-Seerechtskonferenz durchsetzen wird, ist noch ungewiß. Der Informal Composite Negotiating Text geht in Artikel 38 vom „transit passage"–Konzept aus, einem Konzept, das – wenn es nicht durch Sonderregelungen aufgeweicht wird – für die schiffahrttreibenden Staaten zufriedenstellend ist. Dänemarks Interessen gehen jedoch dahin, den status quo in den Ostsee-Meerengen aufrechtzuerhalten[48]; deshalb hatte Dänemark sogar vorgeschlagen, in der zu erarbeitenden Konvention nur die sog. „neuen" Meerengen zu regeln, also diejenigen Wasserstraßen, die durch Ausweitung der Küstengewässer auf Zwölf-Seemeilen zu Meerengen geworden sind. Die „alten" Ostsee-Meerengen wären damit aus der Regelung der neuen Konvention herausgefallen. Anscheinend will Dänemark am „innocent passage"–Konzept festhalten, um Pläne zum Bau von Brücken zwischen verschiedenen Inseln nicht zu gefährden; denn auf diese Brücken hatte bereits ein polnischer Vorschlag („concerning aspects of navigation through straits") gezielt, der geeignet war, Dänemark zu beunruhigen: „The coastal state shall not place,

---

Vgl. auch M. Sørensen, *Brückenbau und Durchfahrt in Meerengen*, in: *Recht im Dienst des Friedens* (Festschrift für E. Menzel), Berlin 1975, S. 551 ff. (S. 553): Der Vertrag werde im allgemeinen so ausgelegt, daß er sich nur auf Handelsschiffe beziehe: „für Kriegsschiffe werden seine Bestimmungen aber durch das allgemeine gewohnheitsrechtliche Prinzip der Durchfahrtsfreiheit ergänzt, wie es im Urteil des Internationalen Gerichtshofes vom 9. April 1949 im Korfu-Kanal-Fall bestätigt wurde".

[47] Bo Johnson (Anm. 46), S. 217/218.

[48] Vgl. hierzu und zum folgenden: R. Platzöder/W. Graf Vitzthum, *Zur Neuordnung des Meeresvölkerrechts auf der Dritten Seerechtskonferenz der Vereinten Nationen*, Stiftung Wissenschaft und Politik, Ebenhausen, Mai 1974, S. 102.

in the straits used for international navigation structures of any kind which would hamper or obstruct the passage of ships through such straits"[49]. Dänemark ist nämlich der aktivste Brückenbauer im Ostseeraum. Zusätzlich zu den bereits vorhandenen 17 Brücken zwischen dänischen Inseln sind weitere 7 Brücken im Stadium des Baues oder der Planung, darunter eine Brücke über den Großen Belt und eine Brücke von Kopenhagen nach Malmö[50]. Die mit dem Brückenbau in Meerengen verbundenen völkerrechtlichen Fragen hat, unter besonderer Berücksichtigung der Ostsee-Meerengen, Max Sørensen eingehend behandelt[51]. Sørensen erinnert daran, daß schon im Jahre 1935, d. h. nach der Fertigstellung der Brücke über den Kleinen Belt, in der Völkerrechtslehre Zweifel über die Vereinbarkeit dieser Brücke mit den völkerrechtlichen Verpflichtungen geäußert worden sind, und zwar von Erik Brüel. Dieser dänische Völkerrechtslehrer hat damals den Bau der Brücke über den Kleinen Belt für völkerrechtswidrig erklärt, weil dadurch die Schiffahrt im Belt beeinträchtigt werde[52]. E. Brüel hat damit nicht nur einen wichtigen Beitrag zum internationalen Brückenbaurecht geleistet, sondern auch ein eindrucksvolles Beispiel dafür gegeben, daß Völkerrechtslehrer sich ihre wissenschaftliche Unabhängigkeit auch gegenüber der Regierung ihres Heimatstaates bewahren können[53].

Was die neue, geplante Brücke über den Großen Belt betrifft, so zitiert Sørensen ein Gutachten des Völkerrechtssachverständigen des Dänischen Außenministeriums, das zu dem Ergebnis kommt, dem Brückenbau stünden keine völkerrechtlichen Erwägungen entgegen, vorausgesetzt, daß die Brückenanlage für die Durchfahrt selbst der größten zur Zeit existierenden Schiffe kein Hindernis bereite[54]. Zukünftige Schiffskonstruktionen müßten sich allerdings, wenn die Brücke erst einmal stehe, darauf einrichten (Prioritätsprinzip)[55]. An dieser Stelle können nicht alle die interessanten Fragen

---

[49] UN Doc. A/AC 138/SC. II/L. 49 vom 8. August 1973, zit. nach R. Platzöder/W. Graf Vitzthum (Anm. 48), S. 102.

[50] Aufstellung der Brücken (und – hier nicht aufgeführt – von Tunnels) bei R. Platzöder, *Aufzeichnung betr. Die dritte Seerechtskonferenz der Vereinten Nationen – eine Zwischenbilanz*, Stiftung Wissenschaft und Politik, Ebenhausen, Februar 1975. Pläne bestehen auch für den Bau einer Brücke zwischen Fehmarn und Lolland.

[51] Vgl. dazu Sørensen (Anm. 46), S. 551 ff.

[52] E. Brüel, *Die Brücke über den Kleinen Belt und das Völkerrecht*, „Zeitschrift für Völkerrecht" Bd. 19, 1935, S. 327 ff.; Sørensen (Anm. 46), S. 554 berichtet allerdings, daß von fremden Staaten keine Proteste erhoben wurden.

[53] Zu diesem allgemeinen Problem vgl. I. von Münch, *Zur Objektivität in der Völkerrechtswissenschaft*, „Archiv des Völkerrechts" Bd. 9, 1961/1962, S. 1 ff.

[54] Sørensen (Anm. 46), S. 556.

[55] Sørensen (Anm. 46), S. 557.

erwähnt werden, die Sørensen in seinem Beitrag anschneidet. Unter dem Aspekt der Zusammenarbeit zwischen den Anliegerstaaten wie der Schiffahrtsnationen überhaupt erscheint die folgende Bemerkung Sørensens von Interesse:

„Seit der Ablösung des Sundzolls im Jahre 1857 ist es immer ein politischer Grundsatz Dänemarks gewesen, den spezifischen rechtlichen Status der Meerengen nicht zum Gegenstand internationaler Verhandlungen und Vereinbarungen zu machen. Demgemäß wünscht man nun auch nicht, die Durchführung der Brückenpläne von der ausdrücklichen Zustimmung anderer Staaten abhängig zu machen. Andererseits möchte man die Auffassungen der unmittelbar interessierten Seefahrtnationen nicht unbeachtet lassen. Ein Notifikationsverfahren wird deswegen beabsichtigt, um anderen Staaten Anlaß zu geben, ihre Reaktionen bekannt zu machen"[56].

Information als Form der Kooperation? Oder handelt es sich um eine den schiffahrttreibenden Staaten eingeräumte Partizipation am Entscheidungsbildungsprozeß des brückenbauenden Staates, eine Partizipation, wie sie im innerstaatlichen Baurecht in der Bundesrepublik Deutschland[57], vermutlich aber auch in anderen Staaten, durch Gesetz vorgeschrieben ist?
In bezug auf die Benutzung des Nord-Ostsee-Kanals bestehen zwischen der Bundesrepublik Deutschland und Polen in der Praxis keine Kontroversen. Seit Kriegsende haben polnische Schiffe den Nord-Ostsee-Kanal passiert, ohne jemals in irgendeiner Weise an der Durchfahrt gehindert worden zu sein. In der Zeit nach 1945 hat es – soweit ich sehe – nur drei Fälle gegeben, in denen der Status des Nord-Ostsee-Kanals zu völkerrechtlichen Fragen Anlaß gab (beide Fälle betrafen nicht polnische Schiffe), nämlich den Eichsfeld-Fall, den Ari-Fall und den Skantzas-Fall. Dem Eichsfeld-Fall[58] lag eine deutsch-deutsche Flüchtlingstragödie zugrunde: Während der Durchfahrt des DDR-Schiffes Eichsfeld durch den Nord-Ostsee-Kanal war ein Mitglied der Besatzung von Bord gesprungen, um in die Bundesrepublik zu fliehen. Die Ehefrau und ein Kind des Flüchtlings, die sich ebenfalls in die Bundesrepublik begeben wollten, wurden an Bord der Eichsfeld festgehalten. Der Flüchtling bat daraufhin die Behörden der Bundesrepublik, seine Frau und sein Kind zu befreien. Dies geschah auch, gegen den Willen des Kapitäns des Schiffes. Die Regierung der DDR

[56] Sørensen (Anm. 46), S. 562.
[57] U. Battis, *Partizipation im Städtebaurecht*, Berlin 1976.
[58] Schilderung des Sachverhaltes in: „Archiv der Gegenwart" vom 9./10. Januar 1972, C 16820; dort auch Text des Protests der DDR.

sah in dem Vorgang eine schwere Verletzung des Völkerrechts und protestierte gegen die Maßnahme der Behörden der Bundesrepublik.
Im Ari-Fall[59] war der Schiffseigentümer (ein finnischer Staatsangehöriger) des unter finnischer Flagge fahrenden Motorschiffes Ari wegen Verstoßes gegen das Gesetz über die Verfrachtung alkoholischer Waren vor Gericht gestellt; er hatte angegeben, eine Ladung Zwiebeln zu führen, während die Ladung in Wahrheit aus hochprozentigem Alkohol bestand. Vor Gericht machte der Schiffseigentümer geltend, das (deutsche) Gesetz über die Verfrachtung alkoholischer Waren könne auf ein Schiff, das sich im Nord-Ostsee-Kanal befinde, keine Anwendung finden. Das Oberlandesgericht Schleswig, das den Fall zu entscheiden hatte, ist diesem Vorbringen nicht gefolgt. Das Gericht hat dazu festgestellt,

> „daß die Note der deutschen Regierung vom 14. 11. 1936, in der sie erklärte, daß sie die Bestimmungen des Versailler Vertrages über die deutschen Wasserstraßen nicht mehr als für sich verbindlich anerkenne, völkerrechtlich zu einer Wiederherstellung der deutschen Souveränität über die betroffenen Wasserwege geführt hat, da die betroffenen Staaten, denen diese Note zugestellt wurde, entweder keinerlei Protest dagegen eingelegt haben oder, soweit sie protestierten, doch keinerlei praktische Konsequenzen aus diesem Protest gezogen haben"[60].

Nach 1945 habe auch weder der Alliierte Kontrollrat noch die britische Besatzungsmacht Schritte unternommen über die occupatio bellica hinaus eine Änderung der Gebietshoheit vorzunehmen[61].
Während das Oberlandesgericht Schleswig im Ari-Fall also noch Anlaß sah, in eine Erörterung des völkerrechtlichen Status des Nord-Ostsee-Kanals einzutreten, erschien dem Bundesgerichtshof im Skantzas-Fall[62] die deutsche Gebietshoheit über den Kanal offensichtlich so klar, daß er kein Wort der Begründung dafür verlor. Im Skantzas-Fall betraten Beamte der Bundesrepublik mit Billigung des Kapitäns ein finnisches Schiff und ver-

---

[59] Schilderung des Sachverhaltes und die im folgenden zitierte Entscheidung des Oberlandesgerichts Schleswig sind abgedruckt in: „Jahrbuch für Internationales Recht" Bd. 7, 1958, S. 405 ff.; vgl. dazu auch I. von Münch, *Ari-Fall*, in: Strupp/Schlochauer, *Wörterbuch des Völkerrechts* Bd. I, 1960, S. 85. Das in der Entscheidung des Oberlandesgerichts Schleswig erwähnte Gutachten von V. Böhmert ist abgedruckt in: „Internationales Recht and Diplomatie" Bd. 3, 1958, S. 170 ff.

[60] „Jahrbuch für Internationales Recht" Bd. 7, 1958, S. 406.

[61] Anm. 60, S. 406

[62] Der Sachverhalt des Falles und die im folgenden erwähnte Entscheidung des Bundesgerichtshofes ist abgedruckt in: *Entscheidungen des Bundesgerichtshofes in Strafsachen*, Bd. 8, S. 59 ff., und in: *Neue Juristiche Wochenschrift* Bd. 8, 1955, S. 1365.

hafteten auf Grund eines griechischen Haftersuchens den wegen fünfundzwanzigfachen Mordes gesuchten griechischen Staatsangehörigen Skantzas. Als Skantzas von den deutschen Behörden an Griechenland ausgeliefert werden sollte, wendete er ein, die Auslieferung sei unzulässig, weil die Verhaftung an Bord des Schiffes im Nord-Ostsee-Kanal völkerrechtswidrig gewesen sei. Der Bundesgerichtshof hat diese Ansicht zurückgewiesen.

Die Rechtsprechung staatlicher Gerichte kann allerdings für die Beantwortung völkerrechtlicher Fragen allein nicht entscheidend sein[63]. Wenn die Entscheidungen der deutschen Gerichte im Ari-Fall und im Skantzas-Fall einsame Rufe in der Wüste wären, so könnte der Völkerrechtler über sie hinwegsehen. Eine solche Einsamkeit liegt jedoch nicht vor; im Gegenteil: Die Entscheidungen des Oberlandesgerichts Schleswig und des Bundesgerichtshofes befinden sich in bester Gesellschaft. Der polnische Völkerrechtler Ludwik Gelberg hat in seinem Beitrag über die Rechtslage des Kieler Kanals in dem vom Völkerrechtsinstitut der Polnischen Akademie der Wissenschaften herausgegebenen Sammelband über die Ostsee eine lange Liste hervorragender Völkerrechtslehrer aufgeführt[64], und zwar keineswegs nur Deutsche, die derselben Auffassung sind wie jene Gerichtsentscheidungen.

Gelberg selbst ist jedoch – mit einigen weiteren Autoren – anderer Ansicht. Der Zusammenfassung[65] seines oben erwähnten Beitrages entnehme ich folgende Argumente:

Die einseitige Erklärung der Reichsregierung vom 14. November 1936 betreffs die Aufhebung der Internationalisierung des Kanals sei von den Signatarstaaten des Versailler Vertrages nicht akzeptiert worden; der Zeitablauf zwischen 1936 - 1945 habe die Rechtswirkung jener einseitigen Aufhebungserklärung nicht verstärken können. Nach dem Zweiten Weltkrieg habe die britische Besatzungsmacht in praxi die Rechtslage des Kanals, so wie sie unter dem Versailler Vertrag bestand, wiederhergestellt. Die Internationalisierung des Kanals habe, vorausgesetzt, daß er als internationaler Wasserweg behandelt wird, bindende Kraft für immer – eine rechtliche

---

[63] Entscheidungen staatlicher Gerichte sind aber nicht ohne jede völkerrechtliche Relevanz: Als Akte staatlicher Organe können sie z. B. als Ausdruck der Rechtsüberzeugung des betr. Staates für die Erkenntnis des Völkergewohnheitsrechtes wichtig sein.

[64] Genannt werden dort (S. 28) Berber, Dahm, Verdroß, Standiford, Reintanz und Skubiszewski (Interessant auch der Hinweis, daß schon im Jahre 1937 in der „Revue de Droit International" (La Pradelle), Bd. XX, S. 60. J. Maupas in seiner Abhandlung *Le Canal de Kiel* diese Ansicht vertrat).

[65] Anm. 44, S. 41 ff.

Prämisse, die vom Recht der Internationalen Kanäle, das sich inzwischen entwickelt hat, verstärkt werde. Eine weitere rechtliche Prämisse ergebe sich aus der langjährigen Praxis. Die Entscheidung des Ständigen Internationalen Gerichtshofes im Wimbledon-Fall habe, verbunden mit der Tatsache, daß der Kanal fünfzehn Jahre lang als internationaler Wasserweg benutzt worden sei, zu einer Situation geführt, in der die Normen des Versailler Vertrages über den Kanal zur gleichen Zeit in Normen des allgemeinen internationalen Rechts transformiert worden seien. Da die Internationalisierung des Kanals auf allgemeinem Völkerrecht beruhe, erübrige sich eine Erörterung der Frage, ob der Versailler Vertrag noch gültig sei. Ungeachtet aller dieser Argumente sollte die Rechtslage des Kanals in einem Friedensvertrag mit Deutschland angemessenen Platz finden; falls ein Friedensvertrag auf längere Zeit hin nicht erreichbar sei, sollte das Problem in einer speziellen Vereinbarung geregelt werden, deren Signatare die Ostsee-Staaten einschließen würden. Der Kanal sollte interneutralisiert und demilitarisiert werden – Gegenstand einer Garantie der Ostseestaaten[66].

Die zuletzt genannte Forderung zeigt, daß Gelberg in seinem Beitrag Erwägungen de lege lata mit Erwägungen de lege ferenda vermischt. Auf beide ist getrennt einzugehen; zunächst zur Rechtslage de lege lata: Es kann keinem Zweifel unterliegen, daß die einseitige Aufkündigung der Artikel 380 - 386 des Versailler Vertrages durch die Erklärung der Reichsregierung vom 14. November 1936 völkerrechtswidrig war. Jedoch haben von den 26 Signataren des Versailler Vertrages nur zwei – Frankreich und die Tschechoslowakei – Protest erhoben: drei Staaten – Großbritannien, Jugoslawien und Polen – haben ihr Bedauern über den einseitigen Schritt der Reichsregierung zum Ausdruck gebracht[67]. Man kann den Protest Frankreichs und der Tschechoslowakei gewiß nicht als „papiernen Protest" abtun – jeder Protest ist, sofern er in einer schriftlichen Note erfolgt, seinem Wesen nach

---

[66] Sehr viel zurückhaltender als Gelberg – wenn nicht sogar im Widerspruch zu ihm – sind die Ausführungen zum Nord-Ostsee-Kanal in dem in Anm. 25 erwähnten *Seevölkerrechtslehrbuch der Akademie der Wissenschaften der UdSSR*, deutsche Übersetzung, S. 265.

[67] Die Protestnoten Frankreichs und der Tschechoslowakei datieren vom 2. Dezember 1936, ebenso die Erklärunen Großbritanniens und Jugoslawiens. Die polnische Erklärung stammt vom 3. Dezember 1936. Vgl. L. Gelberg, *Problemy prawne współpracy państw bałtyckich*, Wrocław, Warszawa, Kraków, Gdańsk 1976, S. 37 (dort auch – Anm. 51 – der Text der polnischen Erklärung). Unzutreffend: Verdroß/Simma, *Universelles Völkerrecht*, Berlin 1976, S. 513, wenn es dort heißt, die Internationalisierung des Kanals sei am 14. November 1936 vom Deutschen Reich aufgehoben, „ohne daß andere Staaten dagegen protestierten".

ein Papier. Jedoch kommt es darauf an, ob der Protest aufrechterhalten wird, z. B. durch Wiederholung. Dies ist nicht geschehen, obwohl bis zum Kriegsausbruch fast drei Jahre Zeit dafür war. Deshalb muß man zu dem Schluß kommen, daß selbst im Verhältnis zwischen dem Deutschen Reich und Frankreich sowie zwischen dem Deutschen Reich und der Tschechoslowakei die ursprüngliche Völkerrechtswidrigkeit der Aufhebung der Internationalisierung des Kanals geheilt worden ist. Erst recht gilt dies im Verhältnis zu den Staaten, die nur ihr Bedauern ausgesprochen haben (also Großbritannien, Jugoslawien, Polen) und – wenn eine Steigerung überhaupt möglich wäre – noch viel mehr gegenüber den Staaten, die auf die Note der Reichsregierung überhaupt nicht reagiert haben, wie z. B. Dänemark, Finnland, Schweden und die UdSSR. Schließlich dürfte es aber überhaupt problematisch sein, sich heute noch – mehr als 40 Jahre nach jener Kündigung – auf Bestimmungen des Versailler Vertrages in bezug auf Einschränkungen der Gebietshoheit oder Gebiete mit besonderem Status zu berufen; wer die Gegenmeinung vertritt, wird sich fragen lassen müssen, ob auch andere Bestimmungen des Versailler Vertrages weitergelten[67a]. Es kann auch keine Rede davon sein, daß nach dem zweiten Weltkrieg durch die Besatzungsmächte der Rechtszustand nach dem Versailler Friedensvertrag wiederhergestellt worden ist. Wenn die Besatzungsmächte dies gewollt hätten, wäre von ihnen mit Sicherheit eine diesbezügliche ausdrückliche Erklärung abgegeben worden. Weder der Alliierte Kontrollrat noch die britische Besatzungsmacht haben sich dahingehend geäußert. Bekannt geworden sind lediglich Andeutungen, die Präsident Truman in einer Rede vom 10. August 1945 betreffs die Schaffung einer besonderen Kanalzone unter der Oberhoheit der Vereinten Nationen gemacht hat, ferner ein Memorandum der dänischen Regierung von Anfang 1947 an die Londoner Konferenz der Außenminister-Stellvertreter, in welchem eine internationale Aufsicht über den Kanal gefordert wurde[67b]. Hätte zu diesem Zeitpunkt noch die Internationalisierung des Nord-Ostsee-Kanals existiert, so wären diese Äußerungen nicht recht verständlich – weil überflüssig – gewesen.

Ganz unverständlich ist die Bemerkung von Gelberg, die Normen des Ver-

---

[67a] Zu den Bestimmungen des Versailler Friedensvertrages betreffend die Internationalisierung der Oder vgl. S. Wajda, *The International Status of the River Odra and Poland's Position in the Years between the Wars 1918 - 1939*, „Polish Western Affairs" Bd. XVIII, 1977, S. 144 ff.

[67b] Hinweis auf beides im Urteil des Oberlandesgerichtes Schleswig, *Jahrbuch für Internationales Recht* Bd. 7, 1958, S. 405 ff. (S. 406).

sailler Vertrages seien in der Zeit des internationalisierten Status zu Normen des allgemeinen internationalen Rechts („norms of general international law") geworden. Was heißt „norms of general international law"? Wenn damit Normen des allgemeinen Völkergewohnheitsrechts gemeint sein sollten, so hätte es für die Bildung solchen Gewohnheitsrechts wohl zumindest auch einer diesbezüglichen Rechtsüberzeugung des Staates bedurft, auf dessen Gebiet der Kanal verläuft. Und: Welcher Anlaß hätte überhaupt vorliegen sollen, die Vertragsrechtsnormen des Versailler Vertrages während seiner Geltung in Normen des Völkergewohnheitsrechtes umzugießen? Schließlich: Wenn eine solche Umgießung stattgefunden hätte, warum ist der Ständige Internationale Gerichtshof in seinem Urteil in Wimbledon-Fall, in welchem der Gerichtshof den Status des Kanals ja ausführlich behandelt hat, mit keinem Wort auf jene angebliche Transformation der Vertragsrechtsnormen in „allgemeine Völkerrechtsnormen" eingegangen? Die Entwicklung des Rechts der internationalen Kanäle läuft im übrigen, wie das Beispiel des Suez-Kanals zeigt, gerade nicht in Richtung einer Herauslösung der Kanäle aus der Gebietshoheit des Uferstaates. Was schließlich die Vorschläge de lege ferenda betrifft, so ist nicht einzusehen, warum ein Abkommen über den Nord-Ostsee-Kanal nur die Ostseeanlieger zu Signataren haben soll. Eine solche Beschränkung steht auch im Widerspruch zu der behaupteten Internationalisierung, die im Versailler Vertrag nicht auf das Verhältnis gegenüber den Ostseeanliegern beschränkt war. Der Gedanke einer Neutralisierung und Demilitarisierung des Kanals unter „Garantie" der Ostseeanliegerstaaten endlich liegt ebenso fern oder nah wie eine Neutralisierung und Demilitarisierung des Weißmeer-Kanals oder des Göteborg-Stockholm-Kanals.

Anders als in der Wissenschaft bestehen zwischen der Bundesrepublik Deutschland und Polen in bezug auf die praktische Nutzung des Nord-Ostsee-Kanals keine Kontroversen. Seit Kriegsende haben tausende von Passagen polnischer Handelsschiffe durch den Nord-Ostsee-Kanal stattgefunden, ohne daß je eine Behinderung der Durchfahrt eines polnischen Handelsschiffes durch deutsche Behörden erfolgt ist.

Im Transitverkehr durch den Nord-Ostsee-Kanal lagen Schiffe polnischer Flagge im Jahre 1977 mit 11,9% an zweiter Stelle aller den Kanal passierenden Flaggen, nur knapp hinter der Bundesrepublik (16,6%). In bezug auf die beförderte Ladungsmenge nach Herkunfts- und Bestimmungshäfen lag Polen mit 8,9 Millionen Tonnen an der Spitze aller Staaten, noch vor Schweden (6,3 Millionen Tonnen) und weit vor der Bundesrepublik Deutschland (2,3 Millionen Tonnen). Der Nord-Ostsee-Kanal gilt auch als eine der schnellsten und sichersten künstlichen Wasserstraßen. Die Kosten für die Unterhaltung des Nord-Ostsee-Kanals liegen bei jährlich zwischen 30 und 35 Millionen Deutsche Mark, von denen die Bundesrepublik Deutschland nur ca. 75% in Form von Abgaben der Schiffahrt für die Befahrung des Kanals zurückerhält[68].

Wenn aber der polnische Schiffahrtsverkehr durch den Nord-Ostsee-Kanal völlig reibungslos läuft, so ist nicht zu verstehen, warum in der polnischen Völkerrechtslehre von einigen (nicht von allen) Wissenschaftlern geradezu krampfhaft die Meinung vertreten wird, der Nord-Ostsee-Kanal sei auch heute noch ein internationalisierter Kanal.

2. *Schiffahrt auf der Ostsee*

a) Allgemeine Schiffahrtsfreiheit

Die Ostsee ist bisher – was die Ausdehnung der Küstengewässer betrifft – von den Anliegerstaaten noch nicht so „angeknabbert" worden wie andere (allerdings größere) Meere. Verglichen mit den expansiven Tendenzen der Küstenstaaten z. B. in Südamerika erscheinen die Küstengewässer der Ostseeanlieger geradezu bescheiden: Mit einem Drei-Seemeilen-Küstenmeer begnügen sich Dänemark, die Bundesrepublik Deutschland und die DDR; ein Vier-Seemeilen-Küstenmeer haben Schweden und Finnland; einen größeren Appetit, nämlich auf zwölf Seemeilen, hatten bisher nur die UdSSR und die Volksrepublik Polen, wobei in bezug auf Polen bereits positiv hervorgehoben wurde, daß der polnische Anspruch erst relativ jüngeren Datums (Dezember 1977) ist.

Aufgeteilt ist die Ostsee allerdings im Hinblick auf Fischereizonen, auf die später – im Abschnitt Fischerei – noch zurückzukommen sein wird. Jedoch kann hier schon festgestellt werden, daß die Einrichtung von Fischereizonen die Freiheit der Schiffahrt auf der hohen See nicht aufhebt. Das gleiche muß auch für die Wirtschaftszonen gelten. Wenn Artikel 58 Absatz 1 des Informal Composite Negotiating Text die Freiheit der Schiff-

---

[68] Vgl. dazu G. Vogel, *75 Jahre Nord-Ostsee-Kanal*, in: „*Hansa*" Bd. 107, 1970, S. 188 ff.

fahrt in der exclusive economic zone hervorhebt, so ist dies – meines Erachtens – nur eine deklaratorische Aussage. Unter allen Umständen sollte vermieden werden, die Wirtschaftszone in dem Sinne aus der Hohen See herauszulösen, daß die Wirtschaftszone einen selbständigen Status erhält. Richtigerweise kann es vielmehr nur darum gehen, dem Küstenstaat in seiner Wirtschaftszone bestimmte Rechte einzuräumen, ohne daß dadurch der Status dieses Seegebietes als Teil der Hohen See aufgehoben wird. Freiheit der Schiffahrt bedeutet heute allerdings nicht mehr die Freiheit, völlig beliebig wie auch immer, wo auch immer, wann auch immer die Hohe See zu befahren. Eine gewisse Verkehrsregelung durch Einrichtung von traffic lanes, separation schemes usw. wird völkerrechtlich für zulässig gehalten[69].

Unter dem Stichwort „Zusammenarbeit zwischen den Anliegerstaaten" ist darauf hinzuweisen, daß im Oktober 1976 in Lübeck zum ersten Mal in der Geschichte der Ostseeschiffahrt Vertreter der Lotsenverwaltungen Dänemarks, der Bundesrepublik Deutschland, der DDR, Finnlands, Norwegens, Polens, Schwedens und der UdSSR zusammengekommen sind, um Fragen einer Vereinheitlichung des Überseelotswesens in der Ostsee zu beraten[70]. Eine solche Vereinheitlichung ist bereits von den Lotsenverwaltungen der Nordsee-Anliegerstaaten für das Überseelotswesen in der Nordsee erreicht worden, indem hier einheitliche Regeln verabschiedet worden sind. Die Regeln, die z. B. die notwendigen beruflichen Qualifikationen und die Arbeitsbedingungen der Überseelotsen betreffen, sind nicht in Form eines internationalen Übereinkommens festgelegt, sondern nur von den Lotsenverwaltungen als Grundsätze anerkannt worden, die wiederum als Grundlage für übereinstimmende nationale Vorschriften dienen sollen[71].

In bezug auf die Sicherheit des Schiffsverkehrs auf der Ostsee hatte die Umweltschutz-Konferenz von Helsinki von 1974 keine eigenen Entscheidungen

---

[69] In der Ostsee existieren gegenwärtig die folgenden 15 Traffic Schemes, die im Rahmen der IMCO eingerichtet wurden: beim Leuchtturm Kiel, südlich und östlich von Gogland, nördlich von Rodser-Feuer, südlich von Kalbadagrund-Feuer, südlich von Porkkala- Feuer, südlich von Hanko, nordwestlich von Kypu, südöstlich von Gotland, bei Öland-Södra-Grund, im Sund nördlich von Kopenhagen, südwestlich von Falsterborev, südlich von Gedser, bei Korsör und Spragö sowie in der West- und Ostansteuerung des Hafens Rostock; darüber hinaus ist vor Gdańsk (Danzig) und Gdynia (Gdingen) unabhängig von der IMCO eine Verkehrsregelung geschaffen worden.

[70] Weitere Sitzungen fanden im Jahre 1977 in Hamburg und Helsinki statt. Vgl. hierzu und zum folgenden P. Ehlers, *Vereinheitlichung des Überseelotswesens in der Ostsee*, „Nord-Ostsee-Kanal" Nr. 3/4, 1977, S. 32 ff.

[71] Vgl. P. Ehlers (Anm. 70), S. 34.

getroffen, sondern sie hatte die Probleme der IMCO zur Lösung überlassen. Die IMCO hat mit einer Resolution vom Dezember 1975 [72] die Empfehlung abgegeben, bei Befahren der Ostsee-Zugänge (mit Schiffen von 13 m Tiefgang und mehr) Lotsen der Küstenstaaten, d. h. der Anliegerstaaten der westlichen Ostsee, zu nehmen.

Die Einführung eines Überseelotsenzwanges (einer sog. Lotsenannahmepflicht) wäre ohne eine entsprechende vertragliche Grundlage wohl völkerrechtlich nicht möglich [73]. Deshalb scheint zur Zeit das Bestreben dahin zu gehen, der internationalen Schiffahrt in der Ostsee besonders qualifizierte Überseelotsendienste seitens der Ostsee-Anlieger-Lotsenverwaltungen anzubieten; dagegen wird nicht für erforderlich erachtet, das Überseelotswesen in der Ostsee insgesamt einheitlich zu regeln, z. B. durch Einrichtung eines gemeinsamen Überseelotsdienstes [74]. Erwägungen, nur Staatsangehörige der Ostsee-Anliegerstaaten als Überseelotsen in der Ostsee zuzulassen, müßten jedenfalls auf Seiten Dänemarks und der Bundesrepublik daraufhin überprüft werden, ob eine solche Praxis mit den Regelungen des Rechts der Europäischen Wirtschaftsgemeinschaft vereinbar wäre.

Die allgemeine Schiffahrtsfreiheit wird auch durch die Errichtung von zeitweiligen Sperrgebieten betroffen. Die Errichtung von Sperrgebieten geschieht vor allem im Zusammenhang mit militärischen Manövern. Da der vorliegende Beitrag sich jedoch nicht mit militärischen Problemen befaßt – dieser Komplex ist unter dem Aspekt Zusammenarbeit der Anliegerstaaten der Ostsee kein ergiebiges Thema – wird hierauf nicht eingegangen. Ebenso soll die völkerrechtliche Problematik eines Sperrgebietes, das nicht militärischen, sondern ganz und gar friedlichen Zwecken dient, nicht im einzelnen erörtert, sondern nur erwähnt werden: gemeint sind die während der Olympischen Spiele von 1972 in der Kieler Förde eingerichteten Regattagebiete zur Abhaltung der olympischen Segelwettbewerbe. Die Regattagebiete, die über die Drei-Seemeilen-Grenze und damit über die deutschen Küstengewässer hinaus reichten, waren an den Wettkampftagen für die Dauer der Wettfahrten – von morgens 9 bis spätestens 19,30 Uhr – für übrigen Schiffsverkehr gesperrt [75]. Im Hinblick auf den starken Schiffsverkehr von und zum Nord-Ostsee-Kanal und zu den Kieler Häfen haben

[72] Res. No. A 339 (IX); dazu P. Ehlers (Anm. 70), S. 36.
[73] P. Ehlers (Anm. 70), S. 38.
[74] P. Ehlers (Anm. 70), S. 39.
[75] Weitere Einzelheiten bei K. Graf/P. Ehlers, *Der Verkehr in der Kieler Förde während der Olympiade '72. Maßnahmen zur Durchführung der Segelwettbewerbe*, „Hansa" Bd. 109, 1972, S. 1409 ff.

die Behörden der Bundesrepublik jedoch nicht die gesamte Kieler Förde gesperrt, wie dies bei den Olympischen Spielen von 1936 der Fall war, und wie es das Olympische Komitee auch für die Olympischen Spiele von 1972 gefordert hatte. Die deutschen Behörden richteten vielmehr zwei verschiedene Regattagebiete ein, zwischen denen ein Fahrweg für die übrige Schiffahrt offengelassen wurde.

Trotz dieser schiffahrtsfreundlichen Maßnahmen bleibt die Tatsache bestehen, daß hier ein Teil der Hohen See gesperrt worden ist. Die deutschen Behörden haben darin keine Verletzung des Völkerrechts gesehen: „Die notwendigen Verkehrsregelungen können nicht etwa als Okkupation des betroffenen Seegebietes angesehen werden, die völkerrechtswidrig wäre, denn die Regattaflächen werden nicht dauernd, sondern nur vorübergehend gesperrt und nicht den Angehörigen eines Staates, sondern allen Olympiateilnehmern, mithin also den meisten Staaten zur Verfügung gestellt. Bei den im Interesse der Sicherheit der internationalen Schiffahrt innerhalb und außerhalb der Regattagebiete erforderlichen Verkehrsregeln handelt es sich vielmehr um eine völkerrechtlich zulässige Regelung des Gemeingebrauchs, zu deren Erlaß die Bundesrepublik Deutschland als der ausrichtende Staat der Olympischen Spiele stellvertretend für die völkerrechtliche Gemeinschaft ermächtigt ist"[76]. Ob diese Argumentation völkerrechtlich ganz einwandfrei ist, kann hier dahingestellt bleiben; denn jedenfalls hat kein Staat gegen die Sperrung der Regattagebiete protestiert.

b) Verhaltenskodex (Code of Conduct) für Linienkonferenzen

Schiffahrt ist nicht nur olympisches oder nichtolympisches Segeln von Amateuren, sondern auch – und vor allem – hartes Geschäft von Profis. Die internationale Seeschiffahrt (im folgenden verstanden als Handelsschiffahrt) ist gekennzeichnet von einem harten Wettbewerb der schiffahrttreibenden Unternehmen. Schon seit Jahren gibt es – auf eine Kurzformel gebracht – zu wenig Transportgüter und zu viele Transportschiffe. Mitte Juli 1978 waren 765 Handelsschiffe mit 29,65 Millionen BRT beschäftigungslos; innerhalb eines Monats, von Mitte Juni auf Mitte Juli 1978, stieg die arbeitslose Tonnage um 5%. Den größten Anteil an der Weltauflieger – Tonnage bilden die Öltanker (Mitte Juli 1978: 20,84 Millionen BRT=70,3%)[77].

---

[76] K. Graf/P. Ehlers (Anm. 75), S. 1409.
[77] „Hamburger Abendblatt" Nr. 176 vom 1. August 1978, S. 14. – Der griechische

Ganze Buchten, in der Ostsee z. B. die Geltinger Bucht, sind heute Parkplätze für „eingemottete" Schiffe. Es gibt Riesentanker, die mangels Aufträgen direkt von der Werft zum Schiffsparkplatz gefahren sind, – Schiffe, deren Bau teilweise sogar vom Staat subventioniert worden ist. Die Freiheit der Schiffahrt ist hier zur Freiheit des Dauerparkens degeneriert.

Zusätzlich zu der Tatsache, daß zuviel Schiffsraum vorhanden ist, kommt hinzu, daß der freie Wettbewerb zwischen den schiffahrttreibenden Unternehmen durch den Flaggenprotektionismus vieler Staaten zugunsten von Schiffen ihrer eigenen Flagge behindert wird. Ein solcher Flaggenprotektionismus wird insbesondere in Südamerika praktiziert, aber auch von Entwicklungsländern.

Die Entwicklungsländer waren es denn auch, welche die Praxis der Linienkonferenzen (nicht das Prinzip als solches) aufmerksam und kritisch beobachtet haben [78]. Linienkonferenzen „sind förmliche oder auch informelle Vereinbarungen zwischen Verfrachtern zur See hinsichtlich ihrer Operationen auf bestimmten Schiffsrouten" [79]. Es handelt sich also um kartellähnliche Vereinbarungen, die insbesondere die Festsetzung des Frachtanteils und gemeinsamer Frachtraten betreffen [80]. Nachdem die 27. Generalversammlung der Vereinten Nationen den UN-Generalsekretär aufgefordert hatte [81], im Rahmen der UNCTAD eine Konferenz zum Thema Verhaltenskodex für Linienkonferenzen abzuhalten, begann diese Konferenz der Regierungsbevollmächtigten im November 1973. Am 6. April 1974 verabschiedete

---

Reederverband hat deshalb den Plan entwickelt, rd. ein Drittel (!) aller Trockenfrachter in der Welt stillzulegen; eine neu zu gründende Dachgesellschaft *Intercargo* sollte danach die freiwillige Stillegung dieser Schiffe überwachen. Der Plan, mit dem eine Verbesserung des sich ständig verschlechternden Frachtenmarktes beabsichtigt war, ist jedoch an Bedenken Großbritanniens und Japans gescheitert; vgl. „Hamburger Abendblatt" vom 6. Juli 1978, S. 22.

[78] K. W. Grewlich, *Die UN-Konvention über einen Verhaltenskodex für Linienkonferenzen*, „Zeitschrift für ausländisches öffentliches Recht und Völkerrecht" Bd. 35, 1975, S. 742 ff. (S. 742). Vgl. auch die Feststellung auf S. 747, „daß bei vielen Entwicklungsländern das Prinzip der Linienkonferenzen in der Regel Zustimmung findet. Die Kritik richtet sich jedoch gegen das Fehlen eines optimalen Ausgleichs der beteiligten Interessen".

[79] K. W. Grewlich (Anm. 78), S. 746. Vgl. auch die Definition in Part I Chapter I des Code of Conduct (Anm. 82): „Liner conference or conference. A group of two or more vessel-operating carriers which provides international liner services for the carriage of cargo on a particular route or routes within specified geographical limits and which has an agreement or arrangement, whatever its nature, within the frame work of which they operate under uniform or common freight rates and other agreed conditions with respect to the provision of liner services".

[80] K. W. Grewlich (Anm. 78), S. 746, dort auch (S. 747) mit Angaben über die Zahl der bestehenden Linienkonferenzen (Zur Zeit ca. 300).

[81] Res. 3035 (XXVII) vom 19. Dezember 1972.

die Konferenz die Convention on a Code of Conduct for Liner Conferences[82]; sie enthält unter anderem Bestimmungen über die Mitgliedschaft in einer Linienkonferenz und über die Beteiligung am Ladungsaufkommen[83]. Die Konvention soll gemäß Artikel 49 sechs Monate nach dem Tag in Kraft treten, an dem mindestens 24 Staaten, deren gemeinsame Tonnage mindestens 25 v. H. der Welttonnage ausmacht, gemäß Artikel 48 Vertragspartner geworden sind[84]. Von den Ostsee-Anliegerstaaten haben die Bundesrepublik Deutschland und die UdSSR die Konvention gezeichnet; im Westen wird allerdings angenommen, daß die Zeichnung der Konvention durch die UdSSR zwar eine freundliche Geste gegenüber den Entwicklungsländern war, ihr aber eine Ratifikation nicht folgen wird.

Das Wettbewerbsverhältnis zwischen der Handelsflotte der Bundesrepublik Deutschland und den Flotten der Staaten des Rates für gegenseitige Wirtschaftshilfe hat der Bundesrepublik Anlaß zu großer Sorge gegeben. Verschiedentlich ist von deutscher Seite der Vorwurf des Frachtraten-Dumping erhoben worden.

Was allerdings das deutsch-polnische Verhältnis betrifft, so ist dies ein Verhältnis ohne Spannungen. Die Ursachen für diese erfreuliche Tatsache liegen darin, daß die Volksrepublik Polen (wie auch die DDR) in Linien mitfährt (außer im Nordatlantik)[85] und sich an die Richtlinien der Konferenzen hält. Die Volksrepublik Polen und die DDR bringen auch ein eigenes Ladungsaufkommen mit, das der Ladungskapazität ihrer Flotten ungefähr entspricht[86]. Dementsprechend fordern die Flotten dieser Staaten in den Linienkonferenzen mehr oder weniger nur das Ladungsvolumen,

---

[82] Text: *United Nations Conference on Trade and Development* TD/CODE/11/ /Rev. 1. 9 May 1974.

[83] Hier hat sich im Prinzip die sog. 40/40/20 – Regel durchgesetzt (Artikel 2).

[84] Eine Aufstellung der Staaten, welche die Konvention definitiv gezeichnet oder ratifiziert haben bzw. die ihr beigetreten sind, findet sich in: *United Nations Conference on Trade and Development* TD/B/C. INF. 22., 22 June 1978.

[85] Im Jahre 1978 war die Polskie Linie Oceaniczne (Polish Ocean Lines, P.O.L.) Voll-Mitglied in zwölf Konferenzen und unterhielt Kontakte mit weiteren fünf Konferenzen; vgl. H. Dehmel, *Shipping policy of P.O.L. in 1978*, „Polish Maritime News", January 1978, S. 4.

[86] Zur sowjetischen Schiffahrtspolitik und besonders Frachtratenpolitik siehe die früher veröffentlichte, teils erweiterte, teils gekürzte Fassung dieses Beitrages, I. von Münch, *Die gegenwärtige Situation der Ostsee und die Zusammenarbeit zwischen den Anliegerstaaten*, „Archiv des öffentlichen Rechts", Bd. 103 (1978). S. 522 ff. (S. 548). Vgl. auch „Hamburger Abendblatt" Nr. 177 vom 2. August 1978, S. 30.

das der Größe ihrer Flotten entspricht. Was die Größe der Flotten betrifft, so ist die Tatsache erwähnenswert, daß die Zahl der unter polnischer Flagge fahrenden Schiffe von Jahr zu Jahr stetig, wenn auch nicht sprunghaft, wächst [87], während die Zahl der Schiffe unter der Flagge der Bundesrepublik stagniert, ja sogar zurückgeht [88]; hier spielt u. a. das sog. Ausflaggen eine Rolle, d. h. die Registrierung ursprünglich deutscher Schiffe in einem der sog. Billig-Flaggen-Länder.
Positiv hervorzuheben ist schließlich auch, daß die Polen sich bei Ladungsgeschäften in der Bundesrepublik deutscher Schiffsmakler bedienen [89].

c) *Deutsch-polnische Schiffahrtsvereinbarungen*

Die Tatsache, daß die Beziehungen zwischen der Bundesrepublik Deutschland und der Volksrepublik Polen im Bereich der Schiffahrt so problemlos sind, legt an sich die Annahme nahe, daß diese Beziehungen in bilateralen Vereinbarungen zwischen beiden Staaten eingehend geregelt sind. Dies ist jedoch bisher nicht der Fall. Es existieren vielmehr nur sehr kursorische Regelungen. Zu nennen ist hier das Protokoll über den Seeschiffahrtsverkehr zwischen der Bundesrepublik Deutschland und der polnischen Volksrepublik vom 7. März 1963 [90]. Dies Protokoll enthält, abgesehen

---

[87] Vgl. die Zahlenangaben in: *Die Reederei Polskie Linie Oceaniczne*, „Seewirtschaft" Bd. 7, 1975, Heft 8, S. 503, und T. Zyłkowski, *Die polnische Seeschiffahrt und die Seehäfen im Dienste des Außenhandels*, „Polens Gegenwart" Bd. 11, Nr. 5, März 1977, S. 1 ff. Im Sommer 1978 kreuzten 172 polnische Linienfrachter mit zusammen mehr als 1 Mill. tdw die sieben Weltmeere; vgl. „Hamburger Abendblatt" vom 3. Juli 1978, S. 19. Die Schiffbauproduktion Polens stieg 1977 um 7% gegenüber 1976, vgl. „Hansa" Bd. 115 (1978), S. 19.

[88] Im Juni 1978 ging der Bestand an den unter der Flagge der Bundesrepublik fahrenden Seeschiffen gegenüber dem Mai 1978 um 14 auf 1615 Einheiten mit rd. 9 Millionen BRT zurück; vgl. „Hamburger Abendblatt" Nr. 171 vom 26. Juli 1978, S. 28.

[89] Anders die Praxis der Sowjetunion: sie macht von der Niederlassungsfreiheit, die in den westlichen Staaten gewährt wird, Gebrauch und gründet dort eigene Speditionsgesellschaften, Bunkergesellschaften und Hafenagenturen; die Sowjets beherrschen damit vom Versender bis zum Empfänger den Weg und die Vertragspartner.

[90] Anlage C zum Protokoll über die Ergebnisse der Verhandlungen zwischen einer Delegation der Regierung der Bundesrepublik Deutschland und einer Delegation der Regierung der Polnischen Volksrepublik über den Handels- und Seeschiffahrtsverkehr vom 7. März 1963; Text: „Bundes-Anzeiger" Nr. 64 vom 2. April 1963, auch I. von Münch (Herausgeber), *Ostverträge II, Deutsch-polnische Verträge, Aktuelle Dokumenten*, Berlin 1971, S. 82 f. – Vgl. auch das Zweite Zusatzprotokoll vom 10. Mai 1966.

von der Regelung des Inkrafttretens (Tag der Unterzeichnung) und der Angabe der Vertragssprachen (deutsch und polnisch), nur zwei Absätze, nämlich:

> "1. Beide Seiten sind sich darin einig, die Entwicklung des Seeschiffahrtsverkehrs zwischen beiden Ländern im Geiste gegenseitiger Berücksichtigung ihrer Interessen zu fördern und mögliche Schwierigkeiten auf diesem Gebiet zu beseitigen.
> 2. Beide Seiten gewähren sich gegenseitig auf Grund geltender Rechtsvorschriften:
> a) eine Behandlung, die eine Benachteiligung der Seeschiffahrt der anderen Seite ausschließt und die freie Flaggenwahl gewährleistet;
> b) den freien Zugang zu den Häfen und in den Häfen der beiden Seiten die gleiche Behandlung der Schiffe, ihrer Besatzungen, Fahrgäste und Ladungen."

Eine spätere Vereinbarung, nämlich vom 5. Februar 1971, haben die Bundesrepublik Deutschland und die Volksrepublik Polen über den Binnenschiffsgüterverkehr getroffen[91]; jedoch ist die Binnenschiffahrt nicht Gegenstand unseres Themas.

Nicht speziell auf die Seeschiffahrt bezogen, wohl aber auf die wirtschaftliche Zusammenarbeit allgemein, ist das Langfristige Abkommen zwischen der Regierung der Bundesrepublik Deutschland und der Regierung der Volksrepublik Polen über den Warenverkehr und die Zusammenarbeit auf wirtschaftlichem und wissenschaftlich-technischem Gebiet vom 15. Oktober 1970[92]. Wegen der seit 1974 bestehenden Zuständigkeit der Europäischen Gemeinschaft ist dieser Vertrag abgelaufen.

Das klassische völkerrechtliche Instrument der Regelung bilateraler Schiffahrtsinteressen war der Freundschafts-, Handels- und Schiffahrtsvertrag, wie er z. B. von der Bundesrepublik Deutschland mit den USA am 22. Oktober 1954 geschlossen wurde[93]. Jedoch scheint dieser Regelungstyp aus der Mode gekommen zu sein.

Falls Pläne bestehen sollten, zu einer Vereinbarung zwischen der Bundesrepublik Deutschland und der Volksrepublik Polen über den Seeschiffahrtsverkehr zu gelangen, so bedarf es keiner großen Phantasie, um sich vorzustellen, daß etwaige Schwierigkeiten bei den Verhandlungen ihren Grund weniger in dem eigentlichen Regelungsgegenstand – der Schiffahrt – haben würden als in Einflüssen der großen Politik. In der Vergangenheit sind Verhandlungen z. B. mit der UdSSR und der ČSSR über wirtschaftliche, wissenschaftliche und kulturelle Angelegenheiten am Problem der

---

[91] Text in: „Bundes-Anzeiger" Nr. 37/71.

[92] Text in: „Bundes-Anzeiger" Nr. 211 vom 11. November 1970, S. 1 f.; auch in: I. von Münch (Anm. 90), S. 93 ff.

[93] Text in: „Bundesgesetzblatt" 1954, T. II, S. 1051.

deutschen Staatsangehörigkeit und an der Frage der Geltung des Vertrages für West-Berlin gescheitert. Auf diese beiden Probleme kann hier nicht eingegangen werden; jedoch muß mit Nachdruck festgestellt werden, daß die Existenz einer deutschen Staatsgehörigkeit[94] wie auch die Bindungen West-Berlin an die Bundesrepublik für die Bundesrepublik und für West-Berlin[95] ein elementarer Punkt – eine Lebensfrage – sind, während die staatliche Existenz der Volksrepublik Polen hier nicht berührt ist. Vor allem West-Berlin ist in den Augen der politischen Parteien in der Bundesrepublik der Prüfstein, ob die Staaten des Ostblockes die Fortsetzung der Entspannungspolitik wollen oder nicht.

Das Fehlen eines Schiffahrtsvertrages zwischen der Bundesrepublik Deutschland und der Volksrepublik Polen ist umso bedauerlicher, weil zwischen beiden Ländern kein Konsularvertrag besteht. Die Volksrepublik Polen ist auch – anders als die Bundesrepublik Deutschland[96] – bisher nicht Mitglied des Wiener Übereinkommens über konsularische Beziehungen vom 24. April 1963, das in Artikel 5 lit. k und 1 die konsularischen Aufgaben in bezug auf Seeschiffe nennt.

Eine sichere vertragliche Grundlage wäre vor allem nützlich, um die konsularischen Rechte und Pflichten im Fall der Aufbringung eines Schiffes, im Fall der Festnahme seiner Besatzung und im Fall des Gerichtsverfahrens gegen den Kapitän und/oder Mitglieder der Besatzung zu klären. Ohne diese vertragliche Grundlage besteht zwar kein rechtsleerer Raum, weil der Schutz der Angehörigen des Entsendestaates wie auch die Pflicht des Empfangsstaates, dem Konsul Fühlungnahme mit den Angehörigen seines Staates zu gestatten, im Völkergewohnheitsrecht verankert sind[97]. In den

---

[94] Die Auffassung von der einheitlichen deutschen Staatsangehörigkeit, so wie sie in der Bundesrepublik (nicht: in der DDR) vertreten wird, bedeutet nur, daß den Bürgern der DDR die den Deutschen im Sinne des Grundgesetzes der Bundesrepublik Deutschland zustehenden Rechte gewährt werden, falls sie in den Geltungsbereich des Grundgesetzes gelangen (sog. „Offene Tür"). Dagegen werden den Bürgern der DDR keine Verpflichtungen auferlegt, solange sie sich in der DDR aufhalten. Die Annahme einer einheitlichen deutschen Staatsangehörigkeit hat also keine extraterritoriale Wirkung und ist deshalb auch nicht völkerrechtswidrig. Vgl. dazu I. von Münch, *Die deutsche Staatsangehörigkeit am Scheideweg*?, „Liberal", Bd. 17, 1975, H. 7, S. 486 ff.

[95] Vgl. dazu das Viermächteabkommen über Berlin vom 3. September 1971, T. II B.

[96] Für die Bundesrepublik Deutschland ist das Wiener Übereinkommen über konsularische Beziehungen am 7. Oktober 1971 in Kraft getreten („Bundesgesetzblatt" 1971, T. II, S. 1285).

[97] Vgl. G. Dahm, *Völkerrecht*, Bd. I, Stuttgart 1958, S. 364 Anm. 20, mit weiteren Nachweisen; L. T. Lee, *Vienna Convention on Consular Relations*, Leydern 1966, S. 54 ff.; Verdroß/B. Simma, *Universelles Völkerrecht*, Berlin 1976, S. 466.

Fällen der von Polen verurteilten deutschen Seeleute ist meines Wissens dieses konsularische Schutz- und Kommunikationsrecht im Prinzip nicht in Frage gestellt gewesen. Jedoch ist aus Gründen der Rechtssicherheit und Rechtsklarheit eine vertragliche Regelung gegenüber einer gewohnheitsrechtlichen Regelung vorzuziehen.
Andere Rechtsprobleme, die einer Regelung zugeführt werden könnten, betreffen die Bergung von Schiffen (Salvage) und die Rechtslage von Wracks in der Ostsee.

3. Fischerei in der Ostsee

a) Vertragliche Regelungen

Nicht ganz so zahlreich wie die Fischarten in der Ostsee sind die völkerrechtlichen Verträge, die in bezug auf die Fischerei in der Ostsee geschlossen worden sind. In seiner Abhandlung *Rechtsprobleme des Schutzes der lebenden Ressourcen in der Ostsee* [98] hat Ludwik Gelberg die wichtigsten dieser Verträge aufgezählt, beginnend mit einem dänischen-deutschen Abkommen aus dem Jahre 1913 betreffend den Goldbutt bis hin zu der Konvention über die Fischerei und den Schutz der lebenden Ressourcen in der Ostsee und den Belten vom 13. September 1972 (im folgenden: Konvention genannt) [99], bei der alle Ostsee-Anliegerstaaten Partner sind. Vor der Unterzeichnung dieser Konvention waren die Bundesrepublik Deutschland und die Volksrepublik Polen bereits in dem Übereinkommen über den Schutz des Lachsbestandes in der Ostsee vom 20. Dezember 1964 verbunden [100]. Außerdem wurde – nach Unterzeichnung der Konvention, nämlich am

---

[98] „Jahrbuch für Internationales Recht" Bd. 18, 1975, S. 204 ff.

[99] Text der Konvention in: „Bundesgesetzblatt" 1976, T. II, S. 1564 ff. Die Konvention ist in Kraft getreten am 28. Juli 1974 für Dänemark, die DDR, Finnland, Polen, Schweden und die Sowjetunion, sowie am 9. Oktober 1977 für die Bundesrepublik Deutschland (Bekanntmachung vom 18. Oktober 1977, „Bundesgesetzblatt" 1977, T. II, S. 1209). Vgl. zu der Konvention neben der Abhandlung von Gelberg (Anm. 98) noch J. E. Carroz, *The Management of Living Resources in the Baltic Sea and the Belts*, „Ocean Development and International Law" Bd. 4, 1977, S. 213 ff.

[100] Dieses Abkommen (Text: „Bundesgesetzblatt" 1965, T. II, S. 1113) war ursprünglich ein dreiseitiges Abkommen zwischen Dänemark, der Bundesrepublik Deutschland und Schweden, dem die Volksrepublik Polen später (am 16. Juni 1971) beitrat.

14. Dezember 1973 – zwischen der Regierung der Bundesrepublik Deutschland und der Regierung der Volksrepublik Polen ein Abkommen über Fischereirechte von Schiffen der Bundesrepublik in der polnischen Fischereizone geschlossen[101].

Die Konvention ist als ein großer Erfolg betrachtet worden: Ihre Bedeutung „kann man kaum überschätzen. Es ist dies die erste Vereinbarung in der Nachkriegeszeit, die durch alle Ostseestaaten ausgearbeitet und unterzeichnet wurde und die die Rechtsgrundlage für den gemeinsamen wirksamen Schutz der organischen Meeresvorkommen der Ostsee vor unrationeller Ausbeutung geschaffen und damit den Prozeß der Zusammenarbeit der Ostseestaaten auch auf anderen Gebieten angebahnt hat"[102]. In der Tat scheint die Konvention auf den ersten Blick ein gelungener Wurf gewesen zu sein, und zwar nicht nur weil an ihrer Ausarbeitung alle Ostseeanliegerstaaten beteiligt gewesen waren (und inzwischen, wie bereits erwähnt, auch alle diese Staaten Mitglieder der Konvention sind)[103], sondern weil sie die gesamte Ostsee einschließlich der Belte erfaßt (Artikel II Absatz 1) und auf alle Fischarten und andere lebenden Meeresressourcen im Konventionsbereich Anwendung findet (Artikel II Absatz 2). Die früher in Fischereiverträgen übliche Beschränkung auf bestimmte Teilgewässer eines Meeres und auf bestimmte einzelne Fischarten, z. B. Schollen und Flundern[104], ist in der Konvention zugunsten einer großen Lösung überwunden worden. Die leitenden Gesichtspunkte der Konvention faßt Artikel 1 wie folgt zusammen:

„Die Vertragschließenden Staaten
- arbeiten eng mit dem Ziel zusammen, die lebenden Ressourcen der Ostsee und der Belte zu schützen und zu mehren, eine optimale Ausbeute zu erzielen und zu diesem Zweck insbesondere die Forschung zu erweitern und zu koordinieren;
- bereiten organisatorische und technische Vorhaben für den Schutz und das Wachstum der lebenden Ressourcen vor und führen sie durch, einschließlich von Maßnahmen der künstlichen Reproduktion wertvoller Fischarten, und/oder beteiligen sich daran mit finanziellen Mitteln auf gerechter und gleicher Grundlage; sie treffen auch andere Maßnahmen zur rationellen und wirksamen Nutzung der lebenden Ressourcen".

---

[101] Text „Bundesgesetzblatt" 1975, T. II, S. 858.
[102] Gelberg (Anm. 98), S. 222.
[103] Die Konvention ist im übrigen beschränkt offen: Staaten, die dazu eingeladen werden, können beitreten (Art. XVII Abs. 2).
[104] Vgl. dazu das Abkommen über die Regelung der Schollen- und Flundernfischerei in der Ostsee vom 17. Dezember 1929 (Text: „Reichsgesetzblatt" 1930, T. II, S. 1192); Partner dieses Abkommens waren Dänemark, das Deutsche Reich, die Freie Stadt Danzig und Schweden.

Für die Zwecke der Konvention ist die Internationale Kommission für die Fischerei in der Ostsee gebildet worden (Artikel V), mit Büro in Warschau (Artikel VI), jedoch ohne Völkerrechtsfähigkeit [105]. Die Kommission kann Empfehlungen zu einer Reihe von Maßnahmen geben, z. B. zur Regelung der Fanggeräte und Fangmethoden, Festsetzung von Schonzeiten und Schongebieten, Regelung der Höhe des Gesamtfangergebnisses und/oder dessen Aufteilung auf die Vertragschließenden Staaten und Kontrolle der Durchführung der für die Vertragschließenden Staaten bindenden Empfehlungen (Artikel X) [106]. Jeder Mitgliedstaat hat hinsichtlich seiner Staatsangehörigen und seiner Schiffe geeignete Maßnahmen zu ergreifen, um die Anwendung der Konvention und die für den betreffenden Staat bindend gewordenen Empfehlungen der Kommission zu gewährleisten und im Falle ihrer Verletzung entsprechend einzuschreiten (Artikel XII).

Es kann kein Zweifel daran bestehen, daß es notwendig ist, die lebenden Ressourcen in der Ostsee vor übermäßiger Ausbeutung zu bewahren. Die Statistik [107] zeigt, daß die Ostseeanlandungen von 1950 bis 1972 rapide gestiegen sind, nämlich von 179.200 t im Jahre 1950 auf 758.600 t im Jahre 1972. Die größten Mengen wurden in den sozialistischen Staaten angelandet, nämlich 1972: UdSSR 337.900 t, Volksrepublik Polen 157.700 t, DDR 93.700 t; das Schlußlicht mit der geringsten Ostseeanlandung (noch hinter Finnland, Schweden und Dänemark) bildet die Bundesrepublik Deutschland mit 7.400 t. Die Gefährdung der Fischereibestände der Ostsee durch Überfischung (wie auch ihre Gefährdung durch Umweltverschmutzung) ist evident. Das Genfer Übereinkommen über die Fischerei und Erhaltung der lebenden Schätze der Hohen See von 1958 greift in der

---

[105] Zutreffend Gelberg, (Anm. 98), S. 220. Gelberg meint allerdings, daß „die Möglichkeit besteht, daß in Zukunft im Zuge der sich entwickelnden Zusammenarbeit der Ostseestaaten auf dem Gebiet der Fischerei, der Erhaltung der lebenden Ressourcen der Ostsee und des Umweltschutzes in dieser Region die interessierten Staaten die Zweckmäßigkeit der Bildung einer internationalen Organisation regionalen Charakters erkennen werden, die dann völkerrechtliche Subjektivität und entsprechende ständige Organe erhalten würde".

[106] Der Bindungsmechanismus ist in Art. XI geregelt: Eine Empfehlung wird für den Staat, der innerhalb von neunzig Tagen gegen die Empfehlung Einspruch erhebt, nicht verbindlich. Erfolgt ein solcher Einspruch, so kann jeder andere Vertragschließende Staat innerhalb einer weiteren Frist von sechzig Tagen ebenfalls Einspruch erheben; erheben drei oder mehr Vertragschließende Staaten Einspruch, so sind die anderen Vertragschließenden Staaten damit von jeder Verpflichtung entbunden, diese Empfehlung in Kraft zu setzen.

[107] Zahlen nach G. Hempel/W. Nellen, *Fische der Ostsee*, in: L. Magaard/ /G. Rheinheimer (Herausgeber), „Meereskunde der Ostsee" 1974, S. 240; auch abgedruckt bei L. Gelberg (Anm.98), S. 205 (Anm. 7).

Ostsee nicht, weil von den Anliegerstaaten der Ostsee nur Dänemark und Finnland das Übereinkommen ratifiziert haben. Das Bemühen, das in der Konvention von 1972 ihren Ausdruck gefunden hat, ist deshalb anzuerkennen.
Heute – also nur wenige Jahre nach Unterzeichnung – ist die Fischfangsituation in der Ostsee gespannter als vorher. Die Konvention von 1972 hat offensichtlich nicht die Atmosphäre der Zusammenarbeit schaffen können, in deren Geist die Konvention ausgearbeitet wurde. Vermutlich haben die Schöpfer der Konvention sich damals die totale Verzonung der Ostsee durch Fischereizonen nicht vorgestellt.

b) Fischereizonen

Ansprüche auf Fischereivorrechte oder Fischereiexklusivrechte jenseits der Grenze der Küstengewässer sind zuerst von einigen lateinamerikanischen Staaten erhoben worden[108], und – wie das Beispiel der Aufbringung von Onassis'Walfangflotte durch peruanische Seestreitkräfte gezeigt hat[109] – teilweise mit Waffengewalt durchgesetzt worden. Diese Ansprüche sind viele Jahre lang auf den entschiedenen Widerstand der anderen Staaten gestoßen. Auf der Genfer Seerechtskonferenz von 1958 wurde die Zwölf-Seemeilen-Grenze als äußerste seewärtige Grenze für die Ausübung gewisser Hoheitsrechte des Küstenstaates angesehen; daß die 6+6 – Formel 20 Jahre später zur 188+12 – Formel werden könnte, haben wohl selbst Pessimisten damals nicht erwartet. Radio Warschau hat noch am 27. Dezember 1976 in einem Kommentar die einseitige Proklamation von 200 Seemeilen-Fischfangzonen verurteilt, ausgenommen die der UdSSR[110]. In dem Kommentar von Radio Warschau hieß es:

---

[108] Eine ausgezeichnete Darstellung der Entwicklung, der juristischen Begründungen und deren Wertung gibt O. Rojahn, *Die Ansprüche der lateinamerikanischen Staaten auf Fischereivorrechte jenseits der Zwölfmeilengrenze*, Hamburg 1972.

[109] Vgl. dazu J. L. de Azcárraga, *Onassis' Walfänger und der völkerrechtliche Begriff der Hoheitsgewässer*, „Archiv des Völkerrechts" Bd. 6, 1956, S. 44 ff.; G. Heuer, *Onassis-Fall*, in: Strupp/Schlochauer, *Wörterbuch des Völkerrechts*, Bd. 2, Berlin 1961, S. 659 ff.; *Urteil des Hafenkapitäns von Paita*, „American Journal of International Law" Bd. 49, 1955, S. 575, und „Archiv des Völkerrechts" Bd. 6, 1956, S. 105.

[110] Ein Erlaß des Präsidiums des Obersten Sowjets vom 10. Dezember 1976 hatte die Einrichtung von Fischereizonen angekündigt, deren äußere Grenzen auf der „Grundlage von Vereinbarungen mit den interessierten Staaten" bestimmt würden; vgl. „Frankfurter Allgemeine Zeitung" Nr. 68 vom 6. April 1978, S. 5.

„Die internationale Öffentlichkeit verfolgt jetzt tief beunruhigt die Meldungen über einseitige Beschlüsse einiger Seestaaten, 200-Meilen-Fischfangzonen einzurichten, um sich riesige Flächen der Meere und Ozeane, die an ihre Küstengebiete angrenzen, anzueignen. Diese Frage ist auch für die Wirtschaft und Interessen Polens von großer Bedeutung, eines Seestaates mit entwickelter Handelsflotte und reichen Fischfangtraditionen. Polen gehört jedoch gleichzeitig einer Gruppe von Staaten an, die mit Rücksicht auf ihre geographische Lage keine 200-Meilen-Zone schaffen können. Unser Streben ist, ähnlich wie das der anderen Länder, die sich in einer ähnlichen Lage befinden, daß die Modernisierung des Völkerrechts für die Meere mit der Berücksichtigung und Respektierung der Interessen aller interessierten Seiten Hand in Hand geht und die internationale Zusammenarbeit nicht stört. Ohne die Beendigung der Arbeit der 3. Konferenz für Seerecht abzuwarfen – die Frage der 200-Meilen-Zone war dort ein wichtiger Beratungspunkt – haben einige Staaten derartige Zonen eingeführt, beziehungsweise beabsichtigen, dies demnächst zu tun. Diese einseitige Einführung der Wirtschafts- und Fischfangzonen bildet den Versuch, den bestehenden Rechtsstatus durch vollendete Tatsachen zu ändern. Es handelt sich um eine einseitige Aneignung des offenen Meeres, das immer noch gemeinsames Erbe der Menschheit ist [...] Im Gegensatz zu den einseitigen Aktionen der westlichen Staaten haben die durch den Erlaß des Präsidiums des Obersten Sowjets angekündigten provisorischen Schritte zum Schutz des Lebensbestandes und der Regelung des Fischfangs auf den an die sowjetischen Küsten anliegenden Gewässern einen qualitativ unterschiedlichen Charakter. Die Sowjetunion wurde zur Einleitung derartiger Schritte durch einseitige Beschlüsse der Staaten gezwungen, die an gemeinsamen Meeren liegen. Diese einseitigen Beschlüsse bewirkten, daß die aus vielen Fanggründen verdrängten Fischereischiffe anderer Länder ihren Fischfang an der sowjetischen Küste vergrößerten und damit eine große Gefahr für die Vernichtung des Lebensbestands des Meeres bilden [...]"[111].

Als Schweden im August 1977 ankündigte, es werde zum Jahreswechsel seine Fischereizone ausweiten (im Prinzip auf 200 Seemeilen, aber weil dies in der engen Ostsee nicht möglich sei, bis zur Mittellinie) kritisierte „Trybuna Ludu" diesen „einseitigen Beschluß" Schwedens, durch den es seine Fischereigrenzen auf ein Gebiet ausdehne, das 45 Prozent der Ostsee umfasse. Schweden versuche, seinen Schritt mit der Tatsache zu rechtfertigen, daß die meisten Meeres-Anrainerstaaten der Welt ihre Fischfangzonen auf 200 Meter erweiterten, lasse jedoch dabei außer Betracht, daß die Ostsee für eine derartige Aufteilung zu klein sei; es werde – so beklagte „Trybuna Ludu" nicht „ein einziger Meter neutralen Wasser in ihr übrigbleiben"[112].

Inzwischen hat auch die Volksrepublik Polen ihre Fischereizone (die vorher 12 Seemeilen breit war), einseitig ausgedehnt, nämlich durch Gesetz

---

[111] „Archiv der Gegenwart" vom 1. Januar 1977, 20688 E.

[112] Zitiert nach „Frankfurter Allgemeine Zeitung" vom 15. August 1977, S. 3.

vom 17. Dezember 1977 mit Wirkung vom 1. Januar 1978, demselben Tag, an dem auch die Erweiterung der Fischereizone Schwedens und der DDR in Kraft getreten sind. Die UdSSR dehnte ihre Fischereizone in der Ostsee mit Wirkung vom 1. April 1978 aus[113]. Die Bundesrepublik Deutschland, die bis dahin in der Ostsee überhaupt keine Fischereizone beansprucht hatte[114], errichtete nun ebenfalls – zum 15. Juni 1978 – eine solche Zone[115], und da auch Dänemark und Finnland (letzteres mit einer Fischereizone nördlich der Åland-Inseln) nicht abseits standen, haben nunmehr alle Anliegerstaaten eine Fischereizone. Die Ostsee ist also total verzont; wie „Trybuna Ludu" schon im Jahre 1977 befürchtet und vorausgesagt hatte, gibt es tatsächlich heute in der Ostsee unter dem Aspekt der Fischereizonen keinen „Streifen neutralen Wassers" mehr.

Im Prinzip scheint es sich bei allen diesen Fischereizonen um 200-Seemeilen-Zonen zu handeln. Da jedoch die Ostsee dafür zu klein ist stellt sich die Frage, wie die Fischereizonen der verschiedenen Staaten gegeneinander abgegrenzt sind.

Die Errichtung solcher Fischereizonen, die weit in das Gebiet der Hohen See hinausgreifen, wirft vorab die Frage auf, ob Fischereizonen von solchem Ausmaß überhaupt völkerrechtlich zulässig sind. Das Genfer Übereinkommen über die Fischerei und die Erhaltung der lebenden Schätze des Meeres von 1958[116] hatte bekanntlich keine Fischereizonen geschaffen, die der heutigen Ausgestaltung der Fischereizonen – nämlich mit exklusiven Fischereirechten für den Küstenstaat – entsprechen. Jedoch war auf den Genfer Seerechtskonferenzen von 1958 und 1960 bereits ein deutlicher Trend in Richtung auf das Konzept einer Fischereizone im Sinne einer Exklusiv-Fangzone erkennbar, ein Trend, der in Europa mit den einseitigen Proklamationen Islands (1958), Norwegens (1962) und Dänemarks (1963 für Grönland und die Faröer-Inseln) verstärkt wurde. In den folgen-

---

[113] „Frankfurter Allgemeine Zeitung" Nr. 68 vom 6. April 1978, S. 5.

[114] Für die Nordsee hatte die Bundesrepublik schon mit Wirkung vom 1. Januar 1977 eine Fischereizone von bis zu 200 Seemeilen errichtet; Text der Proklamation der Bundesrepublik Deutschland über die Errichtung einer Fischereizone der Bundesrepublik Deutschland in der Nordsee vom 21. Dezember 1976, in: „Bundesgesetzblatt" 1976, T. II, S. 1999.

[115] Text „Bulletin des Presse- und Informationsamtes der Bundesregierung" Nr. 64 vom 16. Juni 1978, S. 613 – Der Beschluß des Bundeskabinetts vom 25. Januar 1978 zur Errichtung einer Fischereizone in der Ostsee ist abgedruckt in: „Bulletin des Presse- und Informationsamtes der Bundesregierung" Nr. 9 vom 31. Januar 1978, S. 84.

[116] Von den Ostseeanliegerstaaten sind nur Dänemark, Finnland und die Sowjetunion Mitgliedstaaten dieses Übereinkommens.

den Jahren haben dann mehr und mehr Staaten sich Fischereizonen mit 12 sm Breite zu eigen gemacht[117], z. B. die Volksrepublik Polen am 12. Februar 1970. Diese polnische Proklamation war Anlaß für das Abkommen zwischen der Regierung der Bundesrepublik Deutschland und der Regierung der Volksrepublik Polen über die Gewährung des Rechts für Fischereifahrzeuge der Bundesrepublik Deutschland zum Fischfang in der Seefischereizone der Volksrepublik Polen vom 14. Dezember 1973[118]. Gemäß Artikel 1 Absatz 2 lit. a dieses Abkommens erhielten die Fischereifahrzeuge der Bundesrepublik das Recht zum Fischfang innerhalb der Seefischereizone von 3 - 6 sm bis zum 31. Dezember 1973; in bezug auf dieses Seegebiet wurde also ein – zeitlich sehr enges – sog. „phasing out" vereinbart. Dagegen gestattet Artikel 2 Absatz 1 lit. b den Fischereifahrzeugen der Bundesrepublik den Fischfang in dem Gebiet zwischen 6 und 12 sm auf unbegrenzte Zeit. Das Abkommen wird augenblicklich nicht angewandt. Eine formelle Kündigung liegt weder von der einen Seite noch von der anderen Seite vor. Allen diesen Regelungen war gemeinsam, daß sie an der 12 sm-Grenze haltmachten. Da das Genfer Übereinkommen über Küstenmeer und Anschlußzone ja auch schon in der Möglichkeit der Zuerkennung einzelner staatlicher Hoheitsrechte bis zur 12 sm Grenze gegangen war (Artikel 24 Absatz 2), spricht vieles für die Ansicht, daß das einseitige Vorschieben der Fischereihoheit bis zur 12 sm-Grenze heute nicht mehr völkerrechtswidrig ist, sondern vom Völkergewohnheitsrecht gedeckt ist[119]. Bei den Ostseefischereizonen geht es aber nicht mehr um 12 sm-Zonen, sondern um viel größere Dimensionen. Offensichtlich geht es um 200 sm-Ansprüche, die nur deshalb nicht voll realisiert werden können, weil sie in einem relativ kleinen Meer auf dieselben Ansprüche der gegenüberliegenden Staaten stoßen, die Ostsee aber für alle Ansprüche im buchstäblichen Sinne des Wortes nicht genügend Platz hat. Für die Frage, ob die von den Ostsee-Anliegerstaaten errichteten Fischereizonen völkerrechtsmäßig oder völkerrechtswidrig sind, kommt es aber auch gar nicht darauf an, welche maximale Breite diese Fischereizonen tatsächlich haben, d. h. ob die weiteste

---

[117] Auch der Europäischen Fischerei-Konvention vom 9. März 1964 (Text: „Bundesgesetzblatt" 1969, T. II, S. 1897) liegt eine 12 sm-Fischereizone zugrunde in dem Sinne, daß der Küstenstaat bis zu 6 sm ausschließliche Fischereirechte hat, während in der Zone zwischen 6 und 12 sm neben dem Küstenstaat auch diejenigen Staaten fischen dürfen, die hier seit längerem bereits gefischt haben.

[118] Text in: „Bundesgesetzblatt" 1975, T. II, S. 858.

[119] Zutreffend Rojahn, in: E. Menzel/K. Ipsen, *Völkerrecht,* München 1978, Kap. 11 § 4 II.

Ausdehnung 30, 50, 70 oder 100 sm beträgt. Entscheidend ist der Sprung über die 12 sm-Grenze hinaus, ein Sprung, der andererseits die 200 sm-Grenze nicht erreicht und erst recht nicht überschreitet.
Ein universaler völkerrechtlicher Vertrag, der die 12-200 sm-Grenze der Fischereizone für zulässig erklärt, existiert nicht. Immerhin enthält der Informal Composite Negotiating Text in Artikel 57 für die Wirtschaftszone, die – neben anderen Funktionen – ja gerade auch die Funktion einer Fischereizone besitzt, eine Zulassung der 200 sm-Grenze: „The exclusive economic zone shall not extend beyond 200 nautical miles from the baselines from which the breadth of the territorial sea is measured". Jedoch ist dieser Text noch nicht geltendes Völkerrecht; aber er signalisiert immerhin – gleichgültig wie die UN-Seerechtskonferenzen ausgehen werden – die Tatsache, daß es etliche Staaten gibt, die einer solchen Breitenregelung nicht völlig negativ gegenüberstehen. Wirklich beanspruchen heute schon 30 Staaten – darunter Frankreich, Indien, die Malediven und Norwegen[120] – eine Wirtschaftszone von 200 sm Breite. Ebenfalls 14 Staaten – darunter Argentinien, Brasilien, die Philippinen und Papua-Neuguinea[121] – beanspruchen sogar ein 200 sm-Küstenmeer. Eine Fischereizone von 200 sm beanspruchen 64 Staaten – darunter Großbritannien, Island, die Sowjetunion, Südafrika und die USA[122].
Wie immer man die Frage beantworten will, ob hier Völkergewohnheitsrecht schon entstanden ist oder erst im Entstehen begriffen ist oder ob es sich gar nur um politische Akte ohne völkerrechtliche Wirkung handelt, so steht für das Verhältnis der Ostsee-Anliegerstaaten jedenfalls eines fest: Da alle Ostsee-Anliegerstaaten Fischereizonen über 12 sm hinaus proklamiert haben, können diese Staaten deshalb nicht gegeneinander den Vorwurf der Völkerrechtswidrigkeit erheben. Etwas anderes gilt nur im Verhältnis zu den Nicht - Anliegerstaaten; im Verhältnis zu diesen Drittstaaten bleibt sehr wohl die Frage bestehen, ob die einseitige Proklamation der Fischereizonen in der Ostsee mit dem Völkerrecht vereinbar ist.
Da – wie gesagt – im Verhältnis der Ostsee - Anliegerstaaten untereinander die Errichtung der Fischereizonen nicht völkerrechtswidrig ist, stellt

[120] Neben den genannten noch z.B.: Bahamas, Bangladesh, Guatemala, Mexiko, Mozambique, Volksrepublik Kongo, Demokratische Volksrepublik Yemen, Barbados, Kapverde.
[121] Neben den genannten noch z.B.: Benin, Ekuador, El Salvador, Korea (Süd), Panama, Peru, Sierra Leone, Somalia, Uruguay.
[122] Neben den genannten noch z.B.: Belgien, Bundesrepublik Deutschland, Chile, Dänmark, Deutsche Demokratische Republik, Irland, Kanada, Kosta Rica, Niederlande, Nicaragua, Polen, Schweden, Senegal.

sich hier die Frage der Abgrenzung der Fischereizonen. Den Proklamationeu der Ostsee-Anliegerstaaten gemeinsam ist, daß sie jedenfalls auf noch abzuschließende Verträge mit den Staaten verweisen, deren Fischereizonen der eigenen Fischereizone benachbart sind oder ihr gegenüberliegen. So heißt es in der Proklamation der Bundesrepublik Deutschland über die Errichtung einer Fischereizone der Bundesrepublik in der Ostsee vom 16. Juni 1978:

„Die Abgrenzung der Fischereizone der Bundesrepublik Deutschland gegenüber den Fischereizonen anderer Staaten in der Ostsee bleibt Vereinbarungen mit diesen Staaten vorbehalten" (Absatz 1 Satz 3)[123].

Für den Fall, daß kein Vertrag zustande kommt, erklärt die Verordnung über die Errichtung einer Fischereizone der Deutschen Demokratischen Republik in der Ostsee vom 22. Dezember 1977[124] die Mittellinie zur Grenze:

„Die Abgrenzug der Fischereizone der Deutschen Demokratischen Republik im Verhältnis zu anderen Staaten, deren Küsten den Küsten der Deutschen Demokratischen Republik gegenüberliegen oder die an die Deutsche Demokratische Republik angrenzen, erfolgt, falls in völkerrechtlichen Verträgen mit diesen Staaten nicht anderes vereinbart wird, in der Weise, daß die Grenze durch die Linie gebildet wird, auf der jeder Punkt gleich weit entfernt liegt, von denen aus die Breite der Territorialgewässer eines jeden der Staaten gemessen wird" (§ 2 Absatz 1).

Unzweifelhaft ist es völkerrechtlich zulässig und politisch sinnvoll, die Grenzen der Fischereizonen durch Verträge der Beteiligten zu regeln[125]; darüber braucht kein Wort verloren zu werden. Interessant wird die Angelegenheit erst dann, wenn solche vertraglichen Regelungen nicht zustandekommen.

Der Informal Composite Negotiating Text legt für die Abgrenzung der Wirtschaftszonen als Begrenzung fest:

---

[123] Fundstelle: vgl. Anm. 115.

[124] „Gesetzblatt der Deutschen Demokratischen Republik" 1977, T. I, S. 429.

[125] Eine solche Regelung haben z.B. die Deutsche Demokratische Republik und Schweden in dem Protokoll über die Abgrenzung ihrer Fischereizonen vom 22. Juni 1978 „entsprechend den völkerrechtlich allgemein anerkannten Prinzipien" getroffen; vgl. „Archiv der Gegenwart" vom 23. Juni 1978 21858 B. – Über die Grenze zwischen den Fischereizonen der Bundesrepublik und der Deutschen Demokratischen Republik sind Verhandlungen beabsichtigt; beide Seiten haben ihre Verhandlungsbereitschaft zu erkennen gegeben. Vgl. „Frankfurter Allgemeine Zeitung" vom 17. Januar 1978.

„The delimitation of the exclusive economic zone between adjacent or opposite States shall be effected by agreement in accordance with equitable principles, employing, where appropriate, the median or equidistance line, and taking account of all the relevant circumstances" (Artikel 74 Absatz 1)[126].

Der Informal Composite Negotiating Text ist – darauf muß immer wieder hingewiesen werden – bisher nur eine Diskussionsgrundlage. Die Abgrenzungsregelung des Artikels 74 Absatz 1 erscheint jedoch als eine vernünftige Regelung insofern, als sie keine schematische Festlegung auf die Mittellinie (Äquidistanzlinie) enthält, sondern auf gerechte Prinzipien („equitable principles") abstellt, die Mittellinie (Äquidistanzlinie) unter der Voraussetzung ihrer Geeignetheit nennt („where appropriate"), und schließlich die Berücksichtigung aller relevanten Umstände fordert („taking into account of all the relevant circumstances"). Mit der Ablehnung einer schematischen Geltung der Mittellinie (Äquidistanzlinie) entspricht der Informal Composite Negotiating Text auch dem Urteil des Internationalen Gerichtshofes vom 20. Februar 1969 in den Nordsee-Festlandsockel-Fällen[127]. Es spricht einiges dafür, die für die Abgrenzung des Festlandsockels im Völkergewohnheitsrecht entwickelten Prinzipien auf die Abgrenzung der Fischereizonen zu übertragen[128].

Da die Proklamationen der Ostsee-Anliegerstaaten über die Errichtung von Fischereizonen nach der Konvention über die Fischerei und den Schutz der lebenden Ressourcen in der Ostsee und den Belten von 1972 erlassen worden sind, stellt sich die Frage nach den Auswirkungen der Proklamationen auf die Konvention.

Es besteht kein Zweifel daran, daß die Ausarbeitung und Unterstreichung der Konvention deshalb so reibungslos verlief, weil damals gerade nicht die Fischereizonen mit dem heutigen Ausmaß existierten[129]. Mit anderen Worten: Ob es zu der Konvention gekommen wäre, wenn die Verhandlungen unter den heutigen Bedingungen – totale Verzonung der Ostsee – stattge-

---

[126] Eine Legaldefinition der Mittellinie oder Äquidistanzlinie enthält Art. 74 Abs. 4: „For the purposes of the present Convention, 'median or equidistance line' means the line every point of which is equidistant from the nearest points of the baselines from which the breadth of the territorial sea of each State is measured".

[127] International Court of Justice, Reports 1969, S. 3 ff.

[128] Die Frage, ob auch Inseln eine Fischereizone haben, was in der Ostsee insbesondere für Bornholm und Gotland eine Rolle spielt, ist m.E. zu bejahen. Art. 60 Abs. 8 Informal Composite Negotiating Text schließt künstliche Inseln als Bezugspunkt für die Bemessung der Breite der Wirtschaftszone aus, woraus im Umkehrschluß zu folgern ist, daß natürliche Inseln Bezugspunkt für die Bemessung sind.

[129] Vgl. auch L. Gelberg (Anm. 98), S. 217.

funden hätten, kann durchaus bezweifelt werden. Andererseits besteht die Konvention ebenso unzweifelhaft fort. Möglicherweise ist die Konvention sogar heute noch wichtiger als vor der Errichtung der Fischereizonen, indem sie vielleicht die Möglichkeit gibt, den Konfliktstoff, der sich in der Ostsee mit der Errichtung der Fischereizonen angesammelt hat, durch sachliche und vertrauensvolle Zusammenarbeit in der Kommission zu entschärfen. So hat die Bundesregierung anläßlich der Beschlußfassung im Kabinett über die Errichtung einer Fischereizone am 25. Januar 1978 erklärt:

„Die Bundesregierung hofft, daß auch nach der jüngsten Entwicklung in der Ostsee, die wir nicht gewollt haben, aber auf die wir reagieren mußten, eine Fortsetzung der bisherigen einvernehmlichen Zusammenarbeit der Ostseeanlieger bei der Lösung von Fischereiproblemen im Rahmen der Danziger Konvention von 1973 möglich ist"[130].

Mit dem Geist der Konvention wie auch mit dem Geist des Warschauer Vertrages über die Grundlagen der Normalisierung ihrer gegenseitigen Beziehungen von 1970 schwerlich vereinbar ist die Behandlung der deutschen Fischer durch polnische Behörden in den Zwischenfällen von Mai und Juni 1978. Dies gilt insbesondere für den Fall des Fischkutters „Capella", der in dem zwischen der Volksrepublik Polen und Dänemark strittigen Gebiet östlich von Bornholm von polnischen Fischereischutzbooten aufgebracht worden war[131]. Völkerrechtlich nicht begründet ist – meines Erachtens – die von Polen vertretene Auffassung, daß in dem umstrittenen Gebiet bis zur endgültigen Klärung der Fischereigrenzen nur Dänemark

---

[130] „Bulletin des Presse- und Informationsamtes der Bundesregierung" Nr. 9 vom 31. Januar 1978, S. 84.

[131] Der Fischkutter „Capella" war sechs Tage lang in Kołobrzeg (Kolberg) festgehalten worden; die Freilassung erfolgte, nachdem die Bundesregierung eine Kaution in Höhe vom umgerechnet 54.000,– DM hinterlegt hatte. Der Fang – 280 Zentner Dorsch – wurde von Polen einbehalten. Der dänische Fischereiminister hat in diesem Zusammenhang von „Schikanen" der polnischen Seite gesprochen, denen westdeutsche und dänische Fischkutter ausgesetzt seien, „ungeachtet der Tatsache, daß wir seit längerer Zeit Gespräche mit den Polen führen, um zu einer Regelung zu gelangen, bis die Fischereigrenzen in der Ostsee endgültig festgelegt sind"; vgl. „Süddeutsche Zeitung" vom 12. Juni 1978. Ein Gericht in Kołobrzeg (Kolberg) hat am 11. Oktober 1978 den Fischer Helmut Christoph zu einem Jahr Gefängnis mit Bewährung, einer hohen Geldstrafe und Einzug des Fanges verurteilt; vgl. „Frankfurter Allgemeine Zeitung" vom 13 .Oktober 1978. Ein anderer Fall betraf den Fischer Fritz Draasch, der im Mai 1978 wegen Fischens in der polnischen Fischereizone elf Tage inhaftiert war, sodann von einem Gericht in Gdynia (Gdingen) zu einem Jahr Freiheitsstrafe mit Bewährung und zur Zahlung von 500.000 Zloty (rd. 31.500,– DM) Geldstrafe verurteilt wurde. Außerdem wurde die Einziehung seines Fanggerätes und des Fanges angeordnet. Vgl. „Süddeutsche Zeitung" vom 19. Mai 1978.

und Polen, nicht aber dritte Länder fischen dürfen. Die Bundesrepublik ist im Verhältnis zu Dänemark auf Grund der Europäischen Gemeinschaften (EG) – Regelung[132] kein Drittland und bis zu einer endgültigen Klärung der Grenzen zwischen der polnischen Fischereizone und der dänischen Fischereizone konkurrieren die Hoheitsrechtsausübungstitel beider Seiten, und damit auch die Gestattungen beider Seiten.
Nach geltendem Völkerrecht haben auch Inseln ein Küstenmeer; Artikel 10 Absatz 2 des Genfer Übereinkommens über das Küstenmeer und die Anschlußzone von 1958 kodifiziert insoweit bereits geltendes völkerrechtliches Gewohnheitsrecht. Es besteht kein sachlicher Anlaß, hinsichtlich der Fischereizone eine andere Regelung als hinsichtlich des Küstenmeeres anzunehmen (Artikel 121 Absatz 2 Informal Composite Negotiating Text bejaht dies sogar für Wirtschaftszonen). Geht man aber davon aus, daß die Errichtung von Fischereizonen völkerrechtlich zulässig sein kann, so kann man nicht gleichzeitig die Fischereizone einer Insel für völkerrechtswidrig erklären.
Selbst wenn man aber hypothetisch annehmen würde, daß die Fischer in der polnischen Fischereizone gefischt haben, so sind die verhängten Strafen ungewöhnlich und übermäßig hart. Es drängt sich die Frage auf, ob die Strafurteile ein demonstrativer Akt sein sollten. Der politische Schaden, den diese Gerichtsurteile in den deutsch-polnischen Beziehungen angerichtet haben, ist jedenfalls groß und steht in keinem Verhältnis zu dem Fischfang der zwei Fischerboote.

4. Umweltschutz in der Ostsee

Die Zusammenarbeit der Anliegerstaaten der Ostsee ist wahrscheinlich in keiner Materie so gefordert wie in derjenigen des Umweltschutzes. Aufgrund seiner besonderen geographischen, geologischen und industriellen Situation ist der Ostseeraum in bezug auf Umweltverschmutzungen in besonders hohem Maße gefährdet. Die durchschnittliche Wassertiefe ist gering (zwischen 55 und 65 m), der Zufluß von Salzwasser durch Belte und

[132] Vgl. die Entschließung des Ministerrates der Europäischen Gemeinschaften vom 3. November 1976, „Bulletin der Europäischen Gemeinschaften", Kommission Generalsekretariat, Bd. 9, 1976, Nr. 10, S. 25. Die Kommission der EG hat einen Beitritt der EG zu der Konvention nach dem in Artikel 16 der Konvention festgelegten Verfahren vorgeschlagen (Mitteilung der Kommission an den Rat vom 18. November 1977). Die EG nimmt an den Arbeiten der Fischereikommission bisher als Boebachter teil.

Sund ist gering, während aus den Flüssen pro Sekunde rd. 20.000 cbm (verschmutztes) Süßwasser zufließen; die gesamte Wassersäule der Ostsee erneuert sich nur alle zwanzig Jahre; auf ca. 100.000 Quadratkilometern – einem Viertel der Gesamtfläche der Ostsee – ist kein tierisches Leben mehr zu finden, rund um die Ostsee leben 140 Millionen Menschen, 15 Prozent aller Industriegüter der Erde werden in diesem Raum hergestellt; Schweden läßt jährlich mehr als 500.000 t organische Abfallstoffe (hauptsächlich aus der Holz- und Zellstoffindustrie) in die Ostsee ab, Finnland rd. 300.000 t; die Ostsee ist eines der am meisten befahrenen Meere der Welt [133]. Dieser hohen Umweltbelastung steht gleichzeitig die Tatsache gegenüber, daß die Ostsee und ihre Strände ein Haupterholungsgebiet der Anliegerstaaten ist, was die Auswirkungen der Umweltverschmutzung noch verschlimmert.

Angesichts dieser Tatsache ist es ebenso erstaunlich wie bedauerlich, daß – abgesehen vom Übereinkommen über die Verhütung der Verschmutzung der See durch Öl von 1954, zu dessen Verbotszonen für das Ablassen von Öl die gesamte Ostsee gehört – keine Verträge der Anliegerstaaten zur Verminderung der Umweltgefahren im Ostseeraum bestanden. Auf Initiative Finnlands kamen dann im Jahre 1973 Vertragsverhandlungen zustande, die am 22. März 1974 in Helsinki mit der Unterzeichnung der Konvention über den Schutz der Meeresumwelt des Ostseegebiets [134] erfolgreich beendet wurden; alle sieben Ostsee-Anliegerstaaten haben die Konvention unterzeichnet.

Die Konvention ist bereits Gegenstand mehrerer Abhandlungen gewesen [135] und soll deshalb hier nicht im Einzelnen behandelt werden. Die positiven Aspekte der Konvention liegen vor allem darin, daß ihr Geltungsbereich nicht auf einzelne Schadstoffe (z. B. Öl) beschränkt ist, sondern alle Verschmutzungsarten erfaßt und daß sie auch die Verschmutzungen regelt, die

---

[133] Vgl. zum folgenden: B. Johnson, *The Baltic Conventions*, „The International and Comparative Law Quarterly" Bd. 25, 1976, S. 1 ff. (S. 4/5); J. Koschwitz, *Das Übereinkommen über den Schutz der Meeresumwelt des Ostseegebiets*, „Jahrbuch für Internationales Recht" Bd. 18, 1975, S. 223 ff. (S. 223/224). Vgl. auch „Frankfurter Rundschau" vom 5. September 1977, S. 19.

[134] Text in: *New Directions in the Law of the Sea. Documents*, Bd. IV, Dobbs Ferry 1975, S. 455 ff.

[135] Vgl. neben den in Anm. 132 genannten noch P. Ehlers/Ph. Kunig, *Abfallbeseitigung auf Hoher See. Völkerrecht und Recht der Bundesrepublik Deutschland*, Hamburg 1978, S. 40 ff.; J. Gilas, *Legal Problems of the Protection of the Baltic Environment*, „Polish Western Affairs" Bd. XVIII, 1977, S. 330 ff.: A.-Ch. Kiss, *Récent traités regionaux concernant la pollution de la mer*, „Annuaire Francaise" Bd. 22, 1976, S. 702 ff. (S. 724 ff.).

vom Land aus („land-based") erfolgen. Der institutionelle und organisatorische Rahmen, den die Konvention vorsieht, hat als Modell Beachtung gefunden[136]. Positiv zu beurteilen ist auch die Tatsache, daß bereits vor Inkrafttreten der Konvention eine Interimskommission ihre Arbeit aufnehmen konnte[137].

Die Schwachstellen der Konvention liegen z. B. im Ausschluß der Binnengewässer aus dem Regelungsbereich der Konvention, im Fehlen verbindlicher Gewässergüte-Standards für Abwässer und im Einstimmigkeitsprinzip für die Beschlüsse der Kommission, vor allem aber – wofür allerdings dem Text der Konvention kein Vorwurf gemacht werden kann – darin, daß die Konvention noch nicht in Kraft getreten ist, weil die gemäß Artikel 27 dafür erforderlichen sieben Ratifikationen noch nicht vorliegen.

Die Konvention ist ein Signal sowohl für die Zusammenarbeit der Ostsee-Anliegerstaaten als auch für innerstaatliche Maßnahmen auf dem Gebiet des Umweltschutzes. Im Bereich der Forschungszusammenarbeit ist insbesondere das Baltic Open Sea Experiment (BOSEX 77) zu nennen, das am 7. September 1977 als bisher größtes Gemeinschaftsunternehmen aller Ostsee-Anliegerstaaten zur Erforschung der Verschmutzung der Ostsee gestartet worden war[138]. Die Zusammenarbeit der Ostsee-Anliegerstaaten zeigt auch bereits die ersten praktischen Erfolge: Der Gehalt an Quecksilber und DDT ist zurückgegangen, die Ostseeverschmutzung ist rückläufig. Die Feststellung von Bo Johnson aus dem Jahre 1976 „the Baltic is [...] a highly polluted sea and it is rapidly deteriorating into a virtually dead sea"[139] scheint heute nur noch im ersten Teil ihrer Aussage zutreffend zu sein.

Können also die Meeresforscher – und damit alle Menschen, die in den Ostsee-Anliegerstaaten leben – einstweilen aufatmen, so kann doch jederzeit eine Katastrophe à la Tory Canyon oder Amoco Cadiz über die Ostsee hereinbrechen; eine solche Katastrophe hätte vermutlich in der Ostsee noch ungleich schlimmere Folgen als die erwähnten Fälle im Atlantik hatten. Es ist fraglich, ob die Zusammenarbeit der Ostsee-Anliegerstaaten für einen solchen Katastrophenfall ausreichend vorbereitet ist. Es ist zu hoffen, daß die Ost-Anliegerstaaten sich rechtzeitig zu einer präventiven Zusammenarbeit zusammenfinden*.

---

[136] J. Koschwitz (Anm. 133), S. 235.
[137] J. Koschwitz (Anm. 133), S. 237.
[138] Vgl. dazu K. Trettner, *Bosex 77: Sturm vor Gotland*, „Die Zeit" Nr. 42 vom 7. Oktober 1977, S. 78.
[139] Bo Johnson (Anm. 132), S. 4.

* Für wertvolle Mitarbeit danke ich Herrn Philip Kunig.

Ludwik Gelberg

Rechtsfragen der gemeinsamen Nutzung der Ostsee durch die Anliegerstaaten

1. Die Ostsee und ihre Anrainer

Die Ostsee, im nördlichen Teil Europas außerhalb der wichtigsten Seewege der Welt gelegen, deren Fläche 385.000 km² und Wasserumfang etwa 22.000 km³ betragen ist ein eigenartiges Meer. Sie unterscheidet sich in vieler Hinsicht von den meisten anderen Meeren durch geringe Tiefe [1] und unbeträchtlichen Wasseraustausch mit dem Weltozean durch enge und seichte Meerengen sowie durch verhältnismäßig großen Zufluß von inneren Gewässern aus 200 Flüssen, der einen niedrigen Versalzungsgrad dieses Meeres zur Folge hat [2]. In der Vergangenheit galt die Ostsee, ähnlich wie das Mittelmeer im Süden Europas, weniger als Barriere, sondern vielmehr als Brückenschlag für die Völker der Anliegerstaaten. Jahrhundetelang war die Ostsee von weitaus geringerer Bedeutung als das Mittelmeer und erst Mitte des 19. Jahrhunderts konnte sie in den Vordergrund treten. Heute gehört die Ostsee zu den meistgenutzten Navigationsrouten. Wegen ihrer geographischen Besonderheit gilt die Ostsee als ein halbgeschlossenes regionales Binnenmeer, das für einige Anliegerstaaten, denen sie sehr viel im Hinblick auf die Wirtschaft, den Verkehr und die Sicherheit bedeutet, sogar der einzige Weg in die Weltmeere ist.

Ein wesentliches Merkmal der Ostsee ist ihr Charakter eines binnenländischen, regionalen Meeres [3] mit einer geringen Anzahl von Anliegerstaaten wobei sie kein gewöhnlicher Transitweg, sondern ein Ausgangs- bzw. Endpunkt der Weltschiffahrt ist.

---

[1] Die mittlere Tiefe der Ostsee beträgt 86 m, die maximale Tiefe 459 m.

[2] Nach Meinung des österreichischen Geographen vom Anfang des 20 Jh. Suess, ähnelt die Ostsee vielmehr einer breiten Flußmündung als einem Meer. Suess behauptete, die Ostsee sei kein wirkliches Meer, sondern eher ein riesiger Strom, der das Süßwasser von skandinavischen, russischen, polnischen und deutschen Flüssen zu den dänischen Meerengen abführt.

[3] Eben deshalb bezeichnet man die Ostsee als mer continentale, mare interno, Binnenmeer, vnutrimatierikovoje morie.

Die Bedeutung des Ostseeraums für die Weltwirtschaft nimmt rasch zu. Auf den Gebieten um die Ostsee leben 140 Millionen Menschen. Hier werden etwa 15 % aller Industrieerzeugnisse der Welt hergestellt. Der Außenhandelsanteil der sieben Anliegerstaaten beträgt insgesamt 22 % des Weltwarenaustausches. In den Werften der Ostseeanrainer werden viele moderne Schiffe gebaut. Im Jahre 1975 stellten sie über 1/5 der Welttonnage dieses Jahres her. Obwohl mit Japan, das seit langem die meisten Schiffe baut und mehr als die Hälfte der Welttonnage liefert, unvergleichlich, nehmen jedoch die Ostseestaaten den zweiten, den dritten, den achten, den zwölften und den dreizehnten Platz ein (Schweden, Bundesrepublik Deutschland, Dänemark, VR Polen, DDR). Die Ostseestaaten verfügen gegenwärtig über eine beträchtliche Handelsflotte mit einer Tonnage von über 50 Mio BRT, d. h. 13 % der Weltflotte [4]. In der diesbezüglichen Weltstatistik nehmen sie heute Platz 6 (UdSSR), 11 (Bundesrepublik Deutschland), 12 (Schweden), 16 (Dänemark), 19 (VR Polen) und 25 (Finnland) ein [5].

Bemerkenswert ist die Dynamik der Entwicklung der Handelsflotte in den Ostseestaaten. Die Tonnage der Handelsflotte Finnlands wuchs innerhalb von 17 Jahren mehr als dreimal (1960 – 714.000 BRT, 1977 – 2.266.000 BRT). Die großten Zuwachsraten beobachtet man in den sozialistischen Staaten des Ostseeraums. Die Handelsflotte Polens wurde innerhalb von 17 Jahren nahezu versechsfacht (1960 – 578.000 BRT, 1977 – 3.448.000 BRT). In demselben Zeitraum zeitigte die sowjetische Handelsflotte einen mehr als sechsfachen Zuwachs (1960 – 3.429.000 BRT, 1977 – 21.438.000 BRT), wodurch sie heute zu den größten Handelsflotten der Welt zählt (fünfter-sechster Platz) [6]. Eine noch größere Dynamik zeitigte inzwischen die Handelsflotte der DDR. Dieser Staat mußte seine Seewirtschaft eigentlich vom Nullpunkt aufbauen. Im Jahre 1952 besaß die DDR ein einziges

[4] Mitte 1977 betrug sie 394 Mio BRT. Siehe: *Lloyd's Register of Shipping Statistical Tables*, 1977.

[5] Die Gesamttonnage der Ostseeanrainer beträgt 50.987 BRT, darunter:

UdSSR	21.438
Bundesrepublik Deutschland	9.592
Schweden	7.429
Dänemark	5.331
VR Polen	3.448
Finnland	2.262
DDR	1.487

Siehe: *Lloyd's Register of Shipping Statistical Tables*, 1977.

[6] Zur UdSSR gehören bekanntlich Küsten zahlreicher Meere. Die Ostsee spielt jedoch in der sowjetischen Seewirtschaft eine erstrangige Rolle. Erwähnt sei nur, daß der sowjetische Importumschlag über Ostseehäfen den aller Häfen an andere Meeren übersteigt.

Handelsschiff mit 917 BRT und 10 Jahre später bereits 82 Schiffe mit 350.648 BRT (nach weiteren 15 Jahren nahezu 1,5 Mio BRT). Erwähnt sei, daß die jährliche Zuwachsrate der Welthandelsflotte gegenwärtig 7 - 9% beträgt.

An der Ostsee befinden sich etwa 1000 große und kleinere Häften und Anlegeplätze, darunter so große wie Leningrad, Riga, Gdańsk, Gdynia, Szczecin, Rostock, Kiel, Lübeck, Kopenhagen, Malmö, Stockholm, Helsinki, Turku.

Vom Gedeihen der Seewirtschaft im Ostseegebiet und von der Entwicklung der Ostseehäfen zeugt der beträchtliche Umschlagsanstieg. Z. B. in Lübeck stieg der Umschlag innerhalb von wenigen Jahren von 3 auf 9 Mio Tonnen. In den polnischen Seehäfen wurde er in dem Zeitraum von 1960 bis 1976 nahezu verdreifacht[7]. In der DDR wurde von 1960 bis 1975 eine Steigerung von 350 Prozent erreicht (von 4,4 auf 16,3 Mio Tonnen)[8]. Schnell wächst auch der Seetransport unter den Ostseeanrainern. Z. B. in Polen wurde innerhalb von 17 Jahren eine Versechsfachung erreicht (1960 – 6 Mio Tonnen, 1976 – 35,5 Mio Tonnen)[9]. Nahezu um das neunfache wuchs binnen einer verhältnismäßig kurzen Zeit der Güterverkehr der DDR (1964 - 1,4 Mio Tonnen, 1976 – 12,3 Mio Tonnen)[10]. Auch der Schiffsverkehr in den Ostseehäfen nimmt zu. Die Tonnage der einlaufenden Schiffe wuchs beispielsweise in Gdańsk nahezu um das vierfache (1960 - 2.715.000, 1976 – 10.187.000 BRT) und in Szczecin um 250 Prozent[11]. Nach dem zweiten Weltkrieg entwickelte sich der Fährschiffbetrieb im Ostseeraum, der sowohl Touristen als auch immer mehr dem Güterverkehr dient. Der Fährschiffbetrieb in diesem Gebiet ist vor allem geographish durch die verhältnismäßig kurzen Entfernungen bedingt. Die Ostseegewässer, wenn auch etwas abseits der wichtigsten Seewege gelegen, gehören zu den in der Praxis am meisten genutzten Schiffahrtsrouten und stehen dem bekanntlich sehr intensiv genutzten Ärmelkanal wenig nach. Dies hängt hauptsächlich mit dem hohen Tempo des Wirtschaftswachstums der Ostseeanrainer, mit der intensiven Agrarwirtschaft und mit der dynamischen Entwicklung der Industrie dieser Staaten zusammen.

An dieser Stelle ist die politische Entwicklung im Ostseegebiet nach dem

---

[7] Im Jahre 1960 betrug der Umschlag 21.864 Mio Tonnen; 1977 – 63,8 Mio Tonnen; den größten Zuwachs hat der Hafen von Gdańsk (von 5.914 auf 25.188 in diesem Zeitraum). Siehe: *Rocznik Statystyczny*, 1978.

[8] *Statistisches Jahrbuch der DDR*, 1977, S. 236.

[9] *Rocznik Statystyczny*, 1977, S. 275.

[10] *Statistisches Jahrbuch der DDR*, 1977, S. 230.

[11] *Rocznik Statystyczny*, 1977, S. 277.

zweiten Weltkrieg zu erwähnen, denn sie bedingt die Möglichkeiten und Entwicklungswege der Zusammenarbeit der Anrainer. Von den sieben Ostseestaaten gehören heute fünf zu zwei mächtigen politisch-militärischen Gegenlagern: DDR, VR Polen und UdSSR zum Warschauer Pakt, Dänemark und die Bundesrepublik Deutschland zur NATO. Finnland und Schweden gehen konsequent den Weg der Neutralität und der Blockfreiheit [12].

In dem verhältnismäßig kleinen Ostseeraum tangieren sich heute zwei unterschiedliche sozialökonomische Systeme und zwei entgegengesetzte mächtige Bündnisse, deren gegenseitige Beziehungen wesentlich auf die Politik und die Entwicklungsrichtungen der heutigen Welt hineinwirken. Zur richtigen Beurteilung der gegenwärtigen – eine friedliche Zusammenarbeit der Angliegerstaaten ermöglichenden – spezifischen politischen Situation im Ostseegebiet scheint ein Überblick über die von Hegemoniekämpfen gekennzeichnete Situation in der Vergangenheit dieser Region angebracht zu sein.

2. *Etwas Geschichte*

Jahrhundertelang war die Ostsee ein Gebiet friedlichen Handels- und Kulturaustausches, aber häufig auch ein Schauplatz von erbitterten, andauernden Kriegen um Hegemonie, an denen manchmal auch Großmächte von außerhalb des Ostseeraums aktiv beteiligt waren. In den amtlichen Akten, in der diplomatischen Korrespondenz und in der politischen Literatur war lange, insbesondere im 16. und 17. Jahrhundert, die Formel „dominium Maris Baltici" im Umgang, worunter von vielen die Herrschaft oder zumindest die Hegemonie eines einzigen Staates im Ostseeraum verstanden wurde.

In jener Periode [13], als die Macht der Hanse bereits erloschen und der Schwertritterstaat in Agonie war, wurden Dänemark, Polen, Preußen, Rußland und Schweden als Prätendenten auf dieses „Dominium" ange-

---

[12] Mehr als 1/3 der Ostseeküsten gehört zu den sozialistischen Staaten (darunter über 500 km zu Polen), mehr als die Hälfte zu den neutralen Staaten: Schweden (34%) und Finnland, die übrigen zu Dänemark und zur Bundesrepublik Deutschland (383 km), wobei die Territorien der letzteren die internationalen Schiffahrtswege von der Ostsee zur Nordsee (die dänischen Meerengen und den Kieler Kanal) umfassen.

[13] Das Problem der Hegemonie im Ostseeraum war selbstverständlich sowohl früher als auch später aktuell, obwohl man sich der obenerwähnten Formel „dominium Maris Baltici" nicht bediente.

sehen. Man darf jedoch nicht vergessen, daß eigentlich niemals eine Lage entstanden war, in der irgendein Staat eine entschiedene politische, territoriale, militärische, wirtschaftliche und schiffahrtliche Überlegenheit im Ostseeraum hätte, die ihm eine eigenartige monopolistische Stellung sowie einen Grund, dieses Meer als eigenen „geschlossenen See" anzusehen, geben könnte, als ein „mare nostrum" also, wie es z. B. im Altertum Rom im Mittelmeerraum besaß, als nach der Niederlage Karthagos dort keine andere Flotte außer der römischen blieb. Die Konzeption des „dominium Maris Baltici" als des Rechtes eines Staates auf ausschließliche Benutzung der Ostsee für Schiffahrt und Fischerei, konnte entstehen und sich erhalten in einer Periode, in der einige Seestaaten ähnliche Ansprüche auf Herrschaft über anderen Seen erhoben (Venedig über dem Adriatischen Meer, Genua über dem Ligurischen Meer, England über der Nordsee und einem erheblichen Teil des Atlantiks, Dänemark über der Nordsee zwischen Norwegen, Island, Grönland u. a.). Diese Konzeption wurde allmählich unzeitgemäß, als das Prinzip der Seefreiheit, das H. Grotius in seinen Werken zu Beginn des 17. Jahrhunderts vorgeschlagen hatte, das Übergewicht zu gewinnen begann. Es muß aber betont werden, daß der Begriff „dominium Maris Baltici" nur für einige Ostseeanrainer und nur in gewissen Perioden in der Praxis meistens nicht verwirklichte Ansprüche auf Herrschaft über der Ostsee mit der Ausschließung der Benutzung durch andere Staaten bedeutete. Derartigen Ansprüchen widersetzten sich die übrigen Ostseestaaten und viele Seemächte außerhalb des Ostseegebiets. Für viele Ostseeländer (z. B. für Polen) und häufig für andere Staaten war dieser Begriff eher gleichbedeutend mit dem Recht auf die Ausübung der souveränen Macht in eigenen Häfen und über eigenen Hoheitsgewässern, sowie mit dem uneingeschränkten Recht auf Fischerei und Schiffahrt im Ostseeraum und den Überseehandel. Das Dominium bedeutete also eher Gleichberechtigung als Hegemonie im Ostseegebiet. Es sei hier erwähnt, daß die Verwirklichung des „dominium Maris Baltici" im weiteren Sinne dieser Bezeichnung, d. h. die Verbreitung der Obrigkeit über dem ganzen Meer, wie über einem geschlossenen See, nach dem Untergang der Hanse in gewissen beschränkten Perioden nur von zwei Ostseeanrainern, Dänemark und Schweden, angestrebt wurde. Im 17. Jahrhundert hatte Schweden die meisten Voraussetzungen für Hegemonie. Es war damals die größte militärische Macht des Ostseeraums, mit Obrigkeit über einem großen Teil der Küsten, darunter über allen Flußmündungen in Deutschland, sowie mit einer starken Kriegs- und Handelsflotte. Jedoch sogar zur Zeit der größten Blüte (Mitte des 17. Jahrhunderts) hatte Schweden kein Monopol auf die Herrschaft im Ostseeraum. Von der Mitte des 15. Jahrhunderts bis zum Beginn des 17. Jahrhunderts war Polen der mächtigste Ostseestaat[14]. Es verfügte aber nicht über eine geeignete Handels- und Kriegsflotte und strebte eher Gleichberechtigung als Hegemonie an. In der zweiten Hälfte des 17. Jahrhunderts schaltete sich Preußen und Anfang des 18. Jahrhunderts Rußland in den Kampf um die Hegemonie im Ostseegebiet ein. Des öfteren nahmen an den Kriegen um die Ostseehegemonie unmittelbar oder mittelbar Nichtostseestaaten wie England, Holland, Frankreich, Spanien und der Kaiser teil[15]. Die Koalitionen der kämpfenden Staaten änderten sich sehr häufig. Mehrmals konnte man beinahe von einem „bellum omnium contra omnes" sprechen.

Im 19. Jahrhundert war zweifellos Rußland der stärkste Ostseestaat. Nach dem Sturz Napoleons wurde es zum mächtigsten Staat des europäischen Kontinents, jedoch nicht zur See. Dies zeitigte der Krimkrieg als die Kriegsflotte Englands in den Kriegshandlungen gegen Rußland in die Ostseegewässer hineinfuhr. Anfang des 20. Jahrhunderts wurde das Deutsche Reich zur Hauptmacht im Ostseeraum. Das hing mit der Eröffnung 1895 des Kieler Kanals, wodurch Deutschland seine Kriegsflotte von der Nordsee in die Ostsee und umgekehrt setzen konnte, sowie mit der Versenkung der russischen Ostseeflotte durch Japan auf den Gewässern des Stillen Ozeans im Jahre 1905 zusammen. Die Niederlage des Reiches im Ersten Weltkrieg führte auch zur Auflösung seiner Hegemonie im Ostseeraum. Zur Zeit des Dritten Reiches bezog sich das Programm der territorialen Expansion auch auf den Ostseeraum. Die Hitlerpropaganda berief sich auf die Geschichte der Hanse und ihrer Expansion auf den Gebieten des Handels und der Politik, auf die Gebietseroberungen der deutschen Orden in Osteuropa und die damit zusammenhängenden Kolonisierungsaktionen, sowie auf die nationalistische Literatur, die die Ansprüche auf Herrschaft im Ostseeraum zu begründen versuchte[16]. In einer kurzen Zeit während

---

[14] Das Gebiet des polnisch-litauischen Staates war im 16. Jh. einige Male größer als Dänemark und Norwegen, größer als Schweden und Finnland und hinsichtlich der Bevölkerungsanzahl (etwa 6 Millionen) übertraf dieser Staat mehrere Male jeden der damaligen skandinavischen Staaten.

[15] Wallenstein wurde vom Kaiser der Titel „General des Ozeans und Baltischen Meeres" verliehen.

[16] Anton von Etzel schrieb: „Die Ostsee ist ein wesentlich germanisches Mittelmeer, denn seit Jahrhunderten haben sich auf ihr vorzugsweise Völker germanischen Stammes getummelt. Sie haben dort, wie auf dem weiten Ozean eine Hauptrolle gespielt und stets ihr Übergewicht geltend gemacht, weil ihnen Seebegabung in hohem Grade verliehen ist".

des zweiten Weltkrieges, nach der Besetzung Polens (1939), Dänemarks mit seinen Meerengen (1940), der sowjetischen Ostseeküste bis Leningrad (1941) und nach der Unterordnung Finnlands als eines Satellitenstaates, herrschte das Dritte Reich beinahe über der ganzen Ostsee (1942 - 1944). Die sowjetische Offensive in der zweiten Hälfte von 1944 und die späteren Ereignisse führten bekanntlich zur vollständigen Niederlage Deutschlands und zur Auflösung seiner kurzfristigen Hegemonie im Ostseeraum. Die Lage im Ostseeraum nach dem Zweiten Weltkrieg ist keineswegs für irgendwelche Hegemonieprogramme in diesem Gebiet günstig. An die Ostsee liegen heute sieben Staaten an, von denen drei dem sozialistischen System angehören und Mitgliedsstaaten des Warschauer Paktes sind, zwei NATO-Mitgliedsstaaten sind und die übrigen – Finnland und Schweden – den Weg der Neutralität gehen und sich deshalb keinem politisch-militärischen Block anschließen.

Das Hauptprinzip der Außenpolitik der sozialistischen Länder ist die friedliche Koexistenz und Zusammenarbeit von Staaten mit verschiedenen gesellschaftlichen und politischen Ordnungen. Ursprünglich von der sowjetischen Diplomatie als ein politisches Postulat vorgeschlagen, wurde dieses Prinzip später von anderen Staaten akzeptiert und ist gegenwärtig ein allgemein geltendes Prinzip der zwischenstaatlichen Beziehungen und des Völkerrechts. Als solches wird es auch von allen Ostseestaaten angesehen. In ihren gegenseitigen Beziehungen, anders als in den vergangenen Jahrhunderten, erscheinen heute Fragen, die die Zusammenarbeit dieser Länder betreffen, insbesondere im Bereich der rationellen Ausbeutung des Ostseeraums, der ihr gemeinsames Gut ist. Man beobachtet hingegen keine Tendenzen eines einzigen Staates oder einer Gruppe von Staaten zur Hegemonie über der Ostsee, die während des kalten Krieges noch zu spüren waren. Welcher Ostseestaat könnte sich nämlich heutzutage zur Herrschaft oder Hegemonie im Ostseeraum berufen fühlen und bei dem aktuellen Kräfteverhältnis in diesem Gebiet imstande sein, ein solches Programm zu verwirklichen? Die sozialistischen Ostseestaaten, darunter der mächtigste – die Sowjetunion, betrachten den Ostseeraum als ein Gebiet friedlicher, auf Gleichberechtigung und gegenseitigem Nutzen beruhender See- und Handelszusammenarbeit mit anderen Ostsee- und Nichtostseestaaten und setzen sich konsequent für die allgemeine Anerkennung der Ostsee als eines Friedensgebiets ein. Erwähnt sei, daß auch während der größten Spannung im kalten Krieg seitens der führenden politischen Kreise des Westens keine Ansprüche auf Beherrschung der Ostsee und deren Ausschließung aus der Ausbeutung durch andere Staaten den sozialistischen Staaten vorgeworfen wurden. Es ist auch nicht denkbar, daß Schweden und Finnland, die die längsten Ostseeküsten besitzen, Ansprüche auf die Ostseehegemonie haben könnten, zumal diese Staaten seit langem eine konsequent blockfreie Politik führen. Sie sind aber sehr daran interessiert, daß Verhältnisse zur friedlichen Zusammenarbeit der Ostseestaaten im politischen, wirtschaftlichen und kulturellen Bereich geschaffen und gefestigt seien. Es wäre auch naiv vorauszusetzen, daß die zwei NATO--Ostseeanrainer, Dänemark und die Bundesrepublik Deutschland, aufgrund ihrer günstigen geographischen Lage (über die von ihnen beherrschaften Gebiete führen die Seewege von der Ostsee zur Nordsee) eine Vorherrschaftslage im Ostseeraum anstreben oder für möglich halten könnten. Früher beobachtete man jedoch von Zeit zu Zeit seitens der NATO, und insbesondere der führenden Großmacht dieses Blocks, der Tausende Kilometer von der Ostsee entfernten Vereinigten Staaten,Versuche, dieses Gebiet zum politischen und militärischen Druck auf einige Ostseestaaten zu nutzen und dort einen Bereich ihres eigenen Einflusses zu schaffen. Die in den fünfziger und sechziger Jahren als Stärkedemonstrationen, manchmal in unmittelbarer Nähe der Küsten der sozialistischen Länder, durchgeführten Manöver der NATO-Streitkräfte, steigerten die Spannung im Ostseeraum und die Beunruhigung in den Anliegerstaaten. Der sich in den siebziger Jahren vertiefende Entspannungsprozeß in Europa mußte natürlicherweise auch auf die zwischenstaatlichen Beziehungen der Ostseeanrainer hineinwirken. Verschwunden sind alle Anzeichen, die übrigens in der Nachkriegszeit sehr schwach waren, von Ansprüchen auf irgendwelche Dominanz im Ostseeraum und in vielen Bereichen beobachtet man die Entwicklung und Festigung der Politik der Zusammenarbeit von Ostseestaaten, die auf den Prinzipien ihrer souveränen Gleichheit und gegenseitigen Nutzens von der Ausbeutung dieses Meeres beruht.

3. Die Frage der Neutralisierung der Ostsee

Aufgrund der besonderen geographischen Lage der Ostsee kamen in der Vergangenheit Tendenzen zur Neutralität auf, die auch heute nicht ganz verschwunden sind. Erwähnt sei, daß die Ostseeanrainer früher mehrmals vorgeschlagen haben, die Ostsee zu neutralisieren bzw. eine Rechtslage zu schaffen, in der die Einfahrt von Kriegsschiffen aus nichtbaltischen

Staaten überhaupt nicht zugelassen oder zumindest weitgehend eingeschränkt wäre. Die rechtliche Situation der Ostsee im 18. und 19. Jahrhundert war äußerst kompliziert. Die Ostseestaaten führten eine wechselhafte und kontroverse Politik auf diesem Gebiet. Einige von ihnen strebten die Neutralisierung der Ostsee und ein Einfahrtsverbot für Kriegsschiffe nichtbaltischer Staaten an. Dem widersetzten sich öfters andere Ostseestaaten, insbesondere aber die einflußreichen Großmächte von außerhalb des Ostseeraums, die ihre wirtschaftlichen und manchmal auch politischen Interessen in dieser Region verteidigen wollten. Die Frage der Neutralisierung der Ostsee trat in vielen Abkommen zwischen den Ostseestaaten auf. Im Jahre 1658 kamen beispielsweise Dänemark und Schweden in ihren damaligen Friedensverhandlungen grundsätzlich überein, die ihnen gehörenden Sund-Meerengen für Kriegsschiffe nichtbaltischer Staaten zu sperren[17]. England, das bei den Verhandlungen vermittelte, wollte aber verhindern, daß man die Ostsee für seine Kriegsflotte sperre, und manövrierte so, daß die Parteien dem Vorschlag zustimmten, den ursprünglichen Entwurf etwas auszuweiten, und zwar mit einem kleinem Wort, daß das Verbot nur die feindliche (hostilis) Flotte betreffen solle, wodurch das ganze Vorhaben in der Tat sinnlos wurde[18]. Im Jahre 1780 wurde ein als Liga der bewaffneten Neutralität bezeichneter Vertrag zwischen Rußland und Dänemark geschlossen, was bedeutete, daß die Ostsee für Kriegsschiffe von Nichtostseestaaten gesperrt sein sollte. Ebenfalls 1780 schloß Rußland ein ähnliches Abkommen mit Schweden ab, dem ein Jahre später auch Preußen beitrat[19]. In den geheimen Artikeln der Akte über bewaffnete Neutralität von 1800 erklärten Dänemark, Schweden und Rußland die Ostsee für eine „ewig gesperrte See". [20] Die drei Unterzeichnerstaaten haben

[17] Artikel 4 des Vorentwurfs lautete: „Utraque pars, quantum fieri potest, impediat ne aliqua classis bellica per fretum Oresundicum aut Balticum penetret et irrumpat" Nach M. de Taube, RC, 33/1935, III, S. 509.

[18] So lautete Artikiel 3 des Friedensvertrags von Roskilde vom 26. Ferbuar 1658: „Inter nos constituimus et mutuo promissimus, nos nunquam concessuros, ut peregrinam quaedam classis inimica, cujuscumque etiam illa fuerit, per fretum Oresundicum aut Balticum transeat, sed ab utraque parte pro omnibus viribus id impedituros et averturos esse". Bei M. de Taube, ebenda, S. 105.

[19] In diesen Verträgen wurde folgendes betont: „C'est une mer fermée incontestablement telle par sa situation locale où toutes les nations doivent et peuvent naviguer en paix". (Martens, Rec. 2, v. 3, S. 195, 205, 250). Wiederholt wurde dies im dänisch-schwedischen Neutralitätsvertrag vom 27. März 1794 (Artikel 10): „La Baltique devant toujours être régardée comme une mer fermée et inaccessible à des vaisseaux armés des parties en guerre éloignées" (Martens, Rec. 2, v. 5, S. 60), sowie im Vertag von 1800 zwischen Rußland, Schweden und Dänemark (Artikel 3 des geheimen zusätzlichen Protokolls).

[20] Siehe C. J. Colombos, *The International Law of the Sea*, S. 144 - 145.

sich das Recht auf alle notwendigen Schritte zur Sicherung der Ostsee und deren Küsten im Falle von Kriegshandlungen, Gewalttaten und sonstigen feindlichen Handlungen vorbehalten. Frankreich, die Niederlande und Großbritannien haben die Neutralität der Ostsee nur für die Zeit des damaligen Krieges bewilligt, grundsätzlich aber abgelehnt. Später ging man an diese Frage unterschiedlich heran, je nach der politisch-militärischen Situation im Ostseeraum sowie dem Kräfteverhältnis unter den Ostseeanrainern und deren Verbindungen mit nichtbaltischen Großmächten, die ihre Interessen im Ostseegebiet zu schützen versuchten. Nach dem zweiten Weltkrieg kamen in der neuen geopolitischen Lage wiederum Neutralisierungstendenzen auf. Man forderte immer lauter, den Ostseeraum zu einem Friedensgebiet zu machen[21], und zwar mit einem rechtlichen Status, der vollkommen freie Handelsschiffahrt für alle Staaten sowie andere friedliche – mit der Ausbeutung dieses Meeres zusammenhängende – Tätigkeit garantieren könnte, wobei der Eingang von Kriegsschiffen nichtbaltischer Staaten völlig verwehrt bzw. zumindest wesentlich beschränkt sein müßte[22].

Eine andere Variante von Maßnahmen zur Sicherung einer friedlichen Entwicklung der Ostseeanrainer stellte der Vorschlag des Staatspräsidenten von Finnland U. Kekkonen vom 25. März 1965 über die Erklärung Skandinaviens zu einer atomwaffenfreien Zone. Dieser Vorschlag wurde mehrmals durch Finnland erhoben und neulich (am 7. Mai 1978 in Stockholm) als ein Vorschlag zur Umwandlung Nordeuropas in eine atomwaffenfreie Zone und zur Sicherung des Friedens in dieser Region umfangreich begründet. Diese kernwaffenfreie Zone müßte natürlicherweise auch den Ostseeraum umfassen. Der finnische Vorschlag wurde entschieden von den sozialistischen Staaten unterstützt[23]. Edward Gierek bezeichnete ihn während seines

---

[21] Das Postulat „Ostsee – Meer des Friedens" wurde durch die Diplomatie Polens und der DDR erhoben. Siehe z.B. Deklaration der Regierungen Polens und der DDR vom 20. Juni 1957, in der beide Regierungen den Standpunkt vertraten, daß die Ostsee im Interesse der friedlichen Entwicklung der Völker Europas ein Meer des Friedens sein müsse; beide Regierungen seien deshalb übereingekommen, Verständigung mit anderen Ostseeanrainern anzustreben und Maßnahmen zu diesem Zwecke zu treffen. (Veröffentlicht in „Dokumenten-Sammlung" 1957, Nr. 6/7, S. 1435, oder in „Archiv der Gegenwart" vom 22. 6. 1957, S. 6508). Siehe auch: *Note der DDR an die Regierung der VR Polen vom 29. 6. 1957.* „Dokumenten-Sammlung" Nr. 7, S. 1082).

[22] Siehe Artikel von J. P. Quenendec, *Liberté de navigation en mer Baltique*, in: *Annuaire Français de Droit International*, 1971, S. 756 - 757.

[23] Siehe z.B. sowjetisch-finnisches Kommuniqué von Januar 1976, „Prawda" vom 10. 1. 1976.

Besuches in Finnland als übereinstimmend mit den Interessen der Ostseeanliegerstaaten und der Entspannung in Europa. Der Vorschlag Kekkonens fand auch in den politischen Kreisen anderer Ostseeanrainer einen positiven Widerhall.

4. Die Frage des Regionalismus im gegenwärtigen Seerecht

Die Ostsee, die im Grunde genommen den Status einer hohen See hat, wird zugleich als ein regionales Meer angesehen. Die Problematik der regionalen Interessen und der diesbezüglichen seerechtlichen Regelungen ist erst nach dem zweiten Weltkrieg entstanden [24]. Auf der III. Seerechtskonferenz diskutierte man viel über regionale rechtliche Lösungen [25]. Die Krise des gegenwärtigen Seerechts und die großen Schwierigkeiten, die die Erarbeitung eines allgemein anerkennbaren Übereinkommens hinauszögern, sind gewissermaßen günstig für regionale Lösungen [26]. In den Schriften der Seerechtskonferenz werden die regionalen Seen zumeist als „geschlossen und halbgeschlossen" (enclosed and semi-enclosed) bezeichnet. Den geschlossenen und halbgeschlossenen Seen galten mehrere Vorschläge [27]. Man versuchte, solche Seen zu definieren [28], obwohl die beiden Kategorien meistens überhaupt nicht voneinander unterscheidet werden [29]. Einzelne regionale Seen, darunter auch die Ostsee, werden

---

[24] Prof. Lewis M. Alexander meint dazu in seinem Artikel *Regional Arrangements in the Oceans*: „Althou some marine regional activities predate or immediately follow Word War II, the major impetus to the growth of regional institutions is largely a phenomenon of the past decade. The dimensions of the development are still unclear" (AJIL, No. 1/1977, Vol. 71, S. 86).

[25] Im Informal Composite Negatiating Text vom 15. 7. 1977 (A/CONF. 62/WP. 10), der gewissermaßen die Tendenzen der Konferenz berücksichtigen sollte, findet man mehrmals die Begriffe „regional" und „subregional" ohne Definitionen (Artikel 69 Absatz 1 und 3, Artikel 70, 118, 119, 133, 198, 244, 276, 277, 282).

[26] „If a compromise is not reached in the basic issues soon, there is a real danger that the international law of the sea will disintegrate and the each region or closed sea will make its own rules" schreibt A. H. Herrmann in: *Oil Companies and the Law of the Sea*. Siehe „Fairplay International" vom 26. Februar 1974, S. 5.

[27] Z. B. der Türkei (A/CONF. 62/C. 2/L, 9 und 56); Algierens (CONF. 62/ C. 2/L. 20); des Irak (CONF. 62/C. 2/L. 71); des Iran (CONF. 62/C. 2/L. 72); Thailands (CONF. 62/C. 2/SR. 38).

[28] In der Vorlage des Iran lesen wir: „a) the term 'enclosed sea' shall refer to a small body of inland waters surrounded by two or more States which is connected to the open seas by a narrow outlet; b) the term 'semi-enclosed sea' shall refer to a sea basin located along the margins of the main ocean basisn and enclosed by the land territories of two or more States" (A/CONF. 62/C. 2/L.).

[29] Im obenerwähnten Informal Composite Negotiating Text, Artikel 122, sind beide Formen nebeneinander zu finden: „'enclosed or semi-enclosed sea' means a gulf,

von einigen Autoren für halbgeschlossen und von anderen für geschlossen gehalten. Nach den obenerwähnten Vorschlägen müßten die Anrainer von geschlossenen oder halbgeschlossenen Meeren unmittelbar oder durch entsprechende regionale Organisation für den Schutz der Meeresumwelt, sowie für die Erhaltung, Exploration und Ausbeutung der lebenden Ressourcen und für wissenschaftliche Forschungen verantwortlich sein[30].

5. Der Rechtsstatus der Ostsee

Die Ostsee, wie übrigens jedes andere Meer, besteht aus Gewässern, die das Küstenmeer der Anrainer darstellen, und aus Gewässern, außerhalb des Küstenmeeres, d.h. der hohen See. Das Gebiet der Territorialgewässer unter der Hoheit der Ostseeanrainer ist ziemlich groß, denn es gibt verhältnismäßig viel Inseln im Ostseeraum, und nimmt zu wegen der Ausweitung eigener Territorialgewässer durch einzelne Staaten – Polen hat beispielsweise mit Wirkung ab 1.1.1978 seine Territorialgewässer von 3 auf 12 Meilen erweitert. Die Ausweitung der Territorialgewässer durch die Ostseeanrainer hat natürlich eine Verkleinerung des ohnedies nicht sehr großen Gebietes der hohen See zur Folge. Trotz spezifischen geographischen Eigenschaften und unterschiedlichen Präzedenzfällen in der Vergangenheit wird angenommen, daß die Ostsee den Status einer hohen See hat. Dies ist lex lata. Alle Vorschläge zur Änderung dieses Status können – ungeachtet ihrer Herkunft – nur als Folgerungen de lege ferenda angesehen werden. An der Ostsee herrscht also heute, außerhalb der Territorialgewässer (von 3 bis 12 Seemeilen), der Grundsatz der Freiheit der Meere in der Gestalt die eine Folge der Evolution des Seerechts in den letzten Jahren ist. Vor allem wegen des beschränkten Umfangs der Ostsee bezieht sich die Freiheit nicht auf die Ausbeutung ihrer biologischen und mineralen Ressourcen[31]. Die gesamte Ostsee ist nämlich heute ein Schelfgebiet und eine Zone ausschließlicher Fischerei der Anrainer.

Die Seefreiheit im Ostseeraum umfaßt u.a. freie Schiffahrt für Handels- und Kriegsschiffe aller Staaten, freie Überflüge über der offenen See,

---

or sea surrounded by two or more States and connected to the open seas by narrow outlet or consisting entirely or primarilly of the territorial seas and exclusive economic zones of two or more coastal States".

[30] Ebenda, Art. 123.

[31] In der Genfer Konvention über die hohe See von 1958 wird die Freiheit der Fischerei in Artikel 2 an zweiter Stelle hinter der freien Schiffahrt erwähnt.

freies Anlegen von Kabeln und Rohrleitungen, freie Forschung und andere aus den allgemeinen Grundsätzen des Völkerrechts folgende Freiheiten. Die Frage der Schiffahrtsfreiheit im Ostseegebiet ist untrennbar von den Problemen des Rechtsstatus und der freien Durchfahrt von Schiffen auf den Seewegen, die die Ostsee mit dem Weltozean verbinden, d.h. in den dänischen Meerengen und im Kieler Kanal. Eben deshalb kann man es nur als Konsequenzlosigkeit betrachten, wenn einige Autoren, die sich entschieden für den Status eines offenen Meeres für die Ostsee einsetzen, zugleich für die Wege zum Weltozean einen Status fordern, der die Durchfahrt von Kriegsschiffen einiger Ostseeanrainer in der Tat beschränken oder erschweren müßte. Die wichtigste und zugleich die einzige natürliche Wasserarterie zwischen der Ostsee und dem Weltozean stellen die baltischen Meerengen (auch dänisch genannt) dar[32]. Diese drei Meerengen sind: der Sund, Kleiner Belt und Großer Belt. Gegenwärtig nimmt ungefähr die Hälfte aller ein- oder ausfahrenden Schiffe diesen Weg. In den Meerengen verkehren die meisten Kriegsschiffe und immer mehr riesige Handelsschiffe. Wie sieht die rechtliche Situation der Ostsee-Meerengen aus? Innerhalb von vier Jahrhunderten (bis Mitte des 19. Jahrhunderts) kassierte Dänemark Abgaben, die oft als Sundzölle bezeichnet werden. Auf der Kopenhagener Konferenz von Seestaaten kam man am 14. März 1857 überein, die Sundzölle abzuschaffen. Dänemark verzichtete auf irgendwelche Abgaben für die Durchfahrt von Schiffen und verpflichtete sich zur Wartung aller Installationen, die die Schiffahrt in den Meerengen erleichtern sollten, wo für sie als Entschädigung und Ausgleich eine von den bisherigen Benutzern der Ostsee-Meerengen gemeinsam eingezahlte erhebliche Pauschalsumme erhielt. Die freie Durchfahrt der Meerengen gilt seitdem für Schiffe aller Staaten, d.h. auch derjenigen, die den Kopenhagener Vertrag nicht unterzeichnet haben. Der Vertrag berücksichtigte nicht die Durchfahrt von Kriegsschiffen, die zu jener Zeit die Meerengen ohne Abgaben durchfahren durften. Die Bestimmungen des Kopenhagener Vertrags über die Durchfahrt von Schiffen aller Art wurden später auch für Kriegsschiffe gültig. Der Kopenhagener Vertrag hat kein besonderes Rechtsregime für die dänischen Meerengen geschaffen. Sein einziges Ziel war die Abschaffung der damals anachronistischen Kassierung von Abgaben für die Durchfahrt der Meerengen und die Unterordnung der Durchfahrt dieser Meerengen dem allgemein geltenden Regime für internationale Meerengen,

---

[32] Diese Bezeichnung ist u.a. deshalb heute nicht exakt, daß ein Teil der Sundgewässer seit langem zum Hoheitsgebiet Schwedens gehört.

das sich im Völkergewohnheitsrecht niedergeschlagen hat[33]. Das gegenwärtige Völkerrecht fördert freie friedliche Durchfahrt von Handels- und Kriegsschiffen durch international wichtige Meerengen[34], deren Gewässer das Küstenmeer der Anliegerstaaten darstellen. Dieser Grundsatz ist in der Genfer Konvention über das Küstenmeer und die Anschlußzone enthalten[35]. Gegenwärtig besteht die Tendenz, für diejenigen Meerengen, die im Küstenmeer gelegen sind und als internationale Schiffahrtswege gelten, einen Status zu erlangen, der sich aus einem vernünftigen Kompromiß unter genügender Berücksichtigung der Interessen der internationalen Schiffahrt und der souveränen Rechte der Anrainerstaaten ergeben würde. Auf der III. Seerechtskonferenz wurde die Frage der Durchfahrt der internationalen Meerengen zu einem der wichtigsten Probleme. Es gab mehrere Vorschläge[36]. Das am 17. Juli 1974 auf der Seerechtskonferenz vorgeschlagene diesbezügliche Projekt von sechs sozialistischen Staaten verbindet harmonisch die Garantie der freien Durchfahrt für Handels- und Kriegsschiffe aller Staaten mit der Berücksichtigung der Rechte und Interessen derjenigen Anliegerstaaten, in deren Territorialgewässern die Meerengen gelegen sind. Diesen Fragen ist der Teil III des nichtoffiziellen auf der Seerechtskonferenz erarbeiteten Verhandlungstextes unter dem Titel „Straits used for international navigation" (Artikel 34-34/37)[37] gewidmet, dessen Lösungen die Interessen aller Staaten berücksichtigen. Was die Durchfahrt von Kriegsschiffen in den Ostsee-Meerengen anbelangt, gibt es ein spezielles dänisches Gesetz, das große Zweifel bezüglich seiner Übereinstimmung mit dem Kopenhagener Vertrag von 1857 und einigen Normen des internationalen Gewohnheitsrechts erweckt. Es handelt sich um den königlichen Erlaß über die Zulassung ausländischer Kriegsschiffe und Militärflugzeuge innerhalb der Grenzen des dänischen Territoriums in Friedenszeiten, der durch einen ähnlichen königlichen Erlaß vom 26. Februar 1976 ersetzt wurde. Eingeführt wurde pflichtmäßige vorhergehende

---

[33] Siehe R. Lapidoth, *Les Détroits en droit international*, Paris 1972, S. 112.

[34] Das sind Meerengen zwischen zwei offenen Meeren oder zwischen einem offenen und einem sog. regionalen Meer.

[35] Artikel 16 Absatz 4 der Konvention lautet: „Eine unschädliche Durchfahrt fremder Schiffe durch Engen, die durch die internationale Seefahrt zwischen zwei Teilen eines offenen Meeres bzw. zwischen einem offenen Meer und einem Territorialmeer eines anderen Staates benutzt werden, darf nicht verboten werden".

[36] Von Großbritannien (A/CONF. 62/C. 2/L. 2, Corr. 1), von sechs sozialistischen Staaten (62.2/L. 11, Corr. 1 - 2; Corr. 3), von Dänemark und Finnland (62/C. 2/L. 15), von Algerien (62/C. 2/L. 20) usw.

[37] Informal Composite Negatiating Text (A/CONF. 62/WP. 10) vom 15. 7. 1977.

Anmeldung der Durchfahrt in dem Kleinen und dem Großen Belt, wenn die Durchfahrt oder der Aufenthalt länger als 48 Stunden dauern soll. Darüber hinaus ist eine Genehmigung seitens der dänischen Behörden erforderlich, wenn sich mehr als drei fremde Kriegsschiffe derselben Flagge in den Meerengen innerhalb desselben Marinebereichskommandos aufhalten wollen oder wenn ihr Aufenthalt, gleich, in welcher Anzahl, länger als vier Tage dauern soll. Der Erlaß von 1976 hat die Gewässer des Kleinen Belts für innere Gewässer Dänemarks erklärt, ohne jedoch irgendwelche wesentliche Veränderungen im Vergleich zu den früheren Regeln der Durchfahrt im Großen Belt und im Sund eingeführt zu haben. Die dänischen Bestimmungen über die Durchfahrt von Kriegsschiffen in den Ostsee-Meerengen betreffen sowohl die Schiffe der Ostseestaaten als auch die der nichtbaltischen Staaten. Jedoch in der Praxis gelten diese Beschränkungen nur für die Schiffe der sozialistischen Ostseestaaten, bei der Durchfahrt von Kriegsschiffen seiner Bündnispartner geht der NATO-Mitgliedsstaat Dänemark hingegen nicht sehr streng vor [38]. Der zweite wichtige Weg von der Ostsee zum Weltozean ist der Kieler Kanal. Dieser Ende des vorigen Jahrhunderts von den Deutschen vor allem aus strategischen Gründen gebauter Kanal [39] ist heute auch im Hinblick auf die Wirtschaft und den Transport von großer Bedeutung. Innerhalb von über 80 Jahren seit seiner Eröffnung ist der Kieler Kanal zu einem der international wichtigsten und am meisten genutzten Wege der Handelsschiffahrt geworden. Die rechtliche Lage des Kieler Kanals hat sich seit seiner Eröffnung mehrmals verändert. Bis zum Ende des ersten Weltkrieges gehörte dieser im deutschen Territorium gebaute Kanal zu den inneren Gewässern Deutschlands und war vollkommen unter seiner Souveränität. Nach dem ersten Weltkrieg wurde im Versailler Vertrag (Teil XII, Abschnitt VI, Artikel 380 - 386) die Internationalisierung des Kieler Kanals vereinbart, wonach sein Rechtsstatus dem des Suezkanals und des Panamakanals glich [40]. Der in Artikel 380

[38] Die formale Grundlage für Erleichterungen der Durchfahrt von NATO--Kriegsschiffen durch die Meerengen zwecks Manöver auf der Ostsee war § 1 Absatz 3 des erwähnten Erlasses von 1951: „Bei gemeinsamen militärischen Übungen setzt das Verteidigungsministerium in jedem Einzelfall – unter Berücksichtigung der Art und des Zwecks der Übungen – die Bestimmungen für die Zulassung der teilnehmenden Fahrzeuge in dänischem Gebiet fest".

[39] Der Erlaß Nr. 1637 vom 16. 3. 1886 über den Kanalbau, unterschrieben von Kaiser Wilhelm I und gegengezeichnet von Bismarck, lautete in § 1: „Es wird ein für die Benutzung durch die deutsche Kriegsflotte geeigneter Seeschiffahrtskanal [...] hergestellt". RGBl. 1886, S. 58.

[40] Art. 380 des Versailler Vertrags lautete: „Der Kieler Kanal und seine Zugänge stehen den Kriegs- und Handelsschiffen aller mit Deutschland in Frieden lebenden Nationen auf dem Fuße völliger Gleichberechtigung dauernd frei und offen".

des Versailler Vertrags proklamierte Grundsatz der freien Durchfahrt durch den Kieler Kanal war nicht gleichbedeutend mit einer Aufhebung der Souveränität Deutschlands, sondern nur mit deren Einschränkung[41]. Der im Versailler Vertrag vereinbarte Rechtsstatus des Kieler Kanals dauerte bis Ende 1936, d.h. bis zur einseitigen Annulierung der diesbezüglichen Bestimmungen dieses Vertrags durch die Regierung des Dritten Reiches. Am 14. November 1936 übergab die Reichsregierung sechzehn europäischen Regierungen eine Note[42], in der sie ankündigte, daß sie die Bestimmungen des Versailler Vertrags über die deutschen Wasserstraßen (d.h. die Flüsse und den Kieler Kanal) als für Deutschland „nicht mehr bindend" betrachte[43]. Dies war eine weitere Verletzung des Versailler Vertrags. Die Note der Reichsregierung bedeutete die Aufhebung der in Artikel 195 des Vertrags vorgesehenen Internationalisierung und Entmilitarisierung des Kanals. Es folgten zwei kategorische Proteste Frankreichs und der Tschechoslowakei, sowie Noten Jugoslawiens, Polens und Großbritanniens, in denen diese einseitige Handlung Deutschlands bedauert wurde. Manche westdeutsche Autoren, die die Maßnahme der Reichsregierung als rechtmäßig ansehen, halten diese Noten für von vornherein als „Papierproteste" gedachte Dokumente[44]. Diese Autoren vergessen offensichtlich, daß mehrere andere einseitige und rechtswidrige Maßnahmen, die als schwere Verletzungen des Versailler Vertrags als von viel größerer Bedeutung als die Internationalisierung des Kanals anzusehen sind (wie z.B. die Entmilitarisierung des Rheinlands, der Anschluß, die Liquidation der Tschechoslowakei im Jahre 1939) ebenfalls nur „Papierproteste" anderer Staaten zur Folge hatten[45]. Nach der bedingungslosen Kapitulation des

---

[41] Im Falle des Schiffes „Wimbledon" hat es der Ständige Internationale Gerichts hof wie folgt ausgedrückt: „il n'en resulte pas moins pour l'Etat allemand une limtation importante de l'exercise du droit de souveraineté que nul lui conteste suir le Canal de Kiel" (CPJI/A No. 1, S. 24).

[42] RGBl. 1936, Bd. II, S. 361 - 362. Anlage zu der Bekanntmachung über die deutschen Wasserstraßen vom 23. 11. 1936.

[43] Die deutsche Note wurde nicht an alle Unterzeichnerstaaten des Versailler Vertrags, sondern hingegen an einige unbeteiligten Staaten (wie Österreich, Ungarn, die Schweiz) gesandt. Unter denjenigen, die die Note nicht erhielten, waren auch die meisten Ostseestaaten (die UdSSR, Finnland, Estland, Litauen und Lettland), d.h. die wichtigsten und natürlichen Benutzer des Kieler Kanals.

[44] V. Böhmert schreibt: „Es kann bezweifelt werden, ob die Proteste nicht schon von vornhinein als nicht ernstlich gemeint, völkerrechtlich unwirksam gewesen sind". Siehe seinen Artikel *Zur völkerrechtlichen Lage des Kieler Kanals*, „Internationales Recht und Diplomatie", 1958, H. I, S. 180.

[45] In der Lehrmeinung wird es zumeist bezweifelt, ob man überhaupt verpflichtet sei zu protestieren, um seine Rechte zu wahren, falls ein anderer Staat sie entziehen will. Rousseau meint: „[...] toujours facultative la protestation n'est juri-

Reiches im Jahre 1945 wurden alle einseitigen Akte Hitlers für ungültig erklärt, wenn auch manche ihrer Form nach bilateral waren (der Anschluß, das Abkommen zwischen Hitler und Hacha von März 1939). Es ist kaum möglich, jemanden davon zu überzeugen, daß die einseitigen Entscheidungen der Naziregierung über den Kieler Kanal von November 1936 ein Ausnahmefall waren. Die britischen Besatzungsbehörden gaben praktisch dem Kanal den im Versailler Vertrag festgelegten Rechtsstatus wieder[46]. Nach der Kapitulation des Reiches wurde auch der frühere Rechtsstatus des Rheins wiederhergestellt, den die Regierung Hitlers gleichzeitig mit dem des Kieler Kanals (ebenfalls 1936) annuliert hatte[47]. Zweifel über den Rechtsstatus des Kanals kamen erst während des kalten Krieges auf, als die Bundesrepublik Deutschalnd in die NATO eintrat. Es wurden Konzeptionen vertreten, der Kanal stelle einen Bestandteil der Binnengewässer der Bundesrepublik dar und unterliege deshalb vollständig der Souveränität dieses Staates und habe eo ipso nicht den Status einer internationalen Wasserstraße. Die einzige Grundlage dafür wäre die Anerkennung der Gültigkeit der einseitigen Proklamation Hitlers von November 1936. Viele Völkerrechtler vertreten den Standpunkt der Weitergeltung des im Versailler Vertrag festgelegten internationalen Status des Kanals (u.a. Rousseau[48], Sibert[49], Monaco[50], Brierly[51], Menzel[52], Symonides,

---

diquement uécessaire que dans les cas où le silence equivaudrait à un assentiment tacite" (vgl. Rousseau, *Principes généraux du droit international public*, Ed. Pedoue, 1944, S. 129 - 130).

[46] Der Unterstaatssekretär im britischen Foreign Office Mahew sagte dazu: „It appears that the British and French Government consider that the Kiel-Canal became an international waterway under the terms of the Versailles Treaty and that it continues to have this status" (vgl. M. W. Whiteman, *Digest of International Law*, V. III, 1964, S. 1256 - 1260).

[47] Sibert schreibt: „Quand après la capitulation sans conditions qui, en 1945, sanctionna son aggression de 1939 contre la Pologne, les Alliés victorieux occupèrent la totalité de l'Allemagne, le statut du Rhin rentrait ipso iure (von Sibert hervorgehoben) en vigueur" und schließt folgendes: „De telles décisions se sont averées strictement conformes au droit et ont constitué l'application, dans un cas memorable, du refus de reconnaître les actes contraires au droit international commis par le Gouvernement de l'Allemagne nazie" (vgl. Sibert, *Traité de droit international public*, 1951, Bd. I, S. 796).

[48] In seinem Lehrbuch *Droit international public*, 1953, S. 412, setzt er sich entschieden für die Gültigkeit der Bestimmungen des Versailler Vertrags ein und stellt folgendes fest: „Le régime antérieur a été rétabli en 1945". In einem späteren Artikel in „Revue Générale de Droit International Public", 1959, S. 708 - 709 bestätigt er die Meinung, daß England und Frankreich den Kieler Kanal immer für einen internationalen Seeweg gehalten haben und daß das State Department sich diesem Standpunkt angeschlossen hat.

[49] Sibert betont in seinem Lehrbuch *Traité de droit international public*, 1951, Bd. I, die Ungültigkeit des einseitigen Akts des Dritten Reiches vom 14. 11. 1936 und schließt, daß niemand sich durch das „Zerreißen" eines Vertrages von dessen

Bartoś, Berezowski, Klafkowski). Gewisse Autoren verschweigen die Note Hitlers von 1936 und sprechen sich gleichwohl für den im Versailler Vertrag vereinbarten Rechtsstatus aus (Colombos). Einige, vor allem in der Bundesrepublik Deutschland, behaupten, die Note von 1936 hätte den Rechtsstatus des Kanals aus der Zeit vor dem ersten Weltkrieg wiederhergestellt. Die bedingungslose Kapitulation im Jahre 1945 spiele dabei keine Rolle (Berber, Dahm). Manche sowjetische Autoren vertreten den Standpunkt, der Rechtsstatus des nur zu Ostseeküsten führenden Kieler Kanals sollte in einem Sondervertrag unter Berücksichtigung der Interessen der Ostseeanrainer geregelt werden (*Diplomatičeskij Slovar*, 1971, Bd. II, S. 20). Andere Autoren meinen (ohne die deutsche Note von 1936 zu analysieren), die Internationalisierung des Kanals als eines internationalen Seeweges gelte immer – ähnlich wie beim Suez- und Panamakanal – und zwar im Zusammenhang mit dem Entstehen eines internationalen Seekanalrechtes (international canal-law)[53]. Der Kieler Kanal, ähnlich wie andere Seekanäle, für die durch Verträge ein zwischenstaatlicher Status vereinbart wurde, ist zu einem internationalen Seeweg geworden, der den Normen des Völkerrechts unterliegt und dessen Status durch keinen Staat, in dessen Territorium er verläuft, einseitig aufgehoben werden kann.

6. *Kriegsschiffe auf der Ostsee*

In den Gewässern der Ostsee, außerhalb des Küstenmeeres der Anliegerstaaten, herrscht die Freiheit der Schiffahrt für Handels- und Kriegsschiffe aller Staaten der Welt. Jedoch im Hinblick darauf, daß die Ostsee ein Begegnungspunkt zweier politisch-militärischer Blöcke ist, kommt es von

---

Verpflichtungen befreien kann: „Du droit et de traités signés la violation était manifeste [...] Berlin fidèle à la doctrine de chiffons de papier, par la note de 14 novembre [...] Il nést pas besoin d'insister sur linvalidité d'une telle denonciation [...] nul ne se libère d'un traité en le mettant en pièce [...]". S. 796.

[50] Er schreibt, daß der Kieler Kanal „è considerato aperto in permanenza alle navi di tutti gli Stati in pace con Germania e ciò in virtù dell'art. 380 del Trattato di Versailles (vgl. sein *Manuale di diritto internazionale pubblico*, 1960, S. 250).

[51] Er stellte folgendes fest: „Althou the Kiel Canal provisions of the Treaty were denounced by Hitler's Germany, it is generally considered that the status of an international way governed by those provisions still attaches to the Canal". Siehe: J. L. Brierly, *The Law of Nations*, 1963, ed. by Sir H. Waldock, S. 236.

[52] E. Menzel schreibt in seinem Lehrbuch *Völkerrecht*, 1962, S. 153: „Die heute geltende Regelung ist in Artikel 380 ff. des V. V. enthalten. Deutschland muß ein allgemeines Durchfahrtsrecht im Krieg und Frieden gewähren".

[53] R. R. Baxter, *The Law of International Waterways*, 1964, S. 181 - 185.

Zeit zu Zeit anläßlich des Aufenthalts von Kriegsschiffen des Gegenlagers zu Polemiken. Anfang 1978 kritisierte ein Teil der westlichen Presse den Aufenthalt von sechs sowjetischen Kriegsschiffen, die dort vor zwei Jahren über die dänischen Meerengen eingelaufen waren. Es handelte sich dabei um U-Boote, die mit Kernwaffen ausgestattet waren. Steht Aufenthalt dieser Kriegschiffe im Widerspruch zu den Normen des gegenwärtigen Völkerrechts? Die UdSSR ist ein Ostseeanrainer und ihre Kriegsschiffe, ähnlich wie die Schiffe jedes anderen Staates und insbesondere eines Anliegerstaates, dürfen sich aufhalten in den Gewässern der als hohe See geltenden Ostsee. Es steht nichts im Wege, wenn die UdSSR ihre Kriegsschiffe aus Häfen an anderen Meeren in die Ostsee umdirigiert [54]. Könnte man denn Dänemark oder der Bundesrepublik Deutschland das Recht auf Dislozierung ihrer Kriegschiffe von der Nordsee zur Ostsee bestreiten? Solange kein spezieller Rechtsstatus für die Ostsee festgelegt wird, der den Verkehr von Kriegsschiffen aus Nichtostseestaaten und eventuell auch aus den Anliegerstaaten regeln könnte – sei es im Rahmen der gemeinsamen Initiative Polens und der DDR (Erklärung der Ostsee zu einem „Meer des Friedens") oder aufgrund des finnischen Vorschlags (kernwaffenfreies Nordeuropa) – haben die UdSSR und alle anderen Ostseeanrainer die Freiheit, die Ostsee für ihre Kriegsschiffe zu benutzen [55], und zwar nicht weniger als einige Staaten, die manchmal Tausende Kilometer von diesen Gewässern entfernt sind. Die UdSSR, ähnlich wie andere Atomwaffenbesitzer, müßte erst dann aufhören, Kriegsschiffe mit Kernwaffen an Bord in die Ostsee einzuführen, wenn man Nordeuropa, das natürlicherweise auch den Ostseeraum umfassen würde, gemäß dem von den sozialistischen Staaten konsequent unterstützten Vorschlag Kekkonens, durch einen Vertrag zu einer atomwaffenfreien Zone erklären würde [56].

Eine noch größere Polemik verursachte der Ostseeaufenthalt von Kriegsschiffen aus NATO-Staaten, die vor den Küsten der sozialistischen Ostsee-

---

[54] Die Sowjetunion hat Ausgänge zu drei Ozeanen und Küsten an 14 Meeren.

[55] In dem am 7.März 1978 von TASS veröffentlichten Artikel von J. Kornilow wird an folgendes erinnert: „Das Wasser der Ostsee umspült sowjetische Grenzen, es ist also voll natürlich, daß auf den Gewässern sowjetische Schiffe – darunter auch Unterseeboote – schwimmen. Dies steht weder im Widerspruch zum Status der Ostsee noch zu geltenden Normen des internationalen Rechts". Siehe auch FAZ vom 8. 3. 1978.

[56] Im obenerwähnten TASS-Artikel wird festgestellt: „Die UdSSR spricht sich für die polnische Initiative aus, die Ostsee als 'Meer des Friedens' zu deklarieren und unterstützt die Realisierung des Vorschlages Finnlands, Nordeuropa zur atomwaffenfreien Zone umzugestalten".

staaten Manöver abhielten. Man wollte politischen und militärischen Druck auf einige Ostseeanrainer üben und den Einfluß der NATO auch hier verbreiten. Unter den Losungen der „Freiheit der Schiffahrt" und des „offenen Meeres" unternahmen die Kriegsmarine und die Luftwaffe der NATO mehrmals Stärkedemonstrationen, die als unverhohlen provokatorisch gemeint waren, sowie Seekriegsübungen und Großmanöver, wodurch die Spannung im Ostseeraum wachsen mußte. Diese Aktionen der NATO riefen verständliche Beunruhigung in den Anliegerstaaten und Widerspruch der Öffentlichkeit und sogar der Regierungskreise in manchen NATO-Ländern hervor [57].

Man kann annehmen, daß in der augenblicklichen politischen Atmosphäre, die in der KSZE-Schlußakte von 1975 zum Ausdruck kam, Operationen von Kriegsschiffen auf der Ostsee wesentlich beschränkt, wenn nicht ganz liquidiert werden. Von gewisser Bedeutung wird auch die mit der Tendenz zur Ausweitung des Küstenmeeres zusammenhängende Verkleinerung der hohen See im Ostseeraum sein. Das Abhalten von Ostseemanövern durch die Kriegsmarine der NATO – als Stärkedemonstrationen oder Druck auf sozialistische Staaten – wäre unvereinbar mit der KSZE-Schlußakte, die aufruft zur Entwicklung der Zusammenarbeit, zur Verständigung und zum Vertrauen, zu freundschaftlichen und gutnachbarlichen Beziehungen (Pkt. IX), zur Zurückhaltung von Stärkedemonstrationen aller Art (Teil I, Pkt. 3) u.ä. Erwähnt sei, daß die von der westlichen kaltkriegerischen Propaganda geschaffene Legende von der militärischen Bedrohung der westeuropäischen Staaten (darunter auch der Ostseeanrainer) seitens der UdSSR wird allmählich grundlos unter dem Druck der 30 jährigen Realität, die davon überzeugt, daß die UdSSR und andere Staaten des Warschauer Paktes eine entschieden friedliche Politik führen, ohne andere Staaten zu bedrohen, und ihr militärisches Potential kann nur Verteidigungszwecken dienen.

Man darf auch nicht übersehen, daß die beiden NATO-Ostseeanrainer, Dänemark und die Bundesrepublik Deutschland, in deren Territorien sich

---

[57] Der Verteidigungsminister Dänemarks K. Olsen sagte beispielsweise in einer Rundfunkrede am 31. 10. 1971: „Auf der Ostsee wurden militärische Übungen – unter Teilnahme der westlichen Staaten, mit denen wir in der NATO zusammenarbeiten, durchgeführt. Natürlich – und das sagen wir – können so breit angelegte Übungen in der Nähe der sowjetischen Küsten als Provokation wirken. Man sollte deshalb berücksichtigen, daß dänischerseite Vorbehalte gemacht worden sind, daß bei Übungen die an Bornholm verlaufende Nord-Süd-Linie östlich nicht überschritten wird". H. Peters, *Völkerrechtswidrige Machtausübung in Meerengenzonen der Ostsee durch NATO-Staaten*, DA, Nr. 3, 1973, S. 702.

die einzigen zwei Seezugänge zu diesem Meer befinden, als politisch-militärische Bündnispartner der USA unter der Obhut der Kriegsflotte der letzteren stehen. Beide Staaten besitzen nicht weniger Küsten an der Nordsee im Vergleich zur Ostsee, zugänglich für Kriegsflotten ihrer nordatlantischen Bündnispartner, mit der Möglichkeit eines schnellen Umdirigierens (durch die Meerengen und den Kieler Kanal) in die Ostseegewässer bei hypothetischer Bedrohung. Die Einfahrt der USA-Kriegsflotte zu Manövern in der Ostsee zur Zeit des kalten Krieges hatte wenig mit der Verteidigung ihrer Ostsee-Bündnispartner zu tun, die von niemandem bedroht waren (die Durchfahrt durch die Meerengen erfolgte oftmals sogar ohne Verständigung der Regierung des „bedrohten" Dänemarks)[58], und war nur als eine politisch-militärische Demonstration gemeint, auf die man in den Ostseestaaten mit Beunruhigung und Protesten von vielen Seiten reagierte, da dadurch die Sicherheit und die friedliche Koexistenz der Ostseeanrainer gestört wurde.

7. *Die Zusammenarbeit der Anliegerstaaten zum Schutz der lebenden Schätze der Ostsee*

Die Rechtsfragen der Fischerei nehmen im Komplex der völkerrechtlichen Problematik der Ostsee einen wichtigen Platz ein[59]. Im Hinblick auf die Fischbestände ist die Ostsee eher ertragsarm. So ist z.B. die Nordsee sechsmal ertragsreicher als die Ostsee. Als Hauptproblem der Ostseefischerei gilt heute die Frage, ob die in den letzten Jahren erreichten Fischfanggrößen[60]

---

[58] „Le Monde" schrieb, daß die unangemeldete Einfahrt amerikanischer Kriegsschiffe durch die Meerengen in den Großen Belt am 16. Mai 1971 und das erstmalige Vorbeischwimmen so vieler Schiffe von einer solchen Bedeutung (importance) an Kopenhagen ohne Anhalten zum offiziellen Besuch eine gewisse Beunruhigung in Dänemark hervorgerufen hatte. Vgl. „Le Monde" vom 20. Mai 1971.

[59] Diese Problematik ist in meinem Artikel *Rechtsprobleme des Schutzes der lebenden Ressourcen in der Ostsee* besprochen. Siehe „Jahrbuch für Internationales Recht", 1975, Bd. 18, S. 204 - 222.

[60] Ostsee-Fischfang der Anliegerstaaten im Jahre 1976:

Dänemark	89.071	Tonnen Fisch
Finnland	32.184	„
DDR	77.896	„
Bundesrepublik Deutschland	15.678	„
VR Polen	200.296	„
Schweden	61.918	„
UdSSR	328.456	„
Insgesamt	865.501	„

aufrechterhalten werden können und sollen oder vielleicht sogar zu erhöhen sind und welche Maßnahmen zu treffen sind, um stets Höchstwerte zu sichern. Dieses Problem ist untrennbar von der Bekämpfung der Verschmutzung des Ostseeraums.

Fachleuten zufolge seien die gegenwärtigen Fischbestände der Ostsee noch ziemlich gut, ein schnelles unkontrolliertes Anwachsen des Fischfangs, vor allem einiger besonders bevorzugten Fischarten, könnte jedoch diese Lage drastisch ändern und eine Überfischung (overfishing) zur Folge haben. Diese Gefahr und die steigende Verschmutzung, die zur totalen Vernichtung der biologischen Schätze führen kann, zwingt die Anrainer, wirksame Maßnahmen zu ergreifen, um dies zu verhüten. In dieser Situation kam es am 13. September 1973 in Gdańsk zum Abschluß der Konvention über die Fischerei und den Schutz der lebenden Ressourcen der Ostsee und der Belte[61]. Unterzeichnerstaaten sind alle Ostseeanrainer: Dänemark, Finnland, DDR, Bundesrepublik Deutschland, Polen, Schweden und die UdSSR. Die Konvention von Gdańsk kam auf polnische Initiative zustande[62], die damals auf eine günstige Atmosphäre traf, und zwar im Zusammenhang mit der fortschreitenden Entspannung in Europa und in der ganzen Welt, zu der im großem Maße die Normalisierung der Beziehungen zwischen den sozialistischen Ostseeanrainern – der UdSSR, der VR Polen, der DDR – und der Bundesrepublik Deutschland beitrug. Die Konvention von Gdańsk ist komplex sowohl im Hinblick auf den räumlichen Umfang als auch ihrem Gegenstand nach. Sie umfaßt alle Gewässer der Ostsee und der Belte einschließlich der Hoheitsgewässer (mit Ausnahme der Binnengewässer) und gilt „für alle Fischarten und andere lebende Ressourcen der See" (Artikel II der Konvention). Für die Realisierung der Ziele und Aufgaben der Konvention ist die Internationale Kommission für die Fischerei in der Ostsee mit Büro in Warschau gebildet worden. Alle Mitgliedsstaaten sind in der Kommission gleichberechtigt vertreten. Entscheidungen und Empfehlungen werden mit 2/3 Mehrheit der anwesenden und abstimmenden Vertreter der Unterzeichnerstaaten getroffen (Artikel VIII)[63]. Am 2. Dezember 1977 wurde dieser Artikel ergänzt mit dem Vorbehalt, daß Empfehlungen zur Fischerei, die sich auf Gebiete beziehen, die der Juris-

---

[61] Dz. U. Nr. 32 vom 1974; Pos. 188; BGBl. 1976, Teil II, S. 1564 ff.

[62] Am 16. Mai 1973 unterbreitete die polnische Regierung ihren Konventionsentwurf und lud die Regierungen der Ostseeanrainer zu einem Expertentreffen und einer diplomatischen Konferenz ein.

[63] Es ist die Formel „present and voting" des Artikels 18 der UNO-Charta (in der Generalversammlung der UNO üblich).

diktion eines oder einer Gruppe von den vertragsschließenden Staaten unterliegen, bei der Abstimmung des Einverständnisses dieses Staates oder dieser Staaten bedürfen[64]. Die Empfehlungen müssen in einem von der Kommission bestimmten Zeitraum verwirklicht werden, jedoch nicht früher als in 90 Tagen, denn innerhalb dieser Zeit dürfen die Unterzeichnerstaaten Widerspruch einlegen, wodurch sie nicht verpflichtet sind, der Empfehlung zu folgen. Wenn mindestens drei Staaten Widerspruch einlegen, sind alle anderen Staaten von der Pflicht entbunden (Artikel XI)[65].

Die Konvention von Gdańsk trat am 28. Juli 1974 in Kraft, d.h. 90 Tage nach Hinterlegung der vierten Ratifikationsurkunde (gemäß Artikel XVIII der Konvention). Später hinterlegten die übrigen drei Ostseestaaten die Ratifikationsurkunden, wodurch alle Ostseeanrainer als Konventionsparteien gelten. Der Konvention können auch nichtbaltische Staaten beitreten, die an der Verwirklichung der Zwecke der Konvention interessiert sind, vorausgesetzt, daß sie von den Unterzeichnerstaaten eingeladen werden (Artikel XVII, Absatz 2). Was aber die internationalen Organisationen anbelangt, die an der Tätigkeit der Internationalen Kommission für die Fischerei in der Ostsee interessiert sind, können sie nur als Beobachter zur Teilnahme an den Sessionen der Kommission und den Sitzungen deren Hilfsorgane eingeladen werden (Artikel XV Absatz 2 der Konvention). Die Konvention sieht die Mitgliedschaft internationaler Organisationen nicht vor. Neulich hat der auf der IV. Session der Internationalen Kommission für die Fischerei in der Ostsee als Beobachter anwesende EG-Vertreter im Namen Dänemarks und der Bundesrepublik Deutschland um die Zulassung der EG zur Konvention angesucht. Es ist unbekannt, welches Ziel die Zulassung dieser Organisation zur Konvention von Gdańsk haben soll, da die meisten EG-Staaten, schon wegen der Entfernung ihrer Territorien von der Ostsee, kein direktes Interesse an der Fischerei und dem Schutz der lebenden Ressourcen dieses Meeres haben können. Sollten die beiden EG-Ostseeanrainer darauf bestehen, daß diese Organisation zur Konvention zugelassen werde, müßten sie damit rechnen, daß drei andere Ostseestaaten, die Mitglieder des RGW sind, ebenfalls die Zulassung

---

[64] Diese Änderung ist noch nicht in Kraft getreten, da zwei Ratifikationsurkunden fahlen. Artikel XVI der Konvention bestimmt nämlich, daß eine Änderung 90 Tage nach der Benachrichtigung der Depositarregierung von der Billigung derselben durch alle Vertragsparteien in Kraft tritt.

[65] Es ist angesichts der wenigen Anliegerstaaten selbstverständlich, daß die Anwendung von Maßnahmen zum Schutze der lebenden Schätze zwecklos ist, wenn drei Staaten sich dagegen aussprechen.

ihrer Organisation zur Konvention verlangen könnten, so daß über Fragen der lebenden Ressourcen der Ostsee auch solche Mitglieder des RGW wie Kuba, die Mongolei und Vietnam mitentscheiden würden. Die Zulassung einer internationalen Organisation zur Konvention bedarf aber einer Korrektur derselben laut Artikel XVI, der Einstimmigkeit bei einer solchen Entscheidung fordert.

Die durch die Konvention von Gdańsk von 1973 ermöglichte Weiterentwicklung der Zusammenarbeit der Ostseeanrainer im Bereich der Fischerei und des Schutzes der lebenden Ressourcen der Ostsee wurde durch außerbaltische Ereignisse gestört. Immer mehr Staaten begannen, ohne die Ergebnisse der III. Seerechtskonferenz abzuwarten, einseitig 200-Meilen-Zonen ausschließlicher Fischerei zu bilden. Dies taten auch 1977 die EG-Staaten, die auch eine eigene Fischereizonen (ein „EG-Meer") bildeten, aus denen die traditionell dort fischenden Flotten anderer Staaten, darunter der Ostseeanrainer, verdrängt wurden. Das davon betroffene Schweden deklarierte zum 1. Januar 1978 eine eigene Fischereizone in der Ostsee, die etwa 45% dieses Meeres umfaßt. Um ihre Fischerei-Interessen zu wahren, waren die übrigen Ostseeanrainer gezwungen, eigene Seefischereizonen einzuführen[66]. Auf diese Weise wurde die Ostsee, obwohl beim Abschluß der Konvention von Gdańsk am 13. September 1973 kein Küstenstaat Hoheitsrechte außerhalb der 12-Meilen-Grenze beanspruchte[67], bezüglich der Zonen ausschließlicher Fischerei vollkommen aufgeteilt. Wegen der großen Anzahl von Inseln im Ostseeraum sind bei der Teilung in Zonen strittige Fragen entstanden, die durch bilaterale Verhandlungen geregelt werden sollen[68].

---

[66] Das polnische Gesetz über die Seefischereizone ist am 1. 1. 1978 in Kraft getreten (Dz. U., 1977, Nr. 37, Pos. 377). In derselben Zeit ist ein ähnliches Gesetz der DDR in Kraft getreten (GBl der DDR, 1977, Teil I, S. 429). Am 2. Juni 1978 wurde die Erklärung der Regierung der Bundesrepublik Deutschland über die Bildung einer Ostseefischereizone mit Gültigkeit ab 15. 6. 1978 bekanntgemacht. Finnland beansprucht ab 1. Juli 1978 im gesamten Bottnischen Meerbusen nördlich der Åland-Inseln eine Fischereizone – ausgehend von den derzeitigen 8 Seemeilen der äußeren Grenze seiner Hoheitsgewässer bis zur Grenze der schwedischen Fischereizone über die sich beide Staaten am 2. Dezember 1977 geeinigt haben (siehe „Information über die Fischwirtschaft des Auslands", Nr. 10/1978, S. 21). Ähnliche Maßnahmen haben später auch Dänemark und die UdSSR getroffen (Erlaß des Ministerrates der UdSSR vom 24. März 1978 über die Regeln für den Schutz der biologischen Schätze der Ostsee und die Regelung der Fischerei im Ostseegebiet an den Küsten der UdSSR mit Gültigkeit ab 1. April 1978).

[67] Pkt. 11 der Schlußakte der Diplomatischen Konferenz der Ostseestaaten, die eine Anlage zur Konvention von Gdańsk vom 13. September 1973 ist.

[68] Dies betrifft z.B. die Abgrenzung der Fischereizonen Polens und Dänemarks um Bornholm.

Die Teilung der gesamten Ostsee in Zonen ausschließlicher Fischerei mußte natürlich auf die Verwirklichung der aus der Konvention von Gdańsk folgenden Aufgaben der Internationalen Kommission für die Fischerei in der Ostsee hineinwirken. In einigen Kreisen begann man zu zweifeln, ob die Konvention von Gdańsk angesichts der neuen Lage – der Teilung der gesamten Ostsee in Zonen ausschließlicher Fischerei – auch weiterhin gültig sei[69]. Die Regierungen der Ostseeanrainer-Unterzeichnerstaaten der Konvention von Gdańsk vertreten jedoch eindeutig den Standpunkt, daß trotz den aus der Einführung der Zonen ausschließlicher Fischerei im Ostseegebiet folgenden Schwierigkeiten die Konvention von 1973 weiterhin bindend sei. So z.B. bekräftigten in der Präambel zum polnisch--schwedischen Abkommen über die Fischerei vom 1. Februar 1978 beide Regierungen „their common desire to ensure the conservation of the living resources of the waters of the area of the Convention on Fishing and Conservation of the Living Resources in the Baltic Sea and the Belts, done at Gdańsk on 13 September 1973, and to maintain the most rational management and exploitation of these resources"[70]. Denselben Standpunkt vertreten auch andere Ostseestaaten. So erklärte der Bundeswirtschaftsminister Josef Ertl dem Bundestagsabgeordneten Horst Gruneberg, daß „die Danziger Fischereikonvention für die Ostsee von 1973 auch nach der Errichtung der Fischereizonen in der Ostsee weiter besteht". Ende 1978 fand in Warschau eine Beratung der Internationalen Kommission für die Fischerei in der Ostsee statt, auf der alle Mitgliedsstaaten mehrere diesbezügliche Beschlüsse, u.a. die Festlegung der Gesamtfangmengen vereinbart haben, um die Überfischung der Ostsee zu verhindern. Die Ostseeanrainer unternahmen auch Schritte, um die neue Situation in der Ostsee-Fischerei den Zielen und Zwecken der Konvention anzupassen. Mehrere Probleme sind in bilateralen Abkommen zwischen den Ostseestaaten geregelt worden (zwischen Polen und Schweden am 1. Februar 1978[71], Polen und UdSSR

[69] So erklärte der Vorsitzende der Arbeitsgruppe Seerecht der SPD-Bundestagsfraktion, Horst Gruneberg, in New York während der 7. Session der 3. UN--Seerechtskonferenz (vom 21. August bis 15. September 1978) folgendes: „Die Übertragung des Mandats in Sachen Fischerei an die EG zugunsten eines gemeinsamen Fischereiregimes im EG-Meer brachte uns in die Position eines Langküstenstaates. Fast alle Ostseestaaten verloren ihre traditionellen Fanggründe im EG-Meer und die Danziger Konvention wurde hinfällig, kaum daß die Tinte des Konventionstextes auf dem Papier trocken war".

[70] Siehe Dz. U. Nr. 23/1978, Pos. 102.

[71] Abkommen zwischen den Regierungen der VR Polen und Schwedens über die Fischerei, abgeschlossen in Warschau am 1. Februar 1978.

am 11. Mai 1978[72], UdSSR und Finnland am 1. Januar 1977 und UdSSR und Schweden am 12. Januar 1978. Die Verhandlungen über den Abschluß weiterer Abkommen in diesem Bereich zwischen den sozialistischen Staaten und der Bundesrepublik Deutschland sind in eine Sackgasse geraten, da die ersteren die EG als einen Partner nicht anerkennen wollen und der Meinung sind, die Verbindungen einzelner Staaten seien ihre innere Angelegenheit und durften auf die Beziehungen der Ostseeanrainer auf dem Gebiet der Fischerei nicht hineinwirken. Eine wesentliche Frage, die in allen bilateralen Abkommen zu regeln ist, ist eine vernünftige Festlegung von Fischfangmengen für einzelne Staaten, die den Schutz der lebenden Schätze im Sinne der Konvention von Gdańsk garantieren würde. Den polnischen Standpunkt machte E. Gierek in einer auf dem Plenum des Wojewodschaftskomitees der PVAP in Gdańsk am 19. Juni 1978 deutlich: „Polen ist interessiert sowohl an einer weiteren Entwicklung der multilateralen Zusammenarbeit der Ostseeanrainer, insbesondere im Bereich des Schutzes der lebenden Ressourcen der Ostsee, als auch an der bilateralen Zusammenarbeit, die das Recht auf gegenseitigen Fischfang gewährleisten könnte. Wir sind bereit, solche Verhandlungen aufzunehmen und notwendige Abkommen mit allen daran interessierten Staaten zu schließen. Es ist unser innigster Wunsch, die Ostsee möge nicht nur zu einem Meer des Friedens, sondern auch zu einem Gebiet vielseitiger freundschaftlicher Zusammenarbeit werden"[73].

8. Rechtsfragen des Schutzes der Meeresumwelt im Ostseeraum

Das Problem des Schutzes und der Entwicklung der biologischen Schätze der Ostsee ist untrennbar von dem des Schutzes der Meeresumwelt in diesem Raum. Seit langem beunruhigt man sich über die Gefahr, die der Ostsee wegen ihrer Verschmutzung droht, zumal die Verschmutzung bald verhängnisvolle Folgen nach sich ziehen kann[74]. Viele glauben, die heutige Ostsee gehöre – neben dem Mittelmeer und der Nordsee – zu den am meis-

---

[72] Abkommen zwischen den Regierungen der VR Polen und der UdSSR über gegenseitige Beziehungen im Bereich der Fischerei im Ostseegebiet.

[73] Siehe „Trybuna Ludu" vom 20. Juni 1978.

[74] Siehe: B. J. Dybern, *Pollution in the Baltic*, FAO-doc. FIR MP/70/R-3 vom 18. 9. 1970; E. Zatorska, *Baltyk umierający, (Die sterbende Ostsee)* „Tygodnik Morski", Nr. 38/1973; *Ein Meer voller Unrat und Häßlichkeit*, „Der Spiegel", 1973, S. 36; *In der Ostsee tut sich Was*, „Der Stern", Nr. 28/1974, S. 12 - 16.

ten verschmutzten Seen der Welt und in naher Zukunft drohe ihr der ökologische Tod [75]. Dies verursachen vor allem geographische Momente, besondere ökologische und hydrographische Eigenschaften des Ostseegebiets, verhältnismäßig kleine Fläche, enge und seichte Meerengen zwischen der Ostsee und dem Ozean, wodurch der Wasseraustausch auf ein Mindestmaß herabgesetzt ist, eine spezifische Form des Meeresgrundes, voller Senkungen, Rinnen u.ä. In viel größerem Ausmaß als die Natur verursacht der Mensch die Verschmutzung der Ostsee. In 80% rührt die Verschmutzung vom Lande, von der Küste her. In die Ostsee münden 200 Flüsse aus hochentwickelten Ländern ein. In der Nähe von Ostseeküsten befinden sich viele großen Kunstdünger-, Zellulose- und Holzverarbeitungswerke (hauptsächlich in Finnland und Schweden), Kernkraftwerke, riesige Werften, Ölraffinerien, Stahlwerke, Häfen von Weltbedeutung. An der Ostsee sind 60 Großstädte gelegen, deren Abflüsse diesen verhätnismäßig kleinen Wasserraum verschmutzen. Auch die Schiffahrt trägt erheblich zur Verschmutzung bei. Im letzten Jahrzehnt begann auch die Ölverschmutzung der Ostsee anzuwachsen.

In einer gefährlichen Situation, als der Augenblick heranrückte, nach dem das ökologische Leben der Ostsee nicht mehr zu retten sein würde, begannen die Küstenstaaten den Kampf um ein reines Meer. Die Ostseeanrainer entschlossen sich „in dem Bewußsein, daß die wirtschaftlichen, sozialen und kulturellen Werte der Meeresumwelt des Ostgebiets und seiner lebenden Schätze für die Völker der Vertragsparteien unentbehrlich sind" (aus der Präambel der Konvention von Helsinki), gemeinsam der Verschmutzung der Ostsee vom Lande aus, von der Luft und durch die in ihr verkehrenden Schiffe ein Ende zu setzen. Deshalb unterzeichneten sie im März 1974 die Konvention über den Schutz der Meeresumwelt des Ostseegebiets, deren Unterzeichnerstaaten alle Ostseeanrainer sind. Die Reichweite der Konvention umfaßt das gesamte Ostseegebiet (mit Ausnahme der Binnengewässer). Die Konvention betrifft den Schutz der Meeresumwelt des Ostseegebiets, das sowohl das Wasser als auch den Meeresgrund einschließlich ihrer lebenden Schätze sowie sonstiger Formen des Meereslebens umfaßt (Artikel 4 Pkt. 1). Die Konvention soll zwei Monate nach Hinterlegung der siebenten Ratifikations- oder Genehmigungsurkunde in Kraft treten (Artikel 27). Bisher haben sechs Staaten, u. a. Dänemark, solche Urkunden hinter-

---

[75] Siehe Report of the ICES Working Group on the Pollution of the Baltic Sea, Cooperative Research, Report No. 15, SA. Copenhagen, Februar 1970.

legt. Im Falle Dänemarks wurde dies – der westlichen Presse zufolge – seitens der EG, die dafür zuständig ist, genehmigt. Es ist zu erwarten, daß auch der Bundesrepublik Deutschland, die bisher die Ratifikationsurkunde nicht hinterlegt hat, eine solche EG-Genehmigung nicht verweigert wird. Der Konvention kann nach deren Inkrafttreten auch jeder andere Staat (aber keine internationale Organisation) beitreten, der „an der Verwirklichung der Ziele und Zwecke der Konvention interessiert ist, sofern dieser Staat von allen Vertragsparteien eingeladen wurde" (Artikel 26 Absatz 1). Ein eventueller Beitritt einer internationalen Organisation, was einige Ostseestaaten vorschlagen, bedürfe also einer Änderung der Konvention und der Zustimmung aller Unterzeichnerstaaten (Artikel 23).

9. Die Perspektiven der weiteren Zusammenarbeit der Ostseeanrainer

Die Konventionen von Gdańsk und Helsinki werden von vielen als ein Modell für regionale Zusammenarbeit angesehen, das in anderen ähnlichen geographischen Gebieten anwendbar ist. Beide Konventionen können als der Anfang eines „Ostsee-Regionalismus" gelten, der ein politisches Produkt der Entspannung in diesem Teil Europas ist. Es gibt heute konkrete Grundlagen zur Weiterentwicklung und Vertiefung der Zusammenarbeit der Ostseeanrainer auf verschiedenen Gebieten mit Vorteilen für alle beteiligten Staaten. Was die rechtlichen Aspekte der Zusammenarbeit anbelangt, wird gegenwärtig die Ausarbeitung eines „Kodexes der Ostsee" vorgeschlagen. Der Abschluß der Konventionen von Gdańsk und Helsinki bedeutet nämlich nicht das Ende der Schaffung rechtlicher Normen für den Ostseeraum. Die Konventionen beginnen diesen Prozeß und beweisen, daß feste Grundlagen und reale Möglichkeiten vorhanden sind und daß es sogar notwendig ist, einen „Kodex der Ostsee" zu erarbeiten, der die gesamten Fragen der richtigen Nutzung dieses Meeres regeln würde. Es ging dabei um solche Fragen wie: Koordinierung und Konzentration der wissenschaftlichen Forschungen, Vereinheitlichung der Navigationszeichensysteme, Festlegung und Organisation des Schiffsverkehrs unter Berücksichtigung der Tendenz zu immer größeren Tankschiffen, die die Ostseeschiffahrt erschweren könnten, gemeinsame Ausbeutung der Schätze des Meeresgrundes, sowie Vereinheitlichung der Hilfeleistungs- und Bergungsvorschriften, der Regeln für die Benutzung der Häfen, Schiffsversorgung, Reparaturen usw. Man müßte ähnlich wie im Ärmelkanal, das Einbahnsystem für Schiffe wie auf Autobahnen einführen. Für andere vielbenutzte Gewässer werden solche Regeln bereits allmählich eingeführt. Mit Rücksicht darauf, daß die Ostsee klein, geschlossen und seicht ist, müßte man die Fahrwege für Schiffe genau festlegen und einen obligatorischen Lotsendienst einführen. Von Nutzen wären auch gemeinsame Schritte für die Liquidierung der Folgen von Havarien und Unfällen zur See. Polen unterbreitete 1975 Vorschläge für Konventionen über die Hilfeleistung und Bergung sowie über Bildung eines Bundes von Ostseehäfen. Dies sollte zur Ausarbeitung eines Kodexes der Ostsee beitragen, d. h. eines einheitlichen, komplexen Instrumentes zur rechtlichen Regelung des Schutzes und der Nutzung der Ostsee im Interesse aller Anliegerstaaten.

Man darf voraussetzen, daß das regionale Seerecht für den Ostseeraum gewissermaßen als ein Vorbild für die Regelung ähnlicher Fragen in anderen Regionen gelten und zur Lösung einiger besonders schwerer Probleme der III. Seerechtskonferenz beitragen wird.

III

Die rechtliche Regelung des Verkehrs zwischen der Bundesrepublik Deutschland und der Volksrepublik Polen

Jost Delbrück

Die rechtliche Regelung des Verkehrs zwischen der Volksrepublik Polen und der Bundesrepublik Deutschland – zur rechtlichen Regelung des Landverkehrs als Element zwischenstaatlicher Kommunikation

War schon von jeher die Sicherung der Handelswege von größter Bedeutung für eine erfolgreiche wirtschaftliche Zusammenarbeit von Kaufleuten und Gewerbetreibenden über große Räume hinweg, so ist die Gewährleistung eines geordneten und sicheren Verkehrs Gegenstand staatlicher und schließlich zwischenstaatlicher Regelung erst mit der Ausbildung der Territorialstaatlichkeit geworden. Allerdings ging es bei der sich insbesondere im Zeitalter des Merkantilismus ausbildenden Verkehrspolitik und -ordnung der Fürsten nicht auch schon um die Gewährleistung eines möglichst ungehinderten zwischenstaatlichen Verkehrs. Vielmehr standen zu dieser Zeit Gesichtspunkte der Steuerung der Warenströme im zwischenstaatlichen Handel im Interesse der merkantilistischen Zielsetzungen, d.h. etwa Drosselung der Einfuhren und Förderung der Ausfuhren, im Vordergrund[1]. Obwohl die nationale Verkehrspolitik im weitesten Sinne den grenzüberschreitenden Handel treffende, und damit auch internationale Auswirkungen hatte, bekommt die Regelung des Verkehrs zu Lande – wie schon im 17. und 18. Jahrhundert der Verkehr zur See – eine wirkliche internationale und somit auch völkerrechtliche Dimension erst mit dem Aufkommen der Forderung nach einer Öffnung der europäischen Märkte, nach freiem Handel und freiem Verkehr im 19. Jahrhundert. Das Postulat der Freiheit des Verkehrs beinhaltete (und beinhaltet) die Pflicht der Staaten, insbesondere auch ihre Verkehrswege anderen offenzuhalten, ihr innerstaatliches Verkehrsnetz an das anderer Staaten anzuschließen[2]. Zwar hat sich eine solche völkerrechtliche Pflicht der Staaten, ihre Grenzen und Verkehrswege dem Personen- und Warenverkehr prinzipiell zu eröffnen, in dieser Absolutheit bisher zu keiner Zeit voll durchsetzen können[3]. Als ein wichtiges, auch völkerrechtlich rele-

---

[1] Vgl. dazu Haustein, *Die Rechtsgrundlagen des internationalen Verkehrs*, in: Weber/Haustein, *Rechtsgrundlagen des deutschen und des zwischenstaatlichen Verkehrs*, Darmstadt 1956, S. 30.

[2] Vgl. Haustein (Anm. 1), S. 29 f.

[3] Dazu Dahm, *Völkerrecht*, Bd. II, Stuttgart 1961, S. 731 ff; Haustein (Anm. 1.),

vantes Orientierungskriterium für die internationale Ordnung des Verkehrs ist das Prinzip der Freiheit des Verkehrs jedoch bis heute von großer Bedeutung.

Der Grund hierfür ist darin zu sehen, daß die im 19. Jahrhundert zunächst ausschließlich ökonomischen Gesichtspunkte, die die Forderung nach Freiheit des Verkehrs stützten, nach und nach – vor allem im 20. Jahrhundert – immer stärker auch durch technologische Faktoren ergänzt wurden. Die Erfindung der Eisenbahn und schließlich des Kraftfahrzeugs eröffneten Verkehrsmöglichkeiten für Personen und Güter, die ihrem Wesen nach eine den nationalen innerstaatlichen Rahmen sprengende Entfaltung erforderten [4]. So boten sich zur wirtschaftlichen Nutzung der Eisenbahn als dem zunächst auf dem Lande dominierenden Transportmittel Standardisierungen der Schienenwege ebenso an, wie Vereinbarungen über die gemeinsame Nutzung des Wagenparks im internationalen Verkehr [5]. Mit dem Aufkommen des Kraftfahrzeugs als Personen- und Güterverkehrsmittel erforderten die Sicherheit und Leichtigkeit des Verkehrs Abmachungen über die technischen Anforderungen an Kraftfahrzeuge aller Art, über die Anforderungen, die an den Führer eines KFZ zu stellen sind, und schließlich über Haftungsfragen [6]. Das Erfordernis solcher Harmonisierung der Verkehrspolitiken der Staaten gerade auch bis in den technischen Bereich hinein hob die Regelung des Verkehrs aus der bis dahin im wesentlichen nationalen Zuständigkeit in die internationale Ebene. Aber nicht nur dies: die Notwendigkeit internationaler Verkehrsregelungen wandelte ihres umfassenden Charakters wegen auch die klassische Form zwischenstaatlicher Regelungen – den bilateralen Vertrag – hin zu multilateralen, oft institutionell verfestigten Handlungsformen, so daß heute von der Existenz eines internationalen Verkehrsrechts als einem besonderen Zweig des Völkerrechts bzw. des internationalen Wirtschaftsrechts gesprochen werden kann [7], dessen einen Teil das Recht des

---

S. 30 ff; zur Entwicklung des Verkehrsrechts auch von Turegg, *Das europäische Verkehrsrecht* (*Dokumente*), hrsg. von der Forschungsstelle für Völkerrecht und ausländisches öffentliches Recht der Universität Hamburg, H. XVII, Frankfurt/M. und Berlin 1955, S. 3 ff.

[4] Vgl. dazu Delbrück, *Souveränität und Nationalstaat im Wandel*, in: H. P. Schwarz (Hrsg.), *Handbuch der deutschen Außenpolitik*, München/Zürich 1975, S. 669 ff.

[5] Vgl. dazu Haustein (Anm. 1), S. 32 f.

[6] Vgl. von Turegg (Anm. 3), S. 7.

[7] Zur Problematik eines eigenen Rechtszweiges Verkehrsrecht allgemein Abraham, Stichwort „Verkehrsrecht", in Strupp-Schlochauer, *Wörterbuch des Völkerrechts*, Bd. III, S. 514 ff; zur Diskussion über den Inhalt und die Eigenständigkeit des internationalen Verkehrsrechts im Bereich der sozialistischen Staaten vgl. Bergner

Landverkehrs neben dem Recht der See- und Binnenschiffahrt und dem Luftverkehrsrecht darstellt [8].

Aus den vorstehenden einführenden Bemerkungen ist deutlich geworden, daß auch die Regelung des Verkehrs zwischen zwei Staaten heute sinnvoll nur noch sowohl aus der bilateralen als auch aus der multilateralen Perspektive betrachtet werden kann. Deshalb sollen sich die weiteren Überlegungen zunächst der bi- und multilateralen Ausgangslage der Regelung des Landverkehrs zwischen der Volksrepublik Polen und der Bundesrepublik Deutschland nach dem zweiten Weltkrieg zuwenden. Dem wird eine Schilderung der gegenwärtigen Rechtsgrundlagen der Verkehrsregelung anzuschließen sein. Den Abschluß schließlich werden Ausführungen zu den gemeinsamen Aufgaben bei der Bewältigung der Probleme bilden, die sich im Zuge der Errichtung einer gesamteuropäischen Verkehrsinfrastruktur ergeben.

Auch der Bereich der europäischen Verkehrsordnung ist durch die Auswirkungen des zweiten Weltkrieges betroffen worden. Sowohl die aufgrund der in Artikel 23 e der Völkerbundssatzung statuierten Pflicht der Bundesmitglieder, „die Freiheit des Verkehrs und der Durchfuhr sowie die gerechte Regelung des Handels zu gewährleisten und sie aufrechtzuerhalten" [9], entwickelte internationale (europäische) Verkehrsordnung (z. B. Barcelona-Abkommen über die Freiheit des Durchgangsverkehrs [10], Genfer Abkommen über die Rechtsordnung der Eisenbahn [11], Änderungen der Berner Konvention über den Güterverkehr und den Personen- und Gepäckverkehr [12]), als auch die Verkehrsbeziehungen zwischen einzelnen Staaten wie Polen und Deutschland, wurden durch die politischen Verwerfungen im Gefolge des zweiten Weltkrieges erschüttert bzw. vor eine völlig neue Ausgangslage gestellt.

1. Die bilaterale Ausgangslage der Verkehrsregelung

Die Verkehrsbeziehungen zwischen Polen und dem Deutschen Reich waren bis zum Beginn des zweiten Weltkrieges durch die gemeinsame Grenze und vielfältigen wirtschaftlichen Austausch gekennzeichnet, wobei die ent-

---

u. a., *Internationales Verkehrsrecht*, Berlin 1969, S. 43 ff. (46) und besonders Gorski, *Der Begriff des Verkehrsrechts*, „Zeitschrift OSShD", 1960, Nr. 4, S. 16 ff.

[8] Zu den Fragen des polnisch-deutschen Verkehrs zu Wasser und in der Luft, vgl. die Referate von Münch und Schweisfurth.

[9] Haustein (Anm. 1), S. 30.

[10] Text in LNTS Bd. 7, S. 11; RGBl. 1924 II, S. 387.

[11] Text in LNTS Bd. 47, S. 55; RGBl. 1927 II, S. 909.

[12] Vgl. Nachweise bei von Turegg (Anm. 3), S. 7.

sprechenden Regelungen aufgrund der Grenzbestimmungen des Versailler Friedensvertrages zum Teil recht kompliziert gestaltet waren[13]. Die als Folge des zweiten Weltkrieges geschaffene neue politisch-geographische Lage hat für die Verkehrsbeziehungen zwischen Polen und der Bundesrepublik insoweit eine völlig neue Situation gebracht. Eine gemeinsame Grenze besteht nicht mehr. Der Landverkehr zwischen beiden Staaten, ob auf der Straße oder auf dem Schienenweg, muß durch fremdes Hoheitsgebiet erfolgen. Verkehrsfragen gegenseitigen Interesses, die von beiden Staaten bilateral geregelt werden müssen und können, ergeben sich heute nur noch in dem Moment, wo die Verkehrsteilnehmer bzw. die Verkehrsmittel die Grenze zum jeweiligen Staatsgebiet überschreiten. Aber auch die Einbindung beider Staaten in unterschiedliche politische Lager in Europa hat die Verkehrskontakte lange Zeit nach dem zweiten Weltkrieg auf einer im Vergleich zur Vorkriegszeit niedrigeren Stufe gefangen gehalten, so daß das Interesse an einer bilateralen Regelung der Verkehrsbeziehungen erst recht spät einen für die zwischenstaatliche Verkehrspolitik relevanten Grad erreichte. Immerhin ist eine erste – bis jetzt allerdings auch für den Landverkehr einzige – Abmachung, die Vereinbarung zwischen dem Bundesminister für Verkehr der Bundesrepublik Deutschland und dem Minister für Verkehr der Volksrepublik Polen über den internationalen Straßen-, Personen- und Güterverkehr vom 11. 9. 1969[14], bereits vor dem Vertrag zwischen der Bundesrepublik Deutschland und der Volksrepublik Polen über die Grundlagen der Normalisierung ihrer gegenseitigen Beziehungen vom 7. 12. 1970 getroffen worden. Dies unterstreicht die Bedeutung eines geregelten Verkehrswesens zwischen beiden Staaten auch unter den völlig andersgearteten Bedingungen der Nachkriegszeit.

2. Die Verkehrsbeziehungen zwischen der Volksrepublik Polen und der Bundesrepublik Deutschland im Zusammenhang multilateraler Regelungen nach dem zweiten Weltkrieg

Die bereits obenerwähnte Einbindung Polens und der Bundesrepublik in verschiedene, über lange Jahre in einer politischen und ideologischen Konfrontation beharrende Lager hat nicht nur die bilateralen Verkehrsbeziehungen

[13] Vgl. z. B. Artikel 89, 98 Versailler Friedensvertrag vom 1919.
[14] Text im „Bundesanzeiger" 191/69 von 14. Oktober 1969.

beeinträchtigt, sondern auch Auswirkungen auf die Entfaltung der Verkehrsbeziehungen im Zusammenhang multilateraler Bemühungen um eine europäische Verkehrsregelung gehabt.

a) Der Stand der multilateralen Verkehrsregelungen aus der Vorkriegszeit nach dem zweiten Weltkrieg

Neben den erwähnten besonderen Verkehrsregelungen zwischen Polen und dem Deutschen Reich bestimmten die gemeinsame Beteiligung an den großen Verkehrsverträgen aus der Zeit vor dem zweiten Weltkrieg [15] die Verkehrsbeziehungen zwischen beiden Ländern. Mit der nach der Kapitulation vom 8. Mai 1945 eingetretenen Handlungsunfähigkeit des Deutschen Reiches kam auch die deutsche Mitwirkung an diesen multilateralen Vertragswerken zum Erliegen. Dies hatte insbesondere Auswirkungen auf die deutsche Stellung in den Gremien der internationalen Eisenbahnverwaltung (Berner Union), indem eine direkte Mitgliedschaft der beiden deutschen Staaten zunächst nicht möglich war. Erst seit 1955 wurde den deutschen Regierungen eine Mitwirkung an den Übereinkommen über den Eisenbahnfrachtverkehr (CIM) und über den Eisenbahn-Personen- und Gepäckverkehr (CIV) vom 25. 10. 1952 [16] dadurch ermöglicht, daß sie durch eine Mitteilung an die Schweizerische Regierung über die innerstaatliche Inkraftsetzung der Regelungen von CIM und CIV die Rechte und Pflichten eines Mitgliedes der Berner Union erwerben konnten. Damit wurden auch die deutsch-polnischen Eisenbahnverkehrsbeziehungen auf der multilateralen Ebene wieder aufgenommen. Im Bereich des Kraftwagenverkehrs blieben nach dem zweiten Weltkrieg die Vorkriegsverträge formal in Kraft [17]. Jedoch waren sie angesichts der sich rasch verändernden Situation im internationalen Kraftfahrzeugverkehr nur von geringer Bedeutung. Auf Initiative des International Transport Committee [18] wurden deshalb be-

---

[15] Vgl. dazu den Überblick bei von Turegg (Anm. 3), S. 5 ff.

[16] Vgl. dazu Finger, *Internationaler Eisenbahnverkehr, Kommentar*, 2. Aufl., München/Berlin 1965, S. 1 mit weiteren Nachweisen.

[17] Die Verträge sind inhaltlich weitgehend bedeutungslos geworden wegen der tatsächlichen Veränderungen im Kraftfahrzeugverkehr und wegen der allerdings von der Bundesrepublik nicht ratifizierten Genfer Abkommen von 1949, so zu Recht von Turegg (Anm. 3), S. 5 f.

[18] Das ITC – auch Binnenverkehrsausschuß genannt – ist ein Ausschuß der UN-Wirtschaftskommission für Europa (ECE), zu seiner Arbeit vgl. den Überblick bei von Turegg (Anm. 3), S. 8 f; zum Inhalt der Abkommen – Texte bei von Turegg a. a. O, S. 92 ff – vgl. auch Haustein, *Die Freiheit im Internationalen Verkehr*, Darmstadt und Köln 1955, S. 83 ff.

reits 1949 völlig neue Rechtsgrundlagen geschaffen, so die Genfer Konvention zur Regelung der Zollformalitäten im Straßenverkehr vom 16. 6. 1949 (mit Zusatzprotokoll) und das Genfer Abkommen über den Straßenverkehr vom 19. 9. 1949, das allerdings von der Bundesrepublik nicht ratifiziert worden ist, so daß zu Beginn der 50er Jahre zunächst nur das Pariser Abkommen über den Kraftwagenverkehr vom 24. 4. 1926 weiter angewandt wurde[19].

b) Die Einbindung der Volksrepublik Polen in das System wirtschaftlicher Kooperation sozialistischer Staaten und die Verkehrspolitik

Blieb somit von dem verkehrsrechlichen System der Vorkriegszeit nach dem Kriegsende nur wenig erhalten, so trat auch lange Zeit keine neue internationale (europäische) Verkehrsordnung an die Stelle der alten. Vielmehr wurde vor allem in den fünfziger und frühen sechziger Jahren die Verkehrspolitik der europäischen Staaten von den wirtschaftlichen Subsystemen Europas, den Wirtschaftsgemeinschaften in Ost und West (Rat für gegenseitige Wirtschaftshilfe und Europäische Gemeinschaften) sowie in Westeuropa u. a. vom Europarat bestimmt. Der im Jahre 1949 gegründete Rat für gegenseitige Wirtschaftshilfe (RGW) lenkte schon früh sein Augenmerk auf die Entwicklung einer gemeinsamen Verkehrspolitik[20]. Diese Aufgabe fand später in Artikel III Absatz 1 Ziff. b des RGW-Statuts vom 14. 12. 1959 ihren ausdrücklichen Niederschlag und wurde erneut besonders in Abschnitt 12 des Komplexprogramms für die weitere Vertiefung und Vervollkommnung der Zusammenarbeit und Entwicklung der sozialistischen ökonomischen Integration der Mitgliedsländer des RGW von 1971 (Hauptrichtungen und -aufgaben der Entwicklung der Zusammenarbeit im Transportwesen)[21] hervorgehoben.

---

[19] So von Turegg (Anm. 3), S. 13; dazu auch von Würzen, *Internationales Kraftfahrzeugrecht*, Göttingen 1960, S. 69 ff.

[20] So wurden bereits 1950 Eisenbahnverkehrsabkommen zwischen den RGW--Ländern abgeschlossen, vgl. dazu die Nachweise unten Anm. 22; zu den Transportbeziehungen der sozialistischen Staaten untereinander vgl. auch Seiffert u.a., *Das System rechtlicher Regelung der sozialistischen ökonomischen Integration*, Berlin 1976, S. 236 ff.

[21] Text bei Uschakow, *Der Rat für gegenseitige Wirtschaftshilfe*, Köln 1962, S. 74 f (RGW-Statut) und in RGW-Bilanz und Perspektiven, zusammengestellt von Mitarbeitern des Internationalen Instituts für ökonomische Probleme des sozialistischen Weltsystems und des Sekretariates des RGW, Berlin 1975, S. 173 ff. und dazu ferner S. 30.

Bereits im Jahr 1950 wurden zwei Abkommen über den internationalen Eisenbahngüterverkehr und Eisenbahnpersonenverkehr (diese Bezeichnung gilt seit 1954) in Warschau unterzeichnet. Sie traten für die sozialistischen Staaten am 1. 11. 1951 in Kraft[22]. Im Jahr 1957 wurde eine Organisation für die Zusammenarbeit der Eisenbahnen gegründet und 1964 trat ein Abkommen über die Bildung und gemeinsame Nutzung des Güterwagenparks in Kraft[23]. Die genannten Regelungen erhielten von Anfang an Geltungsvorrang gegenüber den Abkommen der Berner Union[24]. Obwohl auch der Kraftfahrzeugverkehr Gegenstand der RGW-Verkehrsberatungen war, ist es zu den genannten Eisenbahnabkommen vergleichbaren, unmittelbar den Kraftfahrzeugverkehr betreffenden Vereinbarungen nicht gekommen, sieht man von den erst sehr spät (1965) von einigen RGW-Mitgliedern (VR Bulgarien, ČSSR, DDR, VR Polen, UdSSR und Ungarische Volksrepublik) geschlossenen Abkommen über die Zollabfertigung internationaler Autogütertransporte einmal ab[25].
Zusammenfassend kann aufgrund der hier nur kurz skizzierten Entwicklung festgestellt werden, daß die Volksrepublik Polen als Mitglied des RGW Glied eines eigenen, sich schrittweise ausbildenden Verkehrssubsystems in Osteuropa wurde, das für die weitere Entwicklung der bilateralen polnisch-deutschen Verkehrsbeziehungen in Rechnung zu stellen war und ist.

c) Die Bundesrepublik Deutschland im Zusammenhang einer (west) europäischen Verkehrsordnung und -politik

Der wirtschaftliche Wiederaufbau in Westdeutschland und damit die Anfänge einer Verkehrsordnung und -politik waren von Beginn an von integrativen Tendenzen im westeuropäischen Bereich gekennzeichnet. Mit dem Eintritt der Bundesrepublik in die Europäische Gemeinschaft für Kohle und Stahl (EGKS) im Jahr 1952 erhielten diese Tendenzen im engsten Bereich der Mitgliedstaaten in Artikel 70 des Vertrages eine rechtliche Grundlage, indem im Bereich der Transporttarife eine gemeinsame Politik verpflichtend festgelegt wurde. Darüberhinaus wurde die Errichtung einer der EGKS

---

[22] Vgl. Text bei Uschakow (Anm. 21), S. 160 ff; zu dem Abkommen im einzelnen Bergner u. a. (Anm. 7), S. 291 ff.
[23] Vgl. dazu Bergner u. a. (Anm. 7), S. 178 ff; RGW – Bilanz und Perspektiven (Anm. 21), S. 162 f.
[24] Vgl. Bergner u. a. (Anm. 7), S. 291; Finger (Anm. 16), S. 2.
[25] Vgl. dazu Bergner u. a. (Anm. 7), S. 411 ff.

entsprechenden Europäischen Verkehrsbehörde diskutiert[26]. Im Vertrag über die Gründung der Europäischen Wirtschaftsgemeinschaft wurde 1957 schließlich für die Mitgliedstaaten eine – allerdings bisher aufgrund vielfältiger Schwierigkeiten nicht verwirklichte – gemeinsame Verkehrspolitik stipuliert (Artikel 74)[27]. In den dieser allgemeinen Verpflichtung folgenden Aussage des EWG-Vertrages (Artikel 75 - 84) sind aufgrund der teilweise recht allgemein gehaltenen Formulierungen nicht unerhebliche Einwirkungen auf das nationale Verkehrswesen der Mitgliedstaaten ermöglicht[28]. So hat beispielsweise der Rat im Jahr 1966 ein Beratungsverfahren für Verkehrsinfrastrukturinvestitionen eingeführt, durch das die nationalen Investitionen auf dem Gebiet des Baus neuer Verbindungswege oder der Verstärkung der Kapazität vorhandener Verbindungswege im Eisenbahn-, Straßen- und Binnenschiffahrtsverkehr im Gemeinschaftsinteresse allen Mitgliedern zur Kenntnis gegeben und gegebenfalls beraten werden sollen[29]. Dieses Beispiel zeigt, daß trotz bisher nur geringer Fortschritte bei der Errichtung eines gemeinsamen Verkehrsmarktes die verkehrswirtschaftlichen und politischen Verpflichtungen der Mitgliedstaaten, also auch der Bundesrepublik, nicht übersehen werden können, wenn auch Beobachter des EG-Verkehrswesens meinen, daß die Einwirkungen auf die nationale Verkehrspolitik der Mitgliedstaaten mehr latent als aktuell sind[30].

Auf der nächstweiteren Ebene internationaler Einbindung der Bundesrepublik in den Kontext einer übergreifenden Verkehrsordnung und -politik ist die Zusammenarbeit europäischer Staaten in der Europäischen Konferenz der Verkehrsminister (CEMT) angesiedelt, die im Jahr 1953 in Brüssel auf Initiative der OEEC (heute OECD) und des Europarats gegründet wurde. Diese Zusammenarbeit hat sich in eindrucksvollen Erfolgen im Ausbau des Autobahnnetzes und der Elektrifizierung des Eisenbahnnetzes in den beteiligten Ländern niedergeschlagen[31].

Die hier ebenfalls nur grob skizzierte Einordnung der Bundesrepublik in

---

[26] Dazu Haustein (Anm. 1), S. 44; auch von Würzen (Anm. 19), S. 107 mit weiteren Nachweisen.

[27] Hierzu kurz Dahm (Anm. 3), S. 750; zur neueren Entwicklung vgl. Kapteyn, *Eine gemeinsame Verkehrspolitik*, in: *Chemin de Fer et l'Europe*, Bd. I, Bruge 1969, S. 265 ff; Woelker, *Die Verwirklichung des Europa-Verkehrs. Bisherige Wege, gegenwärtige Probleme und künftige Möglichkeiten*, „Zeitschrift für Verkehrswissenschaften", Bd. 74 (1964), S. 189 ff.

[28] Dazu Lange, *Verkehr und öffentliches Recht*, Göttingen 1974, S. 313 ff.

[29] Lange (Anm. 28), S. 319.

[30] So Lange (Anm. 28), 3. 318.

[31] Dazu Woelker (Anm. 27), S. 202 ff.

ein sich schrittweise verdichtendes Netz einer Verkehrsordnung und -politik, die sich auf Staaten West-, Nord- und Südeuropas beschränkt, hat eine Ausrichtung der deutschen Verkehrspolitik auf diesen Bereich zur Folge gehabt, die eine aktive deutsche Verkehrspolitik in Richtung auf Osteuropa zumindest nicht erleichterte. Die Verbindung zu Osteuropa im Bereich der Verkehrspolitik mußte deshalb solchen Institutionen vorbehalten bleiben, in denen Staaten aus allen Teilen Europas vertreten sind. Als eine solche institutionelle Ebene der Zusammenarbeit bot sich die im Jahr 1947 gegründete UN-Wirtschaftskommission für Europa (ECE) an, der die Bundesrepublik seit 1956 ebenfalls angehört.

d) Bisherige Bemühungen um eine gesamteuropäische Verkehrsordnung im Rahmen der ECE

Zu den die ECE konstituierenden Ausschüssen gehört auch der Binnenverkehrsausschuß. Ihm zugeordnet ist eine Transportabteilung des Sekretariats der ECE. Von Beginn an haben beide Einrichtungen eine bemerkenswerte Aktivität entfaltet und sich dabei schwerpunktmäßig dem Straßenverkehr zugewandt [32]. Der Arbeit des Binnenverkehrsausschusses entstammen eine Fülle von Abkommen betreffend u. a. den Straßenverkehr und Straßenverkehrszeichen, Straßenmarkierungen, den Transport gefährlicher Güter, Kraftfahrzeugsteuern und Zollerleichterungen im Straßenverkehr und im Warentransport mit Carnets TIR [33]. Unter den das Eisenbahnwesen betreffenden Tätigkeiten ist besonders das in Zusammenarbeit mit den Eisenbahnorganisationen [34] erfolgende Bemühen um die Einführung der automatischen Kupplung in ganz Europa sowie das Bemühen um die Vereinheitlichung der Sicherung an schienengleichen Übergängen zu nennen. Der Umfang – und Erfolg – der ECE-Tätigkeiten auf dem Gebiet einer gesamteuropäischen Verkehrsordnung weist dieser Institution einen vorrangigen Platz bei dem Bemühen einer Zusammenarbeit der Staaten Europas, gerade auch über die unterschiedlichen Systeme hinweg, zu, so daß auch für die bilateralen Verkehrsbeziehungen zwischen Polen und der Bundesrepublik diese Ebene der Zusammenarbeit von größter Wichtigkeit ist.

---

[32] So Woelker (Anm. 27), S. 195.
[33] Text in BGBl. 1961 II, S. 249.
[34] Vgl. Woelker (Anm. 27), S. 198.

e) Einrichtungen der Zusammenarbeit auf nichtstaatlicher Ebene

Das Bild der Rahmenbedingungen einer verkehrspolitischen und -rechtlichen Zusammenarbeit Polens und der Bundesrepublik wäre nicht vollständig, wenn nicht abschließend noch ein kurzer Blick auf die zahlreichen nichtstaatlichen Organisationen der Europäischen Zusammenarbeit auf dem Gebiet des Verkehrswesens geworfen würde. Allerdings ist es in diesem Rahmen unmöglich, eine auch nur annähernd vollständige Aufzählung dieser Organisationen vorzunehmen. Hier seien nur die für den Landverkehr in Europa wichtigsten nichtstaatlichen Organisationen genannt, an denen Verkehrsorganisationen sowohl Polens als auch der Bundesrepublik beteiligt sind. Auf dem Gebiet des Eisenbahnwesens gibt es eine Reihe von Zusammenschlüssen der nationalen Eisenbahngesellschaften, die sich – wie das International Rail Transport Committee [35] – z. B. die Entwicklung des internationalen Rechts des Eisenbahntransports auf der Basis der Berner Konventionen (CIM/CIV) [36] oder die Harmonisierung der Fahrpläne für den Personen- und Güterverkehr – so die Europäische Reisezug- und die Europäische Güterzug-Fahrplankonferenz (CEH, LIM) [37] – zur Aufgabe gemacht haben. Eine sachgebietübergreifende Vereinigung nationaler Eisenbahnverwaltungen stellt die bereits 1922 gegründete Union Internationale des Chemins de Fer (UIC) [38] dar. Die bedeutendste nichtstaatliche Organisation auf dem Gebiet des Kraftfahrzeugwesens bildet die International Road Transport UNION (IRU), die aus nationalen Transport- und Personenverkehrsorganisationen und -unternehmen besteht [39]. Aber auch spezielle Fachorganisationen – so etwa auf dem Gebiet des Möbeltransports die International Federation of Forwarding Agents Associations (FIATA) [40] – arbeiten auf gesamteuropäischer Ebene an der Erleichterung und Koordinierung des Landverkehrs mit.

---

[35] Vgl. dazu „Yearbook of International Organizations", Nr. 2394. Zu den Tätigkeiten nichtstaatlicher Verkehrsorganisationen vgl. allgemein Bergner u. a. (Anm. 7), S. 197 ff.

[36] Bergner u. a. (Anm. 7), S. 210 ff.

[37] Vgl. „Yearbook of International Organizations", Nr. 891 (CEH), ferner Bergner u. a. (Anm. 7), S. 213 ff.

[38] Vgl. „Yearbook of International Organizations", Nr. 2772; ferner Bergner u. a. (Anm. 7), S. 200 ff.

[39] Vgl. „Yearbook of International Organizations", Nr. 2420; ferner Bergner u. a. (Anm. 7), S. 253 ff; Dahm (Anm. 3), S. 738.

[40] Vgl. „Yearbook of International Organizations", Nr. 1916; Bergner u. a. (Anm. 7), S. 250 ff.

3. Die gegenwärtigen Rechtsgrundlagen der Landverkehrsregelung zwischen der Volksrepublik Polen und der Bundesrepublik Deutschland

Nach der Skizzierung der bilateralen und der multilateralen Ausgangslage der Regelung der Landverkehrsbeziehungen zwischen Polen und der Bundesrepublik gilt es nun, die wesentlichsten gegenwärtig zwischen beiden Ländern auf bi- und multilateraler Ebene geltenden Rechtsgrundlagen darzulegen. Dabei empfiehlt es sich im Hinblick auf die spezielle Fragestellung der polnisch-deutschen Regelungen des Landverkehrs von den umfassenden multilateralen zu den speziellen bilateralen Regelungen überzugehen, die allerdings nur auf einem Teilsektor des Landverkehrs bestehen.

a) Die multilaterale vertragliche Zusammenarbeit auf dem Gebiet des Eisenbahnverkehrs

Formell für beide Staaten noch in Kraft, aber ohne große praktische Bedeutung sind das Transitabkommen vom 20. 4. 1921 [41], das sich auf die Eisenbahnen bezieht [42], sowie das Übereinkommen vom 9. 12. 1923 [43] über die internationale Rechtsordnung der Eisenbahnen [44]. Von entscheidendem aktuellen Gewicht sind die in Neufassung vom 7. 2. 1970 beschlossenen Internationalen Übereinkommen über den Eisenbahnfrachtverkehr (CIM) und über den Eisenbahn-Personen- und Gepäckverkehr (CIV) [45] sowie das Zusatzprotokoll zu diesen Übereinkommen vom 7. 2. 1970 [46], das Protokoll I vom 9. 11. 1973 der Diplomatischen Konferenz für die Inkraftsetzung der Internationalen Übereinkommen CIM und CIV [47] und schließlich das Zusatzübereinkommen vom 25. 2. 1961 (CIV) über die Haftung der Eisenbahn für Tötung und Verletzung von Reisenden in der geänderten Fassung des Protokolls II vom 9. 11. 1973 der oben genannten Diplomatischen Konferenz betreffend die Verlängerung der Geltungsdauer des Zusatzübereinkommens vom 26. 2. 1966 [48]. Dieses Protokoll war er-

[41] Vgl. oben Anm. 10.
[42] Von Turegg (Anm. 3), S. 7.
[43] Vgl. oben Anm. 11.
[44] Fundstellennachweis B, abgeschlossen 31. 12. 1977, S. 154.
[45] Text in BGBl. 1974 II, S. 383 ff, 493 ff.
[46] Text in BGBl. 1974 II, S. 553 ff.
[47] Text in BGBl. 1974 II, S. 557 ff.
[48] Text in BGBl. 1974 II, S. 361 ff.

forderlich geworden, weil die Geltungsdauer des Zusatzabkommens aus formellen Gründen in Art. 27 an die Geltungsdauer der CIV von 1961 gebunden worden war[49]. Da somit dieses Zusatzübereinkommen mit dem Außerkrafttreten der alten und dem Inkrafttreten der neuen CIV vom 7. 2. 1970 ebenfalls nicht mehr gegolten hätte, beschloß die Diplomatische Konferenz für die Inkraftsetzung der Internationalen Übereinkommen CIM und CIV in dem obengenannten Protokoll II vom 9. 11. 1973 eine Verlängerung der Geltungsdauer des Zusatzübereinkommens, bezogen auf die Geltungsdauer der neuen CIV[50]. Zugleich wurden entsprechende Anpassungen des Textes des Zusatzübereinkommens an die neue Rechtslage (Bezugnahme auf die neue CIV) vorgenommen. Diese Verträge sind im Verhältnis zwischen Polen und der Bundesrepublik seit dem 1. 1. 1975 (CIM/CIV, Protokoll I) bzw. seit dem 29. 6. 1974 (Zusatzübereinkommen, Protokoll II) in Kraft[51].
Hinzu kommen als Anlagen zu den genannten Vertragswerken eine Reihe von Regelungen über die Internationale Ordnung für die Beförderung gefährlicher Güter mit der Eisenbahn (RID) in der Neufassung von 1977, über die Internationale Ordnung für die Beförderung von Privatwagen (RIP) und die Internationale Ordnung für die Beförderung von Behältern (Containern – RICo)[52]. Da Polen und die Bundesrepublik keine gemeinsame Grenze haben, sind für den Gegenstand und Geltungsbereich von CIM und CIV jeweils nur die in Artikel 1 § 1 niedergelegten allgemeinen Regelungen relevant, wonach die Abkommen auf alle Sendungen von Gütern bzw. Personen- und Gepäckbeförderungen Anwendung finden, die auf einem Wege transportiert werden, der die Gebiete mindestens zweier Vertragspartner berührt und ausschließlich Strecken umfaßt, die in den vertraglich (Artikel 59 CIM, Artikel 55 CIV) aufgestellten Listen verzeichnet sind. Für diese Güter und Personen besteht nach Artikel 5 CIM und Artikel 3 CIV eine Beförderungspflicht, wobei die Ausnahmen von dem bzw. Bedingungen für das Bestehen der Beförderungspflicht sehr detailliert ausgeführt sind, so etwa die in ihrer sorgfältigen Technizität fast makaber anmutenden, jedoch außerordentlich wichtigen Bestimmungen über den Transport von Leichen, die nur dann zur Beförderung zugelassen

---

[49] So Protokoll II v. 9. 11. 1973, BGBl. 1974 II, S. 560.
[50] So Protokoll II, ebenda.
[51] Vgl. Fundstellennachweis B (Anm. 44), S. 357 f; „Dziennik Ustaw" Nr. 10/1974.
[52] Vgl. Wortlaut RID in Anlageband zum BGBl. 1967 II, Nr. 13, von RIP in BGBl. 1974 II, S. 469 ff. und von RICo ebenda, S. 477 ff.

sind, wenn sie als Eilgut aufgegeben werden, die Kosten durch den Absender bezahlt werden und der Frachtbrief die Angabe „bahnlagernd" nicht enthält (Artikel 4 § 1 Ziffer b CIM). Im weiteren enthalten beide Abkommen ausführliche Regelungen über die Beförderungsbedingungen im Fracht- und Personenverkehr sowie die Haftung der Eisenbahnen.

b) Die multilaterale vertragliche Zusammenarbeit auf dem Gebiet des Straßenverkehrs

Obwohl die Liste der internationalen Abkommen zur Regelung der mit dem zwischenstaatlichen Verkehr auf der Straße zusammenhängenden Fragen recht lang ist [53], muß – damit verglichen – der Bestand an gegenwärtig sowohl Polen als auch die Bundesrepublik bindenden Verträge als relativ gering angesehen werden, wobei allerdings zu berücksichtigen ist, daß das umfassende, im Rahmen der ECE erarbeitete Vertragswerk, bestehend aus den Übereinkommen vom 8.11.1968 über den Straßenverkehr, das vom gleichen Tag datierende Übereinkommen über die Straßenverkehrszeichen, das Europäische Zusatzübereinkommen vom 1.5.1971 und das Protokoll vom 1.3.1973 über Straßenmarkierungen zum Europäischen Zusatzübereinkommen, noch nicht in Kraft getreten ist [54].
Aus der Vorkriegszeit ist bis heute auch zwischen Polen und der Bundesrepublik das Internationale Abkommen vom 24.4.1926 und das Abkommen über den Transitverkehr von 1921 noch in Kraft [55]. Die Masse der geltenden Abkommen ist jedoch erst nach dem zweiten Weltkrieg geschlossen worden, was – wie bereits oben angedeutet – angesichts des sich in dieser Zeit rasch entwickelnden internationalen Kraftfahrzeugverkehrs verständlich ist. Im Bereich des grenzüberschreitenden Verkehrs ist zunächst, da das Genfer Übereinkommen über den Straßenverkehr von 1949 von der Bundesrepublik nicht ratifiziert worden ist, das Übereinkommen vom 19.5.1956 über den Beförderungsvertrag im internationalen Straßengüterverkehr (CMR) hervorzuheben, das seit dem 11.9.1962 – dem Datum des Inkrafttretens des Vertrages für Polen – zwischen beiden Ländern gilt [56]. Im

[53] Vgl. den Überblick bei Woelker (Anm. 27), S. 195 ff; hinzu kommen eine Reihe von Verträgen aus dem Bereich des Europarats und der EG.
[54] Vgl. Fundstellennachweis B (Anm. 44), S. 352, Zustimmungsgesetz der gesetzgebenden Körperschaft der Bundesrepublik vom 21. 9. 1977 und Texte in BGBl. 1977 II, S. 809, 811, 893, 986, 1006 und 1026.
[55] Vgl. Fundstellennachweis B (Anm. 44), S. 146, 164.
[56] Vgl. Fundstellennachweis B (Anm. 44), S. 266.

Bereich des Kraftfahrzeugwesens und des Straßenverkehrs ist das multilaterale Abkommen über die Beförderung gefährlicher Güter auf der Straße (ADR) seit 1975 auch für Polen und die Bundesrepublik verbindlich[57], ebenso seit 1960 das Abkommen über den Bau von Hauptverkehrsstraßen[58]. Von Polen nicht ratifiziert, wohl aber für die Bundesrepublik in Kraft, sind das Übereinkommen über die Annahme einheitlicher Bedingungen für die Genehmigung der Ausrüstungsgegenstände und Teile von Kraftfahrzeugen (Motorfahrzeugen) und über die gegenseitige Anerkennung und Genehmigung vom 20.3.1958 und das Übereinkommen über internationale Beförderungen leicht verderblicher Lebensmittel vom 1.9.1970[59] – Abkommen, die für den reibungslosen Landverkehr gewiß zweckdienlich sind und deren Annahme keinen prinzipiellen Bedenken begegnen dürfte. Angesichts der auf der UN-Verkehrskonferenz in Wien beschlossenen, oben bereits erwähnten Verkehrsabkommen von 1968[60] erscheint dagegen das von Polen auch nicht ratifizierte Europäische Übereinkommen vom 13.12. 1957 über Straßenmarkierungen[61] nicht mehr aktuell.

Dagegen verbinden Polen und die Bundesrepublik die gemeinsame Beteiligung u.a. am Abkommen über die Besteuerung von Straßenfahrzeugen zum privaten Gebrauch im internationalen Verkehr vom 18.5.1956, das die Doppelbesteuerung vermeiden will und deshalb ausländische private Kraftfahrzeuge in Ländern, in die sie vorübergehend eingeführt werden, von der Straßenverkehrsbesteuerung befreit[62], an einem entsprechenden Zollabkommen vom gleichen Datum[63], einem Zollabkommen über Behälter, das der Erleichterung des sog. Kombinierten Verkehrs dient, und dem allgemeinen Zollübereinkommen vom 15.1.1959 über den internationalen Warentransport mit Carnets TIR (TIR-Übereinkommen), das für beide Staaten seit 1962 in Kraft ist[64]. Nicht zu vergessen ist schließlich das weltweit geltende Abkommen vom 4.6.1954 über Zollerleichterungen im Touristenverkehr nebst Zusatzprotokoll zum Abkommen betreffend die Einfuhr von Werbeschriften und Werbematerial für den Fremdenverkehr[65],

---

[57] Vgl. Fundstellennachweis B (Anm. 44), S. 280/281.
[58] Vgl. Fundstellennachweis B (Anm. 44), S. 227.
[59] Andere Mitgliedstaaten des RGW sind Partner dieser Verträge (ČSSR, Rumänien, Ungarn – Abkommen von 1958 – UdSSR – Abkommen von 1970), vgl. Fundstellennachweis B (Anm. 44), S. 283 und 360.
[60] Vgl. oben S. 191.
[61] Vgl. Fundstellennachweis B (Anm. 44), S. 282.
[62] Vgl. Woelker (Anm. 27), S. 196.
[63] Vgl. ebenda, S. 197.
[64] Text in BGBl. 1961 II, S. 649; Fundstellennachweis B (Anm. 44), S. 292.
[65] Text in BGBl. 1956 II, S. 1886.

das seit 1960 für Polen, seit 1957 für die Bundesrepublik verbindlich ist. Insgesamt ist in diesem Bereich des Landverkehrs noch ein weites Feld gemeinsamer Regelung des Verkehrswesens, abgesehen vom Zoll- und Steuerwesen, eröffnet, für die sich insbesondere der Rahmen der ECE anbietet, wie die Arbeiten der Wiener UN-Verkehrskonferenz zeigen.

c) Die bilaterale Vereinbarung über den internationalen Straßenpersonen- und -güterverkehr zwischen der Volksrepublik Polen und der Bundesrepublik Deutschland vom 11.9.1969[66]

Diese Vereinbarung, die nicht den Charakter eines förmlichen völkerrechtlichen Vertrages, sondern des eines Regierungs- bzw. Verwaltungsabkommens trägt, hat die Regelung der Beförderung von Personen und Gütern durch Unternehmen, die im Gebiet ihres Landes zur Ausführung der in dieser Vereinbarung vorgesehenen Art der Beförderung berechtigt sind (Artikel 1) zum Gegenstand. Das bedeutet für den Personenverkehr, daß die Vereinbarung nicht den individuellen privaten Personenverkehr betrifft, sondern einen Verkehr, der von Unternehmen mit Kraftomnibussen durchgeführt wird, und zwar unter Umständen sogar mit grenzüberschreitendem Linienverkehr (Artikel 3). Für diesen Verkehr sieht Artikel 2 vor, daß er sich – auch im Falle des bloßen Transits – nach den jeweiligen innerstaatlichen Rechtsvorschriften richtet. Im Artikel 3, der im übrigen das zur Aufnahme eines grenzüberschreitenden Linienverkehrs mit Kraftomnibussen vorher erforderliche Genehmigungsverfahren recht unkompliziert regelt, wird die Durchführung eines Binnenverkehrs im Gebiet des anderen Landes für unzulässig erklärt (Artikel 3 Absatz 4, eine entsprechende Regelung besteht für den Güterverkehr, Artikel 10 Absatz 1), was im Hinblick auf die ohnehin im Beförderungsgewerbe jedenfalls in der Bundesrepublik schwierigen Wettbewerbslage zu begrüßen ist.
Auch der gewerbliche grenzüberschreitende Güterverkehr und der Werkverkehr bedürfen sowohl beim Verkehr zwischen den beiden Ländern als auch beim Transitverkehr einer Genehmigung der jeweils anderen Vertragspartei (Artikel 4 Absatz 1 i. V. m. Artikel 6). Allerdings macht Artikel 5 einige für den wirtschaftlichen und kulturellen Austausch zwischen beiden Ländern wichtige Ausnahmen. Einer Genehmigung bedarf nämlich nicht die Beförderung von:

[66] Vgl. Anm. 14.

1. Gegenständen oder Material ausschließlich zur Werbung oder Unterrichtung im Wechselverkehr (z. B. Messe- und Ausstellungsgut);
2. Geräten und Zubehör zu oder von Theater-, Musik-, Film-, Sport- und Zirkusveranstaltungen sowie zu oder von Rundfunk-, Film- oder Fernsehaufnahmen im Wechselverkehr;
3. beschädigten Fahrzeugen;
4. Leichen (Artikel 5).

Um das vorgesehene Genehmigungsverfahren insgesamt zu erleichtern, stellen sich die Verkehrsminister gegenseitig jährlich eine bestimmte Anzahl von Blanko-Genehmigungen zur Verfügung, deren Höchstzahl besonders vereinbart (Artikel 7) und im Bedarfsfalle von den Beauftragten der Verkehrsminister gemäß Artikel 13 geändert werden kann.
Beide Länder verpflichten sich, die notwendigen Maßnahmen zu ergreifen, um die Beachtung des jeweiligen Verkehrs- und Kraftfahrzeugrechts sowie der Zoll- und Tarifbestimmungen sicherzustellen, und zwar ohne Rücksicht auf die je eigenen gesetzlichen Bestimmungen (Artikel 12). Streitfragen werden gemäß Artikel 13 von den Beauftragten der Verkehrsminister ebenso behandelt wie etwaige Anpassungen der Vereinbarung an neue Entwicklungen.
Die Vereinbarung, die nur einen Teil der Landverkehrsproblematik abdeckt, wirft für die Beziehungen zwischen den Partnern – soweit ersichtlich – keine Probleme auf, insbesondere steht sie auch im Einklang mit den zuvor aufgeführten multilateralen Verträgen, so der CMR, die in Artikel 1 Absatz 5 den Vertragsparteien den Abschluß von zweiseitigen Sondervereinbarungen verbietet, die Abweichungen von den Bestimmungen dieses Übereinkommens sind enthalten.

d) Sonstige verkehrsrelevante Regelungen

Neben den im engeren Sinne den Verkehr von Personen und Gütern zwischen Polen und der Bundesrepublik betreffenden Regelungen sind für die zwischenstaatliche Kommunikation auch solche Vorschriften relevant, die wie Paß- und Visa-Vorschriften oder Devisenregelungen die Möglichkeiten der Ein- und Ausreise wesentlich mitbestimmen. Hier sind die allgemeinen, insbesondere jeweils nationalen Rechtsvorschriften maßgebend. Daß in diesem Bereich Verbesserungen nötig und Erleichterungen insbesondere des Personenverkehrs (Tourismus) angestrebt werden sollten, haben Polen und die Bundesrepublik als Teilnehmerstaaten der Konferenz für Sichersicht

und Zusammenarbeit mit der Annahme der Schlußakte bekräftigt, die in dem sog. Korb II unter Ziffer 6 einen umfassenden Katalog von entsprechenden Maßnahmen in Vorschlag bringt[67].
Damit ist die Frage der künftigen Perspektiven der Regelung des Landverkehrs zwischen der Volksrepublik Polen und der Bundesrepublik Deutschland insgesamt angesprochen, denen einige abschließende Bemerkungen gelten sollen.

4. Perspektiven bilateraler und multilateraler Zusammenarbeit auf dem Gebiet des Landverkehrs zwischen der Volksrepublik Polen und der Bundesrepublik Deutschland

Die vorstehenden Ausführungen haben gezeigt, daß Polen und die Bundesrepublik in vielfältigen vertraglichen Bindungen auf dem Gebiet der Regelung des Landverkehrs stehen, wiewohl nicht zu verkennen ist, daß diese Verkehrsbeziehungen noch intensiviert und verbessert werden können, wozu die Regelung der Transitfrage durch das Gebiet der DDR gute Voraussetzungen geschaffen hat[68]. Dabei ist auch deutlich geworden, daß die Komplexität der Verkehrsfragen heute zweckmäßigerweise zunehmend auf multilateraler Ebene gelöst werden. So erscheint es auch zweckmäßig künftig das Schwergewicht der Regelung von Verkehrsfragen zwischen Polen und der Bundesrepublik eher auf multilateraler Ebene, insbesondere im Rahmen der ECE, zu legen. Die Voraussetzungen hierfür sind, ausgehend von dem umfassenden Aufgabenkatalog der KSZE-Schlußakte, durch entsprechende Beschlüsse der ECE (Binnenverkehrsausschuß) geschaffen worden. Auf der Grundlage der Entscheidung B (XXXI)[69] über den Vorschlag betreffend die Abhaltung gesamteuropäischer Konferenzen über Fragen der Zusammenarbeit auf dem Gebiet des Umweltschutzes, der Entwicklung des Transportwesens und der Energie hat die ECE ein Arbeitsprogramm für die Zeit von 1977 - 1981 aufgestellt[70], das sich in Abschnitt 09 (Inland Transport) außer mit dem Verkehr auf Binnen-

---

[67] Vgl. *Text in KSZE – Konferenz für Sicherheit und Zusammenarbeit in Europa. Beiträge und Dokumente aus dem Europa-Archiv*, hrsg. von Volle/Wagner, Bonn 1976, S. 262 ff.

[68] Vgl. Vertrag zwischen der Bundersepublik Deutschland und der Deutschen Demokratischen Republik über Fragen des Verkehrs vom 26. 5. 1972, Text in BGBl. 1972 II, S. 1449 nebst Protokollvermerken, vgl. dazu von Münch (Hrsg.), *Dokumente des geteilten Deutschlands*, Bd. II (seit 1968), Stuttgart 1974, S. 256 ff.

[69] UN Doc. E/ECE/917 vom 10. 2. 1977.

[70] UN Doc. E/ECE/911 Add. 2v. 6. 4. 1977.

wasserstraßen mit besonderer Aufmerksamkeit dem Landverkehr widmet. Aus dem Aufgabenkatalog seien hier abschließend die wesentlichen Vorhaben genannt.

a) Eisenbahnverkehr

Entsprechend der schon bisher zu beobachtenden vorwiegenden Beschäftigung der ECE mit Fragen des Straßenverkehrs findet der Eisenbahnverkehr in dem Aufgabenkatalog nur geringe Berücksichtigung, obwohl die Förderung des Eisenbahnverkehrswesens in der KSZE-Schlußakte gleichrangig neben den anderen Verkehrszweigen genannt wurde. Das Programm der ECE beschränkt sich in diesem Bereich auf die Beobachtung der Zukunftsaussichten für den Eisenbahntransport, insbesondere im Hinblick auf Hochleistungsschnelltransportsysteme und die Einführung neuer Transporttechnologien und der Anwendung moderner Techniken im Eisenbahnbetrieb sowie der auch im Eisenbahnverkehr wichtigen Energiefrage. Auch die Frage eines Abkommens über die automatische Eisenbahnkupplung steht im Programm [71].

b) Straßenverkehr

Neben der Sammlung und periodischen Veröffentlichung von Informationen über bilaterale Übereinkommen für den internationalen Straßentransport und entsprechende nationale Gesetzgebungen will sich die ECE dem Problem der Revision des Europäischen Abkommens über die internationalen Hauptverkehrsstraßen (Anpassung des europäischen Straßennetzes und die sich wandelnden Anforderungen) [72], damit zusammenhängend dem Bau einer Europäischen Nord-Süd-Autostraße und der Verbindung des europäischen Straßennetzes mit anderen Regionen [73] widmen. Ebenso stehen die Frage einer Überprüfung des Europäischen Übereinkommens über den Transport gefährlicher Güter [74], des kombinierten und Container-Transports [75] sowie generall Fragen der Transportsicherheit, der Erleichterung

[71] Ebenda Ziff. 09. 1. 1. (e), 09. 2. 6. und 09. 6. 2.
[72] Ebenda Ziff. 09. 2. 4.
[73] Ebenda Ziff. 09. 2. 5.
[74] Ebenda Ziff. 09. 3. 1.
[75] Ebenda Ziff. 09. 3. 4.

und Harmonisierung der Zollabfertigung usw. auf der Tagesordnung[76]. Überblickt man den hier nur teilweise aufgeführten Aufgabenkatalog, so kann festgestellt werden, daß alle wesentlichen Fragen, die auch den polnisch-deutschen Landverkehr betreffen, aufgegriffen worden sind. So kann davon ausgegangen werden, daß beide Staaten hinreichend Gelegenheit haben werden, ihre beiderseitigen Interessen auf der europäischen Ebene im Geiste der bilateralen und der multilateralen Zusammenarbeit konstruktiv einbringen zu können.

---

[76] UN Doc. E/ECE/911 Add. 2 Ziff. 0.9. passim.

Władysław Braś

Die rechtliche Regelung des Verkehrs zwischen der Volksrepublik Polen und der Bundesrepublik Deutschland

1. Beurteilung der rechtlichen Regelung des Verkehrs zwischen der Volksrepublik Polen und der Bundesrepublik Deutschland

a) Allgemeine Bemerkungen

In den internationalen Beziehungen wurde das Verkehrswesen zu einem der wichtigsten Faktoren der wirtschaftlichen Zusammenarbeit und des Warenaustausches. Es ermöglichte außerdem eine Vertiefung der kulturellen Beziehungen zwischen verschiedenen Gesellschaftssystemen.

Die Entwicklung des internationalen Verkehrs erforderte die Schaffung von entsprechenden rechtlichen Regelungen, welche einerseits den Rechtsstatus des jeweiligen Transportmittels auf dem Territorium eines anderen Staates bestimmten und ihm eine einheitliche Behandlung in verschiedenen Staaten sicherten, andererseits aber die Nutzung dieses Transportmittels im grenzüberschreitenden Verkehr ermöglichten.

Die Problematik des internationalen Verkehrs ist ausgesprochen komplex. Sie betrifft nämlich einerseits die Technik und die Verkehrssicherheit der jeweiligen Transportmittel, Fragen sanitärer, administrativer, finanzieller und zollrechtlicher Art, welche mit diesem Verkehr verbunden sind, andererseits umfasst sie die Vielfältigkeit der Beziehungen, die aufgrund der Verträge über den internationalen Transport und Verkehr entstehen. Dabei muß man hinzufügen, daß die politischen und wirtschaftlichen Beziehungen zwischen einzelnen Staaten einen großen Einfluß auf den internationalen Verkehr ausüben.

Das Entstehen verschiedener Transportzweige in den verschiedenen historischen Epochen und die Andersartigkeit ihrer Entwicklung sowie ihre technischen Eigenschaften erforden es, ihre rechtliche Regelung separat zu besprechen. Die Grundlage solcher Überlegungen muß die Erkenntnis bilden, daß alle Transportzweige inzwischen ein solches Entwicklungsstadium und Bedeutung im internationalen Verkehr erreicht haben, daß die Mehrzahl der entstandenen Probleme im internationalen Maßstabe vereinbart werden muß. Wie mit Recht P. Reuter hervorhob, sind es eher die technischen als politischen oder ökonomischen Probleme, welche die Internationalisierung der Verkehrsprobleme verursachen [1].

Die internationale Regelung der Verkehrsprobleme erfolgte meistens durch multilaterale Verträge. Den bilateralen Vereinbarungen unterliegt nur noch ein kleiner Teil der Verkehrsproblematik und dazu nicht aller Transportzweige.

Eine andere allgemeine Feststellung ergibt sich aus einem Vergleich des internationalen Verkehrs in den verschiedenen Transportzweigen. In diesem Falle handelt es sich um die Unterschiede zwischen der Eisenbahn und den anderen Transportzweigen. Die europäischen Eisenbahnverwaltungen bilden eine Beförderungsgemeinschaft. Jede einzelne von ihnen führt auf ihrem Gebiet einen Teil des internationalen Verkehrs und übergibt an der Staatsgrenze die Wagen, sowohl im Personen- als auch Güterverkehr, der nächsten Verwaltung zur weiteren Beförderung. Wir haben es hier also nicht mit einem Problem der Ausführung der Beförderung durch die Bahn eines Staates auf dem Territorium eines anderen zu tun, sondern nur mit internationalen Fragen der gegenseitigen Benutzung von Wagen als auch mit den für alle Verkehrszweigen gemeinen Fragen der Freiheit bei Ein- und Ausfuhr und Transit im Personen- und Güterverkehr und den damit verbundenen polizeilichen, zollrechtlichen und sanitären Problemen. Solche Abwicklung der internationalen Beförderungen wie bei der Eisenbahn war es in den anderen Transportzweigen nicht möglich, vor allem aus technischen Gründen. Die Transportunternehmen eines jeden Landes durchführen den internationalen Verkehr nicht nur auf dem Gebiet des eigenen Staates, sondern auch auf ausländischem Territorium. Dadurch entsteht ein zusätzliches Rechtsproblem der sogenannten Handelsrechte auf ausländischem Hoheitsgebiet, d.h. der Ausführung von Beförderungen durch Transportunternehmen eines Landes auf dem Territorium eines anderen Landes.

Als gemeinsames und fundamentales Problem für alle Verkehrzweige ist die Freiheit des Transports im internationalem Ausmaße anzusehen. Diese bedeutet die Verpflichtung der Staaten, ihre Verkehrswege zum Transport von Personen und Gütern im internationalen Verkehr, aus-

---

[1] P. Reuter, *Droit international public*, Paris 1948, S. 189.

geführt durch Transportunternehmen anderer Staaten, zur Verfügung zu stellen. Dieses würde eine unbegrenzte Freiheit des Handels und die Öffnung des Binnenmarktes eines jeden Landes für alle übrigen Länder bedeuten (ius commercii)[2]. Eine solche Verpflichtung wurde bislang nicht angenommen und das Problem steht weiterhin offen[3]. Die diesbezüglichen jahrelangen Bemühungen mußten erfolglos bleiben, da eine solche Verpflichtung die wesentlichen Interessen der jeweiligen Staaten beeinträchtigen würde. Den einzigen Erfolg, den man erzielte, stellt die Freiheit des Transitverkehrs dar. Das am 20. April 1921 in Barcelona abgeschlossene Übereinkommen und Statut über die Freiheit des Durchgangsverkehrs, das von vielen Staaten ratifiziert wurde, kann man als allgemeingeltende internationale Rechtsnorm betrachten, welche die Freiheit des Transitverkehrs gewährleistet[4].
Die angeführten Erwägungen sollten bei der Beurteilung der rechtlichen Regelung des Verkehrs zwischen der Volksrepublik Polen und der Bundesrepublik Deutschland berücksichtigt werden.

b) Eisenbahnverkehr

Die Übersicht der Rechtsregelungen des Verkehrs zwischen Polen und der Bundesrepublik Deutschland möchte ich mit dem Verkehrszweig beginnen, welchem die größte Bedeutung zufällt: der Eisenbahn. Es verdient hervorgehoben zu werden, daß schon fast vor hundert Jahren L. von Stein die Meinung vertrat, daß man das europäische Bahnnetz als eine große Einheit betrachten soll, in der alle Binnensysteme so eng miteinander verbunden sind, daß die geringste Störung in einem der Länder sich sofort in ganz Europa auswirken wird[5]. Diese These wurde in zwei grundsätzlichen internationalen Konventionen über den Eisenbahnverkehr voll verwirklicht und zwar in dem Abkommen über die technische Einheit im Eisenbahnwesen,

---

[2] W. Haustein, *Die Freiheit im internationalen Verkehr*, Köln-Darmstadt 1954, S. 14.
[3] G. Dahm, *Völkerrecht* Bd. II, Stuttgart 1961, S. 731 ff., P. Fauchille, *Traite de droit international public* Bd. I, T. 1, 1921, S. 488; J. Makowski, *Podręcznik prawa międzynarodowego*, Warszawa 1948, S. 86; W. Haustein, *Das internationale öffentliche Recht*, Frankfurt am Main 1953, S. 124.
[4] Bundesrepublik Deutschland und Volksrepublik Polen sind Vertragstaaten dieses Übereinkommens (RBGL. 1924 II, S. 387; Dz. U. 1925, Nr. 34, Z. 236).
[5] L. von Stein, *Le droit international des chemin de fer en cas de guerre*, „Revue de droit international et de legislation compareé" Bd. XVII, S. 332 - 361.

die am 15. Mai 1886 in Bern abgeschlossen wurde (rechtsgültiger Text von 1938) [6] und in dem Übereinkommen über die internationale Rechtsordnung der Eisenbahnen, das am 9. Dezember 1923 in Genf abgeschlossen wurde [7]. Die oben erwähnten Konventionen, die u.a. von Polen und der Bundesrepublik Deutschland ratifiziert wurden, bestimmen die wichtigsten technischen Angaben und Kennzeichen der Geleise und der Eisenbahnfahrzeuge, die Prinzipien der Organisierung des internationalen Verkehrs und der Zusammenarbeit von Staaten bei der Durchführung des Eisenbahnverkehrs, den Rechtsstatus der Eisenbahnfahrzeuge auf fremdem Hoheitsgebiet sowie alle Fragen, die eine ordnungsmäßige und leistungsfähige Abwicklung des internationalen Eisenbahnverkehrs gewährleisten.

Die Vertragsstaaten des Übereinkommens über die internationale Rechtsordnung der Eisenbahn überließen den Eisenbahnverwaltungen einen breiten Spielraum bei der Regelung von Angelegenheiten des internationalen Verkehrs und den sich daraus ergebenden gemeinsamen Beziehungen, indem sie entsprechende Vollmachten in dem Übereinkommen und dem Status sicherten. Auf dieser Grundlage lösten die Eisenbahnverwaltungen eine große Anzahl der damit verbundenen Probleme, wie z.B. die gegenseitige Benutzung der Wagen, die Festsetzung von internationalen Fahrplänen, die Verrechnungen der Beförderungskosten u.s.w.

Zwecks effektiver Regelung der Angelegenheiten des internationalen Eisenbahnverkehrs bildeten die Eisenbahnverwaltungen eine Reihe von nichtstaatlichen internationalen Eisenbahnorganisationen wie: Internationale Eisenbahn-Kongreßvereinigung (AICF), Internationaler Eisenbahnverband (UIC), Internationales Eisenbahn-Transportkomitee (CIT), Internationaler Personen- und Gepäckwagenverband (RIC), Internationaler Güterwagenverband (RIV), Europäische Reisezug-Fahrplankonferenz (CEH), Europäische Güterzug-Fahrplankonferenz (LIM) u.s.w. [8], im Rahmen derer man entsprechende internationale Vorschriften faßt und aktuelle Probleme des internationalen Verkehrs entscheidet. Die angenommenen Vorschriften und Entscheidungen werden in das innerstaatliche Recht des jeweiligen Staats übertragen [9].

Neben der Internationalisierung der verwaltungsrechtlichen Normen für

[6] „Zeitschrift für den internationalen Eisenbahnverkehr", herausgegeben vom Zentralamt für den internationalen Eisenbahnverkehr in Bern 1940, Anlage S. 1.

[7] RGBl. 1927 II, S. 909; Dz. U. 1928, Nr. 73, Z. 663.

[8] W. Haustein, W. Pschirrer, *Internationales Eisenbahnrecht — Quellensammlung* Bd. II, Frankfurt am Main 1956 lfd. Nr. 1 - 6 und 9.

[9]. Vgl. dazu W. Braś, *Międzynarodowe publiczne prawo kolejowe*, Warszawa 1968, S. 40.

die Eisenbahn entstand eine internationale zivilrechtliche Ordnung für das Beförderungswesen. Schon Ende des vergangenen Jahrhunderts wurde das internationale Übereinkommen über den Eisenbahnfrachtverkehr abgeschlossen. In den zwanziger Jahren unseres Jahrhunderts ist das internationale Übereinkommen über den Eisenbahn Personen- und Gepäckverkehr zustandegekommen [10]. Rückblickend auf die fast zweihundertjährige Entwicklung des internationalen Eisenbahnbeförderungsrechts kann man feststellen, daß sowohl die Praxis der einzelnen Länder, die die Berner Konventionen unterzeichnet haben als auch die Rechtslehre bedeutende Erfolge in dieser Hinsicht aufweisen können. Beachtenswert erscheint hier der Beitrag der deutschen Doktrin in die Entwicklung des internationalen Eisenbahnbeförderungsrechts [11].

Die Beteiligung der Volksrepublik Polen und der Bundesrepublik Deutschland an den oben erwähnten Konventionen und an der am 26. Februar 1966 gefaßten Zusatzübereinkommen zu CIV [12] gewährleistet eine stabile Rechtsgrundlage für die Abwicklung des Eisenbahnverkehrs zwischen beiden Staaten. Von Bedeutung ist die aktive Teilnahme der Vertreter beider Länder bei den Vorbereitungsverhandlungen zur 8. Revision der CIM/CIV, die eine grundsätzliche Änderung der bisher geltenden Texte mit sich bringen sollte.

Abschließend kann man feststellen, daß die rechtliche Regelung des Eisenbahnverkehrs zwischen der VR Polen und der Bundesrepublik Deutschland keine Vorbehalte hervorruft. Sie kann als den Bedürfnissen ent-

---

[10] Zur Zeit geltende Texte vom 7. Februar 1970. RGBl. 1974 II, S. 553; Dz. U. 1975 Nr. 10, Z. 57.

[11] Vgl. dazu G. Eger, *Das internationale Übereinkommen über den Eisenbahn-Verkehr vom 14. Oktober 1890*, Berlin 1894; T. Grestner, *Internationales Eisenbahnfrachtrecht*, Berlin 1893; O. Loening, *Internationales Übereinkommen über den Eisenbahnfrachtverkehr vom 23. Oktober 1924*, Berlin 1927; E. Rosenthal, *Internationales Eisenbahnfrachtrecht*, Jena 1894; F. Seligsohn, *Das internationale Übereinkommen über den Eisenbahnfrachtverkehr*, Berlin Grünewald 1930.

[12] Zusatzübereinkommen zu Internationalen Übereinkommen über den Eisenbahn-Personen- und Gepäckverkehr vom 25. Februar 1961 über die Haftung der Eisenbahn für Tötung und Verletzung von Reisenden vom 26. Ferbraur 1966. Mit der Inkraftsetzung des Internationalen Übereinkommens über Eisenbahn-Personen- -und Gepäckverkehr (CIV) vom 7. Februar 1970 entstand die Notwendigkeit der Geltungsdauerverlängerung des Zusatzübereinkommens vom 26. Februar 1966. Diese Verlängerung wurde mit dem zu Bern am 9. November 1973 ausgestellten Protokoll II der Diplomatischen Konferenz für Inkraftsetzung der Internationalen Übereinkommen über den Eisenbahnfrachtverkehr (CIM) und über den Eisenbahn-Personen- und Gepäckverkehr (CIV) vom 7. Februar 1970 durchgeführt. Protokoll II vom 9. November 1973 wurde durch Bundesrepublik Deutschland und Volksrepublik Polen ratifiziert (BGBl. 1974 II, S. 560; Dz. U. 1975 Nr. 10, Z. 59).

sprechend betrachten werden. Besonders positiv ist die Tatsache zu bewerten, daß wir es hierbei mit multilateralen und nicht bilateralen Regelungen zu tun haben. Sie enthalten keine separaten Rechtsnormen, welche nur zweiseitige Verpflichtungen schaffen, die sich bei der Organisierung und Durchführung des Verkehrs in jedem Lande als lästig erweisen, da sie mehrere, verschiedene Rechtsordnungen voraussetzen.

c) *Kraftverkehr*

Bei der Organisierung des internationalen Kraftverkehrs sind folgende rechtliche Probleme von besonderer Bedeutung:
- das unbeschränkte Benutzungsrecht der öffentlichen Straßen auf dem Hoheitsgebiet eines Staates durch registrierte und zum Verkehr zugelassenen Fahrzeuge eines anderen Staates,
- das Recht auf Ausführung von Beförderungen auf dem Hoheitsgebiet eines Staates durch Fahrzeuge, die ein solches Recht in einem anderen Staate besitzen, wo sie auch registriert und zum Verkehr zugelassen sind.

Die unbeschränkte Benutzung der Verkehrswege war zuerst durch das Abkommen vom 19. September 1949 über den Straßenverkehr [13] und dann durch das Abkommen vom 8. November 1968 [14] gewährleistet. Das Abkommen von 1949 einschließlich des Protokolls über Straßenverkehrszeichen und -signale [15] und das Abkommen von 1968 zusammen mit dem Abkommen über Straßenverkehrszeichen und -signale vom 8. November 1968 [16] bilden allgemeingültige internationale Rechtsnormen, welche den freien gegenseitigen Kraftverkehr zwischen der VR Polen und der Bundesrepublik Deutschland ermöglichen.
Was die Ausführung von internationaler Beförderung anbelangt, so wird ein solches Recht weder von den oben genannten Abkommen noch von anderen internationalen multilateralen Verträgen garantiert. Das Recht auf Benutzung von Verkehrswegen eines Staates zur Ausführung der Beförderung durch in einem anderen Lande registrierte Fahrzeuge, wo sie auch dort das Recht auf Ausübung von Transport haben, wurde in den fünfziger Jahren vom Binnenverkehrsausschuß der UNO-Wirtschaftskommission für Europa genau analysiert. Es kamen jedoch zu viele Einwände gegen eine allgemeine Anerkennung eines solchen Rechts. Die

---

[13] Sales No 1950, VIII. 2.
[14] Doc. E/CONF. 56/16/Rev. 1.
[15] Sales No 1950, VIII. 2; Doc. E/ECE/624-E/ECE/TRANS/543.
[16] Doc. E/CONF. 56/17/Rev. 1.

Interessen der einzelnen Länder erlaubten es nicht so weit gehende Freiheiten bei der Ausführung internationaler Kraftverkehrstransporte zuzulassen [17].

Als einzige Lösung boten sich nur noch bilaterale Vereinbarungen, welche das Recht auf gegenseitige Ausübung von Beförderung zwischen den beiden Partnerländern exakt regeln. Eine bilaterale Vereinbarung über den internationalen Straßenpersonen und -güterverkehr wurde auch zwischen den Verkehrsministern der VR Polen und der Bundesrepublik Deutschland (11. September 1969) abgeschlossen [18]. Sie setzt eine Genehmigung voraus:

1) für die Aufnahme eines grenzüberschreitenden Linienverkehrs und Kraftomnibussen in bzw. durch das Hoheitsgebiet des anderen Staates;
2) für jeden gewerblichen grenzüberschreitenden Güterverkehr und Werkverkehr in bzw. durch das Territorium des anderen Staates.

Nach Informationen der Vereinigung von Unternehmen für internationalen Straßentransport in Polen, welchen die Erledigung von Formalitäten für den internationalen Straßentransport zwischen der VR Polen und der Bundesrepublik Deutschland obliegt, treten bei dem geltenden System als auch bei der Limitierung der Genehmigungen und der Genehmigungsverfahren keinerlei Schwierigkeiten auf. Es gab ebenfalls keine Beschwerden seitens der Kraftverkehrsunternehmen beider Länder. Dies beweist, daß das geltende System in vollem Maße die Bedürfnisse und Erfordernisse des Straßenverkehrs zwischen beiden Ländern befriedigt.

Es muß betont werden, daß Polen eine Reihe von internationalen multilateralen Verträgen zur Erleichterungen des Straßenverkehrs unterzeichnet hat wie z. B.:

1) Abkommen über Zollerleichterungen im Touristenverkehr, unterzeichnet am 4. Juni 1954 in New York [19],
2) Zollabkommen über die vorübergehende Einfuhr gewerblicher Straßenfahrzeuge, unterzeichnet in Genf am 18. Mai 1956 [20],
3) Zollabkommen über die vorübergehende Einfuhr von privaten Kraftfahrzeugen, unterzeichnet am 4. Juni 1954 in New York [21],
4) Übereinkommen über die Besteuerung von Straßenfahrzeugen im in-

---

[17] Vgl. dazu die Tätigkeit des Binnenverkehrsausschusses der ECE und besonders die Dokumente: E/ECE Trans 155, E/ECE/186, E/ECE Trans 460, E/ECE Trans 461, E/ECE Trans/SC 1/190, E/ECE/Trans 539, E/ECE Trans 335; vgl. auch W. Haustein (Anm. 2), T. V. 4.

[18] „Bundesanzeiger" vom 14. 10. 1969.

[19] Doc. E/CONF. 16/23; Sales No 1955, VIII. 1.

[20] Doc. E/ECE/25c-E/ECE/TRANS/486.

[21] Doc. E/CONF. 16/23; Sales No 1955, VIII. 1.

ternationalen Personenverkehr, unterzeichnet in Genf am 14. Dezember 1956[22],

5) Übereinkommen über die Besteuerung von Kraftfahrzeugen im internationalen Güterverkehr, unterzeichnet in Genf am 14. Dezember 1953[23],

6) Abkommen über die Besteuerung von Straßenfahrzeugen zum privaten Gebrauch im internationalen Verkehr, unterzeichnet in Genf am 18. Mai 1956[24].

Polen gehört auch zu den Vertragspartnern des Europäischen Übereinkommens über die internationale Beförderung gefährlicher Güter auf der Straße – European Agreement concerning the international Carriage of Dangerous Goods by Road (ADR) – das am 30. September 1957 in Genf abgeschlossen wurde und zum Teil verwaltungsrechtliche, zum anderen Teil zivilrechtliche Normen enthält[25].

Die zivilrechtlichen Fragen der internationalen Straßenbeförderung werden geregelt durch:

– das Genfer Übereinkommen über den Beförderungsvertrag im Straßengüterverkehr (CMR) vom 19. Mai 1956 (rechtsgültig für die Beziehungen zwischen der VR Polen und der Bundesrepublik Deutschland)[26]

– das Genfer Übereinkommen über den Beförderungsvertrag für Reisenden und Gepäck in dem internationalen Straßenverkehr (CVR) vom 1. März 1973[27], das aber noch nicht in Kraft getreten ist.

Das internationale Beförderungsrecht des Transportes im Straßenverkehr wird also ähnlich wie im Eisenbahnverkehr durch internationale multilaterale Verträge geregelt. Die Gerichtspraxis und die Rechtsdoktrin üben den Einfluß auf die Entwicklung und Vervollkommnung der Rechtsnormen zur Regelung des internationalen Kraftverkehrs. Besonders beachtenswert ist die Tätigkeit von führenden Juristen verschiedener Länder, die die Bestimmungen der CMR auslegen. Es wird an die richtigen Lösungen der Probleme im internationalen Kraftverkehr gezeigt und hat auch auf die Mängel des internationalen Beförderungsrechtes in diesem Transportzweige hingewiesen. Auf diese Weise sammelt man ausgezeichnetes Material zur seit Jahren postulierten Revision der CMR[28].

---

[22] Doc. E/ECE/261-E/ECE/TRANS/495.
[23] Doc. E/ECE/262-E/ECE/TRANS/496.
[24] Doc. E/ECE/252-E/EEC/TRANS/488.
[25] Doc. E/ECE/322-E/ECE/TRANS/503 Rev. 1 and Rev. 1 (Amend) 1.
[26] Doc. E/ECE/252-E/ECE/TRANS/489.
[27] Doc. ECE/TRANS/2 and Corr. 1.
[28] Vgl. dazu R. Rodière, *The Convention on Road Transport.* „European Transport Law" No 1, 3, 5/1971; J. Libouton, *Convention on the Contract of the Interna-*

Bei der Besprechung der Rechtsordnung von internationalen Straßentransport muß man die damit eng verbundenen internationalen Normen über die Zollerleichterung im Straßenverkehr erwähnen[29].
Die nachstehenden Verträge: das Genfer Zollabkommen über Behälter vom 18. Mai 1956, ersetzt durch den neuen in Genf verfaßten Text vom 2. Dezember 1972[30], das Genfer Zollabkommen über den internationalen Warentransport mit Carnets TIR (TIR – Abkommen) vom 15. Januar 1959[31], ersetzt durch den neuen in Genf verfaßten Text vom 14. November 1975[32] sowie das europäische Abkommen über die Zollbehandlung von Paletten im internationalen Transport, abgeschlossen am 9. Dezember 1960 in Genf[33] brachten große Erleichterungen für den internationalen Kraftverkehr und – was die Benutzung von Containern anbelangt – auch für die anderen Transportzweige.
Man kann also sagen, daß die rechtliche Regelung des Straßenverkehrs zwischen der VR Polen und der Bundesrepublik Deutschland dessen reibungslosen Verlauf sichert und den Bedürfnissen der Entwicklung des Handelsumsatzes und der Touristik zwischen beiden Staaten entspricht.

d) Luftverkehr

Die rechtliche Regelung des Luftverkehrs zwischen der VR Polen und der Bundesrepublik Deutschland ist in den zahlreichen internationalen multilateralen Vertragsnormen tief verwurzelt, welche gerade – im Vergleich mit allen anderen Transportzweigen – die Problematik der Zivilluftfahrt in höchstem Grade regelt. Ohne auf den Zeitraum zwischen den beiden Weltkriegen zurückzukommen, in dem die Ansätze der internationalen Rechtsordnung dieses Transportszweiges geschaffen wurden, muß man vor allem auf die Verfassung der internationalen Luftverkehr (wie man das Abkommen über die internationale Zivilluftfahrt vom 7 Dezember 1944

---

tional Carriage of Goods by Road (CMR). „European Transport Law" No. 1/1973; I. Fiala, *Das internationale Straßenverkehrsrecht (CMR)*, Wien; M. Berger, W. Bilz, A. Kulisinski, *Aktuelle Probleme der Konvention über den Beförderungsvertrag im internationalen Straßengüterverkehr (CMR).* „Kraftverkehr" H. 3/1978; vgl. auch die Rechtsprechung von verschiedenen Ländern, die in die Zeitschrift „European Transport Law" aufgenommen wurde und die CMR betrifft.

29 Doc. E/ECE/251-E/ECE/TRANS/487.

30 Doc. E/CONF. 59/46.

31 Doc. E/ECE/332-E/ECE/TRANS/510 Rev. 1.

32 Doc. E/ECE/TRANS/17.

33 Doc. E/ECE/396-E/ECE/TRANS/519.

wohl bezeichnen kann) hinweisen [34]. Dieses Abkommen regelte einerseits die grundlegeneden Fragen des internationalen Luftverkehrs, anderseits berief sie die Organisation der internationalen Zivilluftfahrt (ICAO). Diese Organisation, eine Spezialorganisation der UNO, wacht über dem ganzen Fragenkomplex der Zivilluftverkehr und regelt die rechtlichen Probleme auf diesem Gebiet.

Unter den Rechtsnormen der internationalen Luftverkehr muß man, wie bei den anderen Transportzweigen, folgende Normen besonders hervorheben: die Normen über den Rechtsstatus und die Funktionierung des internationalen Luftverkehrs, die Normen über die Sicherheit des Luftverkehrs und über strafbare und andere Handlungen an Bord von Luftfahrzeugen sowie Normen, die die zivilrechtlichen Fragen Luftfahrzeug /Umgebung regeln und besonders die Fragen der zivilen Verantwortung für Schäden, welche durch die Luftfahrt verursacht werden können.

Eine besondere Gruppe von Rechtsnormen des internationalen Luftverkehrs bildet das internationale Beförderungsrecht des Luftverkehrs. Es handelt sich um die Normen, welche die Beziehungen zwischen den Luftfahrtunternehmen und Transportkunden, die deren Dienstleistungen aufgrund eines Beförderungsvertrages in Anspruch nehmen, bestimmen. Die Verwaltungsrechtlichen Normen der Luftfahrt sind in internationalen multilateralen Verträgen enthalten, die beide Staaten unterzeichnet haben als auch in Resolutionen und anderen Akten, die auf dem Forum der ICAO angenommen wurden. Außer der schon erwähnten Abkommen vom 7. Dezember 1944 über die internationale Zivilluftfahrt, sind nachstehende, zur gleichen Zeit unterzeichnete Verträge von besonderer Bedeutung: das Abkommen über den Durchgangsverkehr internationale Flugliniendienste [35] sowie das Abkommen über den internationalen Lufttransport [36].

Leider wurde das Abkommen über den internationalen Lufttransport, welches das Handelsrecht der Luftfahrtgesellschaften auf fremdem Territorium regelt (die sogenannten 5 Freiheiten des Luftverkehrs), nicht zur allgemeingültigen internationalen Rechtsnorm. Die wirtschaftlichen Interessen der einzelnen Länder und die Ungleichheit des Luftfahrtpotentials ließen nicht zu, die allgemeine Freiheit auf Ausübung von internationalen Luft-

---

[34] Bundesrepublik Deutschland von Volksrepublik Polen sind Vertragspartner dieser Konvention (BGBl. 1956 T. II, S. 411 und 934; Dz. U. 1959 Nr. 35, Z. 212).

[35] BGBl. 1956 T. II, S. 411, 422, 934; Dz. U. 1959, Nr. 35, Z. 213.

[36] *International Civil Aviation Conference, Final Act and Related Documents.* States Departament Publication, Conference Series, No 64. Washington 1945; ONU Rec. Trait. T. 71, S. 387.

transporten einzuführen. Daher auch haben nur wenige Staaten das Abkommen über den internationalen Lufttransport unterzeichnet[37].
Man muß darauf aufmerksam machen, daß das Abkommen über die internationale Zivilluftfahrt die Ausführung eines regelmäßigen Luftverkehrs von der Genehmigung des Staates abhängig macht, auf dessen Luftgebiete man diesen führen will. Eine solche Genehmigung ist auch für den Bodenservice auf fremdem Territorium (Übernahme und Entladung von Reisenden und Gütern) notwendig.
Da die Handelsrechte der Luftfahrtunternehmen auf fremdem Hoheitsgebiet durch die multilateralen internationalen Verträge nicht gewährleistet werden, regelte man diese Angelegenheiten durch bilateralen Vereinbarungen. So geschah es auch zwischen der VR Polen und der Bundesrepublik Deutschland, die Regierungen beider Länder haben am 22. Mai 1975 ein Abkommen übeı den zivilen Luftverkehr abgeschlossen, in dem sie sich gegenseitig folgende Rechte zuerkannt haben:

– das Hoheitsgebiet des anderen Vertragspartners ohne Landung zu überfliegen,
– auf dem erwähnten Hoheitsgebiet zu nichtgewerblichen Zwecken zu landen,
– im internationalen Verkehr Fluggäste, Post und Fracht an den spezifischen Punkten der festgelegten Strecken gemäß den Bestimmungen dieses Abkommens aufzunehmen und abzusetzen[38].

Das Abkommen vom 22. Mai 1975 sichert den Luftverkehr zwischen beiden Ländern auf der Grundlage der Gleichheit, Achtung der Souveränität und der Anpassung an die entstehenden Bedürfnisse. Es regelt die technisch-organisatorischen Fragen dieses Verkehrszweiges und die Art und Weise der Zusammenarbeit der Staatsorgane beider Länder auf diesem Gebiet. Das Problem der gegenseitigen Handelsrechte überschreitet jedoch die Rahmen des Luftverkehrs zwischen VR Polen und der Bundesrepublik Deutschland. Die Luftverkehrsgesellschaften beider Länder gehören zum Internationalen Lufttransportverband (IATA), in diesem Rahmen diese Fragen weitgehend geregelt werden. Ähnlich wie bei den anderen Transportzwei-

[37] Nach Angaben ICAO (Doc. 8918/18-P3 – März 1971) wurde das Transportabkommen im internationalen Luftverkehr nur von 12 Staaten ratifiziert.

[38] Das Abkommen zwischen der Regierung der Bundesrepublik Deutschland und der Regierung der Volksrepublik Polen ist noch nicht in Kraft getreten, weil in der Bundesrepublik Deutschland die innerstaatlichen Voraussetzungen für das Inkrafttreten nicht erfüllt sind. Die beiden Verhandlungsdelegationen haben jedoch vereinbart, daß die Bestimmungen des Abkommens im Rahmen ihrer nationalen Gesetzgebung praktisch angewendet werden.

gen spielt auch im Luftverkehr die Institutionalisierung der Lösung von internationalen Verkehrsproblemen die entscheidende Rolle.
Die zwischen dem Luftverkehrsunternehmen und dem Dienstleistungsnehmer entstehenden Rechtsbeziehungen regelt das Abkommen zur Vereinheitlichung von Regeln über Beförderung im internationalen Luftverkehr, welche in Warschau am 12 Oktober 1929 abgeschlossen wurde [39]. Beide Länder gehören zu den Signatarstaaten dieses größten internationalen zivilrechtlichen Abkommen der Luftfahrt. Das Warschauer Abkommen wurde in den Haag 1955 [40], in Guadalajar 1961 [41], in Guatemala 1971 [42] und in Montreal 1975 [43] geändert und ergänzt. Es legt die Berechtigungen, Pflichten und Haftung der Luftfahrtsunternehmen fest, die aufgrund des internationalen Lufttransportvertrages entstehen. Die Gerichtspraxis und die Rechtsdoktrin entwickeln und legen die Bestimmungen des Abkommens aus, wodurch sie die weitere Entwicklung und Vervollkommnung der internationalen Beförderungsbedingungen begünstigen. Auch die IATA entwickelt diese Tätigkeit und hat die Bedingungen des Transportvertrages sowie die Bedingungen der Beförderung von Personen und Gütern ausgearbeitet. Die Annahme der IATA-Bedingungen durch die Luftverkehrsunternehmen beider Länder trägt zu einer weitgehenden Vereinheitlichung bei, nicht nur der grundsätzlichen Rechtsnormen, die die Lufttransporte zwischen beiden Ländern regeln, sondern auch der Normen, welche das Verfahren beim Abschluß und Ausführung der Transportverträge sowie die Behandlung von etwaigen Reklamationen und Streitfragen betreffen.
Die Teilnahme der Luftfahrtunternehmen beider Länder an den internationalen Luftverkehrsorganisationen fördert eine viel größere und engere Mitarbeit auf dem Gebiete des internationalen Luftverkehrs und beschleunigt eine leistungsfähige Behandlung von neuen Problemen dieses Verkehrszweiges. Es wäre sehr schwer solche Erfolge nur bei zweiseitigen Beziehungen zu erreichen.

e) Der Binnenschiffsverkehr

Ähnlich, wie es im Kraft- und Luftverkehr der Fall ist, werden die Transporte mittels der Schiffe von einem Staate auf Binnengewässern anderer

[39] BGBl. 1933 T. II, S. 1039; Dz. U. 1933 Nr. 8, Z. 49.
[40] ICAO Doc. 7632.
[41] ICAO Doc. 8181.
[42] ICAO Doc. 8932.
[43] ICAO Doc. 9148.

Staaten ausgeübt. Die Frage der Fahrtfreiheit auf fremden Binnengewässern stellt in diesem Zusammenhang eines der kapitalen Probleme der internationalen Binnenschiffahrt dar. Nach den Prinzipien des Völlkerrechts umfaßt das Hoheitsgebiet eines Staates nicht nur das Festland allein, sondern auch die Gewässer (die Flüsse, Seen und Kanäle) sowie den Luftraum über dem Festlandgebiet und über den Gewässern[44]. In dem Falle, wenn ein flöß- oder schiffbarer Fluss zwischen den Territorien zweier Staaten verläuft, gilt die Mittellinie der Hauptströmung als Staatsgrenze[45].

Den Ansichten gemäß, die im Mittelalter entwickelt worden sind, sollten die Flüsse allen denjenigen zugänglich sein, die sie nutzen möchten. Diesen Grundsatz vertrat ebenfalls H. Grotius, wobei er von der Theorie über den schadlosen Gebrauch eines fremden Gegenstands ausgegangen war[46]. In den darauffolgenden Jahrhunderten jedoch häuften sich mit der immer rücksichtsloseren Geltendmachung der souveränen Rechte, die dem Staat zustanden, die Schwierigkeiten hinsichtlich der freien Ausübung der Schiffahrt auf fremden Binnengewässern. Infolge dessen die Entwicklung der Binnenschiffahrt wie auch das Warenaustausches wurde sehr erschwert. Daher auch unternahmen die großen Friedenskongresse, vom Westfälischen im Jahre 1648, dem Wiener im Jahre 1815, dem Pariser Kongreß 1856 bis zu den Friedensverträgen nach dem ersten und zweiten Weltkrieg die Anstrengung, eine allgemeine Freiheit auf Binnenschiffahrtswegen festzulegen. Eine besondere Rolle hat in dieser Hinsicht der Wiener Kongreß abgespielt der in Art. 108 - 117 seiner Schlußakte völkerrechtliche Rechtsnormen betreffs Fahrtfreiheit auf schiffbaren Flüssen, die die Territorien mehrerer Staaten trennen oder durchqueren, geschaffen hat[47]. Anhand dessen wurden detaillierte völkerrechtliche Bestimmungen in bezug auf eine Reihe von Flüssen ausgearbeitet (Rhein, Neckar, Main, Maas, Mosel, Po)[48].

Die allgemeinen Rechtsnormen bezüglich einer freien Binnenschiffahrt wurden im Übereinkommen und im Statut über die Rechtsordnung der international bedeutsamen Schiffahrtswege, die am 20. April 1921 in Barcelona

---

[44] G. Dahm, *Völkerrecht* B. II, Stuttgart 1961, S. 733; L. Ehrlich, *Prawo międzynarodowe*, Warszawa 1958, S. 505; *Kurs mieżdunarodnogo prawa*. Akadiemija Nauk SSSR. Institut Gosudarstwa i Prawa, Moskwa 1967 Bd. III, S. 131 ff.

[45] A. Klafkowski, *Prawo międzynarodowe publiczne*, Warszawa 1966, S. 117.

[46] A. Lindeck, *Die Binnenschiffahrt*, Mannheim und Bad Salzig/rh 1954, S. 179 ff.

[47] L. Gelberg, *Prawo międzynarodowe i historia dyplomatyczna*, Wybór dokumentów, Warszawa 1954, Bd. I, S. 24 - 25.

[48] L. Ehrlich (Anm. 44), S. 510; A. Lindeck (Anm. 46), S. 181.

unterzeichnet worden sind, festgelegt[49]. Leider wurde dieses Übereinkommen nur von wenigen Staaten angenommen, weshalb auch die darin enthaltene generalle absolute Schiffahrtsfreiheit (Artikel 3) nur eine geringe Bedeutung erlangt hat. Es besteht also keinerlei allgemeingültige völkerrechtliche Norm, die die Fahrtfreiheit auf den Binnengewässern aller Ländern gewährleisten würde.

Was die Freiheit des Durchgangsverkehrs auf den Binnenwasserwege betrifft, bestehen jedoch die völkerrechtlichen Normen, die diese Freiheit garantieren. Zu erwähnen sei an dieser Stelle das Übereinkommen und Statut über die Freiheit des Durchgangsverkehrs, unterzeichnet in Barcelona am 20. April 1921[50], die Allgemeine Vereinbarung über Tarife und Handel (GATT) vom 30. Oktober 1947[51] sowie die Konvention über den Transithandel der Binnenstaaten am 8. Juli 1965 in New York unterschrieben[52]. Die Bundesrepublik wie auch Polen sind Signatarstaaten des Übereinkommens über die Freiheit des Durchgangsverkehrs, darüber hinaus der GATT, die den Schiffen des einen Staates auf den Binnengewässern eines anderen freien Durchgangsverkehr sichern.

Das Fehlen einer allgemeingültigen Rechtsnorm, die auf den Binnenwasserwegen freie Fahrt gewährleisten würde, hat dazu geführt, daß diese Frage zum Gegenstand von bilateralen oder multilateralen Verträgen von regionaler Bedeutung geworden ist.

Die Benutzung der Binnenschiffahrtswege regelt innerhalb der Beziehungen Polen-BRD die Ressortvereinbarung vom 5. Februar 1971 über den Binnenschiffsgüterverkehr, abgeschlossen zwischen dem Bundesverkehrsminister der Bundesrepublik Deutschland und dem Minister für Schiffahrt der Volksrepublik Polen[53]. Sie garantiert die Möglichkeit der Benutzung der Binnenwässerstrassen des einen Landes durch Schiffe des anderen und die Beförderung von Frachtgut im Verkehr zwischen dem eigenen und dem anderen Land, im Transitverkehr und auf dem Rückweg von einer Transitfahrt zwischen dem Land, in das die Transitfahrt geführt hatte, und dem anderen Land. Transporte zwischen den Häfen des anderen Landes (Kabotage) erfordern eine Sondergenehmigung dessen Behörden (Art. 2).

Die Vereinbarung regelt darüber hinaus auch die Angelegenheiten der Schifferpatente, der Schiffszeugnisse (Art. 4). sowie auch die gleiche Be-

---

[49] L. Gelberg (Anm. 47), Warszawa 1958, Bd. II, S. 161 - 172.
[50] Vgl. Anm. 4.
[51] ONU Rec. Trait. T. 55 - 64, S. 142 und T. 609, S. 236.
[52] Un Doc. TD/Transit vom 9. Juli 1965.
[53] BAnz. Nr. 37 vom 24. 2. 1971.

handlungsweise der Schiffe der beiden Seiten, was die Einnahme von Schiffahrts- und Hafenabgaben und die Benutzung von Schleusen und Hafeneinrichtungen anbelangt (Art. 6).
Besonders hervorzuheben ist die Tatsache, daß gemäß Art. 3 der Vereinbarung die Schiffe, die Schiffsbesatzungen und die Ladung während der Fahrt auf dem Hoheitsgebiet des anderen Staates dem dort geltenden Recht untergeordnet sind. Die Absprachen bezüglich der kommerziellen oder betrieblichen Zwecken sowie die gegenseitige Hilfeleistung in Notfällen werden gemäß Art. 7 der Vereinbarung durch die Schiffahrtsunternehmen der beiden Partner geregelt.
Hinzugefügt sei überdies, daß die Vereinbarung einen Meinungsaustausch der Vertragspartner über Anwendung und Auslegung der Vereinbarung im Geiste gegenseitiger enger Zusammenarbeit vorsieht (Art. 8). In den Briefen, die anläßlich der Unterzeichnung dieses Dokuments ausgetauscht wurden, ist ebenfalls die Abschließung von Agenturverträgen zwischen den Schiffahrtsunternehmen der beiden Partner geregelt sowie ihr Gegenstand bestimmt worden.
Am Rande der obenangeführten Charakteristik der Vereinbarung vom 5. Februar 1971 ist hinzuzufügen, daß sich alljährlich die Delegationen der Verkehrsministerien der beiden Länder zwecks Besprechung der Fragen treffen, die aus der Anwendung und Auslegung dieser Vereinbarung resultieren [54]. Den Gegenstand dieser Treffen, die von dem Geist der Zusammenarbeit gekennzeichnet sind, bildet eine eingehende Analyse der Anwendung dieser Vereinbarung und der Entwicklungsperspektiven des Binnenschiffsverkehrs für die nächsten Jahre. Untersucht werden sowohl die Größe der gegenseitig angeführten Beförderungen, die Voraussetzungen, die eine solche und nicht andere Abwicklung der Beförderungen von Frachten bewirken. Es werden Schritte zwecks Beseitigung der bestehenden Hemmnisse unternommen.
Angesichts dieser Festellungen muß in Verwunderung die Haltung mancher Binnenschiffahrtsunternehmen aus der Bundesrepublik setzen, die es versuchen, die gegenseitige Binnenschiffsverkehr zwischen Polen und der Bundesrepublik Deutschland abgesehen von der Gesamtheit der Wirtschaftsbeziehungen zwischen der Bundesrepublik Deutschland und der VRP und der Gestaltung der Zahlungsbilanz zwischen den beiden Seiten zu betrachten.

[54] Lediglich im Jahre 1974 ist das Zusammentreffen der beiden Delegationen nicht zustandegekommen.

f) Der Seeverkehr

Die Beurteilung der rechtlichen Reglementierung des Seeverkehrs zwischen Polen und der Bundesrepublik Deutschland ist aus vielerlei Gründen überaus kompliziert. Vor allem wäre es unmöglich, von der rechtlichen Regelung des Seeverkehrs zu sprechen, ohne einen Blick auf das Seerecht zu werfen, dessen Anwendung im Seeverkehr unerläßlich ist. Dabei haben wir es mit einem der ältesten und umfangreichsten Gebiete des Rechts zu tun, das teilweise durch internationale Verträge, dazu fast ausschließlich multilaterale, entstanden ist, teilweise aber geht es auf das Völkergewohnheitsrecht und die damit verbundenen Präzedenzfälle in der Rechtsprechung zurück. Das Seerecht, insbesondere aber das Seetransportrecht, wird aufgrund seines Charakters nicht durch bilaterale Verträge geregelt. Es bestehen jedenfalls keinerlei solche Verträge zwischen der VRP und der Bundesrepublik Deutschland. Zwar könnte man an das am 7. März 1963 unterzeichnete Protokoll über die Verhandlungsergebnisse zwischen der Regierungsdelegation der Volksrepublik Polen und der Regierungsdelegation der Bundesrepublik Deutschland über den Handelsverkehr und Seetransport[55] erwähnen, doch enthält dieses Protokoll keinerlei Bestimmungen über den Seetransport zwischen der VRP und der Bundesrepublik Deutschland, außer der Feststellung, daß die beiden Seiten beschließen:

a) die Entwicklung der Seeschiffahrt zwischen den beiden Ländern im Geiste der Berücksichtigung ihrer Interessen und der Ausräumung der Schwierigkeiten in dieser Hinsicht zu unterstützen;
b) einander aufgrund von gültigen Rechtsvorschriften folgendes zu garantieren:
   - eine gegenseitige Behandlung, die eine Beeinträchtigung der Schiffahrt des anderen Staates ausschließen würde;
   - freie Wahl der Flagge;
   - freien Zugang zu den Häfen;
   - gleiche Behandlung der Schiffe, deren Besatzung Passagiere und Ladung in den Häfen der beiden Länder.

Darüber hinaus wird die rechtliche Regelung des Seetransports von einer großen Anzahl von dispositiven Normen gekennzeichnet, die eine freie vertragliche Gestaltung der Rechtsverhältnisse zwischen den beiden Seiten erlauben. Eine solch große Freiheit ist in keinem anderen Transportzweig festzustellen.

---

[55] Text in BAnz. Nr. 64 vom 2. 4. 1963.

Endlich auch ist die Rolle des Landesrechts einschließlich der Kollisionsnormen in diesem Verkehrzweige größer, als im internationalen Verkehr, der mittels anderer Transportmittel ausgeübt wird. Solche Lage soll man auf das Wesen der „Freiheit der Meere" zurückführen sowie auf einen verhältnismäßig großen Sachbereich, der auf Seeschiffen von dem Landesrecht ihrer Flagge geregelt ist.

Zu diesen Anmerkungen ist noch hinzuzufügen, daß sowohl die landesrechtliche als auch internationale Zivilrechtsnormen, welche besonders hochspezialisiert sind und die Beziehungen zwischen den Parteien des Seetransportvertrags regeln, in Betracht der großen Gefahren entstanden sind, die den Seetransport begleiteten. Dieses fand einen Ausdruck in der Festlegung der Rechte und Pflichten des Reeders. Die privilegierte Situation des Beförders zur See im Vergleich zu anderweitigen Frachtführers hinsichtlich der Haftung für die ihm anvertraute Ladung gibt heutzutage, angesichts der enormen Entwicklung der Technik, die eine beachtliche Verminderung, wenn nicht sogar Beseitigung der Meeresgefahren verursacht hat, zu ernsthaften Bedenken Anlaß.

Zur Vereinheitlichung und Entwicklung des Seerechts im letzten Jahrhundert haben zweifellos den größten Beitrag die internationalen Organisationen geleistet. Die älteste von ihnen, die International Law Association (ILA) [56] und das Internationale Schiffahrts Komitee (CMI) [57] gehören zu den nichtstaatlichen Organisationen. Sie befassen sich vor allem mit dem Seerecht, das zivilrechtliche Beziehungen regelt. Besonders die CMI ist Initiator und Urheber einer Reihe der sogenannten Brüsseler Konventionen. In letzter Zeit geht die Legislationsinitiative hinsichtlich des internationalen Seerechts, das die zivilrechtlichen Verhältnisse regelt, von der UNO-Kommission für internationales Handelsrecht (UNCITRAL) [58] sowie von der Zwischenstaatlichen Beratenden Schiffahrtsorganisation (IMCO) [59] aus, welche eine Spezialorganisation der UNO darstellt.

Von besonderer Bedeutung ist für den Seeverkehr die nach längeren Diskussionen im Jahre 1978 ausgearbeitete Konvention betreffend den Güterbeförderung über See (Hamburger Regeln) [60], die das Brüsseler Abkommen

---

[56] International Law Association wurde im Jahre 1873 gegründet.

[57] Comité Maritime International. Es wurde anfangs als Belgischer Verein des Seerechts im Jahre 1876 gegründet. Seit dem Jahre 1897 trägt es als internationale Organisation den heutigen Namen.

[58] United Nations Commission on Internation Trade Law.

[59] Inter-Governmental Maritime Consultative Organization.

[60] Text in der Rechtsinformation Nr. 107/107 a der Bundesstelle für Außenhandelsinformation. Köln.

von 1926 über die Vereinheitlichung von Regeln über Konnossemente ersetzen soll. Das Brüsseler Abkommen von 1926 war bereits veraltet und der jetzigen Entwicklung des Transports zur See wie auch dem internationalen Warenaustausch nicht mehr angepaßt. Daher rief es seit einiger Zeit viele Diskussionen und Änderungvorschläge hervor[61]. Zu erwähnen ist ebenfalls die am 13. Dezember 1974 abgeschlossene Konvention von Athen, die sich mit der Beförderung der Passagiere und ihres Gepäcks über See beschäftigt[62].

Diese Übereinkommen bilden nebst zahlreicher multilateralen Verträge, die zuvor abgeschlosen worden waren und die die einzelnen Fragen des Seetransports, wie Vereinheitlichung einiger Grundsätze, die die Beschränkung der Haftung der Eigentümer von Seeschiffen, die Ladelinien, Linienschiffahrt, blinde Passagiere, die Vereinheitlichung bestimmter Grundsätze bei der Beförderung des Gepäcks von Seereisenden, die Haftung der Reeder von Atomschiffen und die Haftung auf dem Gebiet des Seetransports nuklearen Materials betreffen, stellen die zivilrechtliche Regelung des Seetransports dar. Ihre eingehende Erläuterung würde den Rahmen dieses Referats sprengen. Es ist jedenfalls festzustellen, daß all diese internationalen Verträge allgemeine Rechtsnormen darstellen, die die zivilrechtlichen Verhältnisse im Seeverkehr regeln. Sie finden bereits oder werden in Zukunft im Verkehr zwischen der Volksrepublik Polen und der Bundesrepublik Deutschland Anwendung finden.

Die zweite Gruppe der internationalen Normen des Seerechts bezieht sich auf Fragen des Völkerrechts sowie die technischen und Verwaltungsprobleme des Seetransports. Besondere Aufmerksamkeit verdienen hierbei die Genfer Konventionen vom 1958[63] und die in der UN-Seerechtskonferenz geführten Arbeiten an einer weiteren Unifizierung und Kodifizierung des Seerechts. Die dritte Gruppe der Rechtsnormen mit See-Thematik stellen die Kon-

---

[61] Vgl. dazu R. Rodière, *Das internationale Übereinkommen für internationale Seebeförderung in Revision*, „Internationale Transport Zeitschrift" 1974 Nr. 16, 24, 28, 30 und 40.

[62] IMCO. Sales number 75.03F. Der Text dieses Übereinkommens ist auch abgedruckt in der Sammlung *Transport* herausgegeben von Prof. Schadee, Leiden; vgl. auch dazu das Athener Übereinkommen vom 13. Dezember 1974 über die Beförderung von Reisenden und ihrem Gepäck auf See von Prof. Dr. jur. R. Herber, „Zeitschrift für den internationalen Eisenbahnverkehr" Nr. 12/1976 und Nr. 1 - 2/ 1977.

[63] Eine besondere Rolle für den Seeverkehr spielen die am 24. 8. 1958 in Genf abgeschlossenen Konvention über die Hohe See und die Konvention über die Territorialgewässer und die angrenzende Zone, siehe: „Zbiór Dokumentów" 1969, Nr. 3, S. 375 ff.

ventionen über die Arbeits- und Lohnbedingungen an Bord von Seeschiffen, die soziale Sicherheit der Seeleute dar, die im Rahmen der Internationalen Arbeitsorganisation angenommen werden[64]. Vom Standpunkt des untersuchten Problemkreises aus kann auf die Besprechung dieser Gruppe von Fragen verzichtet werden.

Fassen wir diese Ausführungen zusammen, so kommen wir zu dem Schluß, daß die rechtliche Regelung des Seeverkehrs zwischen Polen und der Bundesrepublik Deutschland sich auf Normen stützt, die allgemein in der Welt in bezug auf die See und die Seeschiffahrt gültig sind. Die Vervollkommnung und Entwicklung dieser Normen findet auf dem breiten Forum der internationalen Organisationen statt, die sich mit See-Thematik beschäftigen und an deren Arbeiten sich unsere beiden Länder beteiligen. Von besonderer Bedeutung sind die bereits seit längerer Zeit dauernden Arbeiten der UNO-Konferenz für Seerecht, die sich mit dem umfangreichen Aufgabengebiet der Weiterentwicklung des internationalen Seerechts befaßt. Von den Ergebnissen dieser Arbeiten wird die künftige Rechtsordnung auf See abhängen, die auch für die Gestaltung des Seetransports eine keineswegs geringe Rolle spielt.

Diese Zusammenfassung ist ebenfalls durch einen Hinweis auf Landesvorschriften zu ergänzen, die auf dem Gebiet der Seeschiffahrt wirksam werden, da sie zum Beispiel auf die internationale Lage der hohen See und den Status eines Seeschiffes einen unmittelbaren Einfluß üben. In Polen sind diese Vorschriften im Seegesetzbuch vom 1. Dezember 1961 zusammengefaßt worden[65]. Es stellt einen Gesetzesakt dar, der sich umfassend mit der gesamten Seeproblematik beschäftigt und die internationalen Rechtsnormen auf diesem Gebiet berücksichtigt. Die Liste der dort auftretenden Titel, wie: Seeschiff (Register, Zugehörigkeit, Schiffvermessung, Fahrtsicherheit, Dokumente, Eigentum, Pfandrecht und Vorrechte auf dem Schiff), Reeder, Schiffskapitän, Verträge (Fracht- und Passagierbeförderung, Charter auf Zeit, Dienstleistungen in der Seeschiffahrt), Unfälle auf See, Seeversicherungen, – weist allein auf die Absicht des polnischen Gesetzgebers hin, einen komplexen Normativakt zu schaffen, der der Seeschiffahrt gewidmet wäre.

Es würde schwerfallen, im Rahmen dieses Referats auch nur ganz allgemein die einzelnen Lösungen des Seegesetzbuchs zu charakterisieren. Es muß

---

[64] Im Rahmen der Internationalen Arbeitsorganisation der Vereinten Nationen sind über 20 Übereinkommen abgeschlossen worden, welche Seeleute betreffen.

[65] Dz. U. Nr. 58, Z. 318.

jedoch auf einige einleitende Bestimmungen aufmerksam gemacht werden, die für die internationalen Beziehungen innerhalb der Seeschiffahrt von immenser Bedeutung sind.
Vor allem erkennt das polnische Seegesetzbuch den Parteien das Recht darauf zu, ihr Rechtsverhältnis vertraglich nach Ermessen zu regeln (Art. 2). Mehr noch, die Parteien können ebenfalls frei das zuständige Recht wählen, was für ihr Rechtsverhältnis im Zusammenhang mit dem Seeschiffahrtsvertrag angewandt wird. Dieser Wille der Parteien wird in Polen respektiert, falls er keine Verletzung der geltenden Rechtsordnung darstellt. Die in Art. 7 - 11 enthaltenen Kollisionsnormen schaffen die klare Rechtslage auf dem Gebiet der Seeschiffahrt.
Selbst anhand nur der Äußerungen seitens der ausländischen Rechtsdoktrin ist festzustellen, daß das polnische Seegesetzbuch verhältnismaßig moderne Lösungen enthält und mit seiner elastischen Grundtendenz die Entwicklung der internationalen Seeschiffahrt begünstigt[66].

2. *Zukunftsprobleme*

Die juristische Reglementierung des internationalen Verkehrs ist, besonders wenn sie auf einem breiteren Forum vorgenommen wird (und aus den bisherigen Erwägungen folgt, daß es sich dabei um eine solche Reglementierung handelt), ein langwieriger und zögernd voranschreitender Prozeß. Es ist keine seltene Erscheinung, daß Diskussionen und Vorbereitungsarbeiten für eine juristische Lösung der internationalen Verkehrsrechtsprobleme sich über viele, zuweilen auch über mehrere Zehnte von Jahren hinziehen.
Einen Charakterzug der juristischen Regelung des internationalen Verkehrs stellt die große Vorsicht dar, mit der diesbezügliche Bestimmungen formuliert werden. Ihnen gehen zumeist praktische Anwendungsversuche voraus, um die Realitätskonformität der angestrebten Lösungen zu prüfen. Daher sind es oft die als Grundlage internationaler Lösungen die Landesvorschriften, die in Praxis bewährt wurden.
Im Gegensatz zu der langjährigen Vorbereitung der juristischen Regelungen

---

[66] St. Matysik, *Podręcznik prawa morskiego*, Warszawa 1967, S. 20, Anm. 28, führt ausführlich Aufsätze und Erwähnungen an, die über das polnische Seegesetzbuch in ausländischen Fachzeitschriften erschienen.

haben wir es mit einem ungeheuer schnellen technischen Fortschritt auf dem Gebiet des Verkehrs zu tun. In den letzten 50 Jahren, und je mehr im letzten Jahrhundert, hat sich die Lage hinsichtlich der Einsatzbereitschaft, der Geschwindigkeit und der Beförderungskapazität von traditionellen Transportmitteln völlig verändert. Es entstanden zugleich neue Transportzweige, die einen vollständigen Umschwung im Transport bewirkt haben. Es werden dem Transport darüber hinaus neue Aufgaben gestellt. Die moderne Technologie der industriellen Fertigungsprozesse, der Bedarf nach einer schnellen Rotation von Geldmitteln und Materialien sowie die beschränkten Lagerungsmöglichkeiten und ihre Kosten fordern einen völlig neuartigen Transport, dessen Eigenschaften eine hohe Qualität und die Einhaltung genauestens bestimmter Lieferfriste bilden sollten. Es handelte sich nunmehr nicht mehr nur um Tage, sondern auch um Stunden. Dieses verlangt eine grundlegende Veränderung von Transporttechnik der beschleunigten Beförderungen. Im Endergebnis wird die Welt im verkehrsmäßigen Sinne immer integrierter, die Zusammenarbeit der einzelnen Transportzweige muß immer enger sein. Die Möglichkeit, sie substitutiv in Anspruch zu nehmen und die steigende Bedeutung der ökonomischen Rechnungsführung bei der Wahl des Transportmittels fördern die Notwendigkeit, die Beförderungsbedingungen der verschiedenen Transportmittel zu vereinheitlichen der wenigstens gegeneinander zu annähern. Dieses kann jedoch nur auf dem Wege der schrittweisen Unifizierung der geltenden Beförderungsrechtsvorschriften der verschiedenen Transportzweige erreicht werden.

Als das erstrangige und wichtigste Zukunftsproblem des internationalen Verkehrs ist also die allmähliche Annäherung des Transportrechts innerhalb der verschiedenen Transportzweige zu betrachten. Ich bin mir vollauf dessen bewuß, daß eine vollständige Vereinheitlichung des Transportrechts der verschiedenen Transportzweige vor allem deshalb unerreichbar ist, da technologische Unterschiede bestehen. Es handelt sich jedoch darum, damit der Kunde nach Möglichkeit in allen Transportzweigen mit den gleichen Beförderungsbedingungen zu tun hat. Es geht also um die Unifizierung der Pflichten und Rechte, die aus dem Beförderungsvertrag entspringen. Natürlich betrifft dieses Postulat in erster Linie die Frage der Haftung des Beförders für die ihm anvertraute Sendung. Die Grundlagen, Grundsätze und Voraussetzungen der Verantwortlichkeit, Umfang, der Haftpflicht, Befreiungsgründe von der Haftung, Fälle von verschärfter Haftung, der Kreis von Haftpflichtigen, die höhe des Schadenersatzes usw. – das sind die Hauptprobleme, deren verschiedenartige Regelung in den einzelnen Transportzweigen die Lage auf dem internationalen Transportmarkt vernebelt und es verhindert, sich ein klares Bild von den Nutzen machen zu können, den die Wahl eines bestimmten Transportmittels dem Kunden mit sich bringen kann.

Auch die Prozedurfragen, die mit der Geltendmachung von Ansprüchen aufgrund der Nichterfüllung oder der Mißerfüllung eines Beförderungsvertrages zusammenhängen, spielen bei den Vereinheitlichungsbestreben eine keineswegs nebensächliche Rolle. Die aktive und passive Legitimation, die Zuständigkeit des Gerichts, vor dem man die Ansprüche geltendmachen kann, die Verjährungstermine, endlich auch die Prozedur der Geltendmachung der Ansprüche, die auf dem Grunde der unsachgemäßen und nicht termingerechten Ausführung des Beförderungsvertrags entstehen — das sind nur manche obwohl wichtige Fragen, die im Rahmen der Unifizierungsarbeiten untersucht werden sollten.

Das Harmonisieren des Transportrechts der verschiedenen Transportzweige verlangt es, solche Fragen detailliert und eingehend zu studieren, wie die Wirtschaftslage in dem gegebenen Transportzweig, die Anpassung des Beförderungsrechts an die technische wie wirtschaftliche Entwicklung der einzelnen Transportträger, die Berücksichtigung von begründeten Kundenwünschen und endlich auch der modus vivendi zwischen dem Recht auf Wahl des Transportmittels und -weges und der Rationalisierung des Transportbetriebes zu finden.

Die Unifizierungsarbeiten müssen eine Klarheit und einen komplexen Charakter der Formulierungen des internationalen Beförderungsrechts zum Ziel haben.

Eine große Bedeutung fällt hinsichtlich der Vereinheitlichung des Beförderungsrechts in verschiedenen Transportzweigen der Rechtsdoktrin. Ihre Aufgaben sind: die theoretische Bearbeitung einer Reihe der bestehenden Probleme, die Untersuchung des logischen Charakters der existierenden und vorgeschlagenen Lösungen sowie ihrer praktischen Folgen, das Verweisen auf Mängel und Ungereimtheiten in den bisherigen Lösungen sowie auf die in diesem Zusammenhang entstehenden Streite und die Ungleichheit in der Behandlung und endlich Hinweis auf die Richtungen und Wege, auf denen entsprechende Lösungen zu finden sind — das alles stellt die Hauptrolle der Rechtsdoktrin dar.

Ein gesondertes Problem ist die Gerichts- und Schiedsgerichtrechtsprechung. Einerseits vermag sie zum großen Teil, der Vereinheitlichung des Rechts den Weg zu bahnen, anderseits jedoch kann sie sich sogar im Rahmen des unifizierten Rechts zu einem desintegrierenden Faktor entwickeln, wenn die Auslegung des Transportrechts in den einzelnen Staaten verschieden ist. Das Problem der einheitlichen Auslegung und Anwendung des Transportrechts, insbesondere aber des Beförderungsrechts, ist an sich nichts neues. Es bildete im Zusammenhang mit der Anwendung der Übereinkommen CIM/CIV, des Warschauer Abkommens und den Regeln von den Haag den Gegenstand zahlreicher internationaler Diskussionen. Oftmals wurden die Unzulänglichkeiten auf diesem Gebiet hervorgehoben, wobei selbst der Vorschlag angemeldet wurde, spezielle Rechtsprechungsorgane zu schaffen. Meiner Meinung nach handelt es sich dabei um eine Frage der Hebung der Rechtskultur und der Popularisierung des Transportrechts in breiten Juristenkreisen. Das Transportrecht überhaupt und das Beförderungsrecht im besonderen übt einen derart großen Einfluß auf die Gestaltung der internationalen Wirtschaftsbeziehungen sowie der Interessen der einzelnen Kunden, daß es einer gründlicheren Kenntnis erfordert. Es darf nicht die Domäne eines kleinen Kreises von Juristen bleiben, die sich auf Transportfragen spezialisiert haben. Das umso mehr, als das die Markt- und Transportfragen und die Gewährleistung einer entsprechenden Beförderungsqualität immer dringender eine rechtliche Regelung erfordern.

Das Problem der Vereinheitlichung des Beförderungsrechts der verschiedenen Transportzweigen, das nur unter einigen wenigen Gesichtspunkten hier Erwähnung fand, steht mit einer anderen Frage in Verbindung, die einer internationalen Lösung bedarf, und zwar mit den kombinierten Transporten. Immer beliebter wird die Idee der Beförderungen von Tür zu Tür unter Anwendung verschiedener Verkehrsmittel, wobei Ladungseinheiten verschiedenartigster Form eine breite Anwendung finden. Dieses verlangt es, daß alle Hindernisse untersucht und überwunden werden, die der Organisierung von Direkttransporten im Wege stehen. Darunter sollte man in besonderer Weise auf das Fehlen einer tatsächlichen Gemeinschaft zwischen den Transportträgern, die sich an der Beförderung beteiligen, auf die bereits erwähnten unterschiedlichen transportrechtlichen Bedingungen der verschiedenen Transportzweige, auf die allzu große Zahl der Personen, die an unmittelbaren Transportprozeß beteiligt sind oder darin die Vermittlerrolle spielen (Spediteure, Umschlagorganisationen, solche, die Zoll- und Verwaltungsfragen usw. erledigen), hinweisen. Wenn wir darüber hinaus noch solche komplizierten Fragen berücksichtigen, die mit den Direkttransporten zusammenhängen, wie das Verfügungsrecht über die Sendung, Änderung des Beförderungsdokuments, aktive oder passive Legitimation, Reklamationen und gerichtliche Geltendmachung von Ansprüchen, Verrechnungen und Regresse, so haben wir eine enorme Zahl von Problemen vor Augen, die zu erforschen und zu lösen sind, damit die internationale Regelung der kombinierten Transporte Tatsache werden kann.

Die Lösung dieser Aufgabe wird zusätzlich noch von dem Umstand erschwert, daß die territoriale Reichweite der rechtlichen Reglementierung der kombinierten Transporte sich nicht auf einen Kontinent beschränken kann, sondern praktisch die ganze Welt erfassen müßte, wobei die Interessen der einzelnen Staaten und der geographischen Regionen verschieden, ja oft gegensätzlich sind. Es wurde also nicht, daß die Verhandlungen über die internationale Konvention über kombinierte Transporte so langsam voranschreiten.

Das dritte Zukunftsproblem des internationalen Verkehrs stellt die Anpassung der rechtlichen Regelung an die neuen Transportprozesse dar, welches bis letzt praktisch noch nicht in Angriff genommen worden ist. Die Anwendung der EDV-Technik, die Tendenz, die Sendung von ihrem Beförderungsdokument zu trennen, neue Verrechnungssysteme usw. – das sind Faktoren, die neue juristische Lösungen notwendig machen. Ich glaube, daß auch diese Frage ernsthaft durchdacht werden muß, um dem immer schnelleren Rhythmus des Transportprozesses, insbesondere aber im internationalen Verkehr, entgegenzukommen.

Die Probleme, die ich hier angeschnitten habe, beziehen sich allgemein auf den internationalen Verkehr und werden die Juristen aus allen Ländern beschäftigen. Bei ihrer Lösung sollten die Juristen aus unseren Ländern keineswegs fehlen.

Handelt es sich um Zukunftsfragen des internationalen Verkehrs im öffentlich-rechtlichen und verwaltungsrechtlichen Bereich, so wird sicherlich das Problem der Handelsrechte der Transporteure, aus einem Lande auf dem Hoheitsgebiet eines anderen Staates das wichtigste bleiben. Realistische Beurteilung der gegenwärtigen Lage läßt darauf schließen, daß sie auch weiterhin unter eventuellen Modifizierungen über längere Zeit hin bestehen bleibt. Man könnte jedoch überlegen, ob sich diese Schranken vielleicht doch in einigen der Transportzweige umgehen ließen, so, wie zum Beispiel im Kraftverkehr, durch die Schaffung einer Transportgemeinschaft, ähnlich wie bei der Eisenbahn, und eine Organisation von der Beförderung der Kraftwagenanhänger und -Aufhänger, die gegenseitig im internatio-

nalen Verkehr benutzt werden könnten, so, wie es bei Einsenbahnwagen und den Großcontainern der Fall ist.
Zum Abschluß erlaube ich mir einige Fragen auf dem Gebiet der Zusammenarbeit hinsichtlich des Landestransportrechts zu erwähnen. Für eine solche Zusammenarbeit sprechen zweierlei Gründe. Erstens überweist das internationale Beförderungsrecht eine Reihe von Fragen an das Landesrecht. Im Einzelnen sind es gewöhnlich die Anfangs- und Schlußoperationen, des internationalen Transportvorganges (Lade-, Abfertigungs-, Annahme- und Ausladetätigkeit), die von dem Landesrecht geregelt werden. Daher ist der Wortlaut der Bestimmungen des Beförderungsrechts in den verschiedenen Transportzweigen der beiden Länder keineswegs ohne Bedeutung für den gegenseitigen Verkehr. Eine große Rolle spielen in diesem Verkehr die Verwaltungs- und Ordnungsvorschriften, besonders, wenn es sich um den Kraftverkehr, die Binnenschiffahrt oder die Luftverkehr handelt.
Angesichts dessen ist die Popularisierung der Landesvorschriften, die den Verkehr des einen Landes regeln in dem anderen Lande äußerst wünschenswert. Keineswegs bedeutungslos ist auch der Erfahrungsaustausch auf diesem Gebiet. Einerseits kann sie einen Fortschritt auf dem gegebenen Gebiet herbeiführen, andererseits zur Angleichung der Landesvorschriften beitragen.
Wie ich bereits erwähnte, entsteht das internationale Transportrecht in zahlreichen Fällen auf der Grundlage der Lösungen auf der Landesrechtsebene. Die Kenntnisnahme einer bestimmten rechtlichen Regelung des Inlandsverkehrs sowie der Erfahrungen, die bei der Anwendung von konkreten Vorschriften gesammelt worden sind, erlaubt es, solche Lösungen zu akzeptieren, die sich in der Praxis bewährt, und solche zu vermeiden, die die praktische Prüfung nicht bestanden haben.
Aus diesen Gründen bin ich der Meinung, daß die gegenseitige Information über die geltenden Verkehrsvorschriften, die in Angriff genommen theoretischen Arbeiten und Publikationen zur Entwicklung und Verbesserung des Verkehrs zwischen unseren beiden Ländern beitragen kann. Diesem Ziel soll im Endergebnis doch auch die Rechtsdoktrin dienen.

Theodor Schweisfurth

Die rechtliche Regelung des Transportwesens zwischen der Bundesrepublik Deutschland und der Volksrepublik Polen: Binnenschiffahrts- und Luftverkehr

1. Binnenschiffahrtsverkehr

a) Rechtsgrundlagen

Das allgemeine Völkerrecht kennt – von gewissen Einschränkungen unter dem Gesichtspunkt des Mißbrauchsverbots abgesehen – eine Beschränkung der Gebietshoheit der Staaten bezüglich der auf ihren Territorien befindlichen Flüsse und Kanäle nicht[1]; „Wo keine Verträge bestehen, sind Flüsse und Kanäle der Hoheitsgewalt der Staaten unterworfen, deren Gebiet sie umschließt"[2]. Grundsätzlich dürfen daher Binnenschiffe die schiffbaren Flüsse und Kanäle (Binnenwasserstraßen) in Drittstaaten nur aufgrund (allgemeiner oder besonderer) Erlaubnis des Gebietsstaates oder aufgrund vertraglich (bilateral oder multilateral) eingeräumter Verkehrsrechte befahren.

Bei einer Auflistung der für den deutsch-polnischen Binnenschiffsverkehr maßgeblichen völkerrechtlichen Verträge denkt man im multilateralen Bereich zunächst an das Vertragswerk der Verkehrskonferenz von Barcelona[3]. Von den beiden dort 1921 verabschiedeten Konventionen kommt als Rechtsgrundlage des deutsch-polnischen Binnenschiffahrtsverkehrs aber gerade nicht die an sich in erster Linie einschlägige Convention and Statute on the Regime of Navigable Waterways of International Concern vom 20. April 1921[4] in Betracht, da weder Polen noch Deutschland dieser Konvention beigetreten sind, sondern nur die Convention and Statute on

---

[1] Vgl. Fr. Berber, *Lehrbuch des Völkerrechts*, Bd. I, München und Berlin, 1960, S. 307 (2. Auflage 1975, S. 319).
[2] G. Dahm, *Völkerrecht*, Bd. II, Stuttgart 1961, S. 733.
[3] Vgl. dazu knapp H. Krüger, *Verkehrskonferenz von Barcelona von 1921*, in: Strupp-Schlochauer, *Wörterbuch*, Bd. III, Berlin 1962, S. 513.
[4] Text in LNTS Bd. 7, S. 37.

Freedom of Transit (Übereinkommen und Statut über die Freiheit des Durchgangsverkehrs)[5] vom gleichen Tage, die für das Deutsche Reich seit dem 16. Juni 1924, für die Polnische Republik seit dem 6. Januar 1925 in Kraft ist[6]. Seit dem Beitritt Polens zum Allgemeinen Zoll- und Handelsabkommen (GATT)[7] vom 30. Oktober 1947 im Jahre 1967[8] ist auch der für den Binnenschiffsverkehr einschlägige Artikel V GATT zwischen der Volksrepublik Polen und der Bundesrepublik Deutschland geltendes Recht. Die Barcelona-Konvention (Artikel 2) und Artikel V GATT räumen nur relativ geringe Verkehrsrechte ein, nämlich nur „die Freiheit der Durchfuhr durch das Gebiet jedes Vertragspartners für den Durchfuhrverkehr nach und von dem Gebiet der anderen Vertragspartner" (so Artikel V Ziff. 2 GATT) (Transitverkehr), wobei beide Konventionen den Transitstaaten Diskriminierungen, beispielsweise „auf Grund der Flagge der Wasserfahrzeuge", verbieten.

Verkehrsrechte polnischer Binnenschiffe auf der bedeutsamsten Binnenwasserstraße in der Bundesrepublik Deutschland, dem Rhein, ergeben sich aus der Mannheimer revidierten Rheinschiffahrtsakte vom 17. Oktober 1868[9]. Zwar ist Polen nicht Vertragspartei der Mannheimer Akte, sie bestimmt aber (Artikel 1), daß die Schiffahrt auf dem Rhein „den Fahrzeugen aller Nationen zum Transport von Waren und Personen gestattet" sein soll. In den Genuß der durch die Mannheimer Akte gewährten Schiffahrtsfreiheit auf dem Rhein gelangen unmittelbar jedoch nur die Rheinuferstaaten, Binnenschiffe aus anderen Staaten bedürfen zusätzlich besonderer Verkehrsrechte, aufgrund derer sie über das Gebiet eines Rheinuferstaates überhaupt erst in die Binnenwasserstraße Rhein einfahren dürfen; solche Verkehrsrechte ergeben sich – meines Erachtens – nicht aus dem Barcelona-Statut oder aus dem GATT, da beide die Einfahrt in die Binnenwasserstraße Rhein nur zum Zwecke des Transits gewähren, nicht aber zu dem Zwecke, Schiffahrt auf dem Rhein entsprechend der Mannheimer Akte zu betreiben.

Im bilateralen Bereich ist der für die rechtliche Regelung des Binnenschiffsverkehrs zwischen Deutschland und Polen maßgebliche völkerrechtliche Vertrag die Vereinbarung zwischen dem Bundesminister für Verkehr der

[5] Text in RGBl. 1924, S. 387 ff.

[6] Vgl. RGBl. 1926, Teil II, S. 428. Zur Frage der Weitergeltung der Vorkriegsverträge werden unten einige Ausführungen gemacht.

[7] Text in BGBl. 1951, Teil II, S. 173; UNTS Bd. 55 - 64, S. 142 - 147.

[8] Vgl. das Protokoll über den Beitritt Polens zum GATT vom 30. 6. 1967, in Kraft seit 18. 10. 1967, BGBl. 1969, T. II, S. 55, UNTS Bd. 609, S. 236.

[9] Text in BGBl. 1969, T. II, S. 597.

Bundesrepublik Deutschland und dem Minister für Schiffahrt der Volksrepublik Polen über den Binnenschiffsgüterverkehr vom 5. Februar 1971[10]. Nach diesem Ressortabkommen dürfen die unter polnischer bzw. deutscher Flagge fahrenden Binnenschiffe für den Güterverkehr die Binnenwasserstraßen im jeweils anderen Land befahren; als wichtigste Rechtsgrundlage für den deutsch-polnischen Binnenschiffsverkehr hat dieses Abkommen im Mittelpunkt des vorliegenden Berichtes zu stehen. In den im übrigen in Kraft befindlichen deutsch-polnischen Abkommen auf dem Gebiete der Wirtschaft[11] sind für den Binnenschiffsverkehr einschlägige Bestimmungen nicht enthalten.

Zunächst einige Bemerkungen über den Zeitpunkt des Abschlusses und zum politischen Hintergrund der deutsch-polnischen Vereinbarung über den Binnenschiffsgüterverkehr. Politisch wurde der Abschluß dieser Vereinbarung durch die Unterzeichnung des Vertrages zwischen der Bundesrepublik Deutschland und der Volksrepublik Polen über die Grundlagen der Normalisierung ihrer gegenseitigen Beziehungen vom 7. Dezember 1970[12] sicher erleichtert, er hatte aber diese Unterzeichnung wohl doch nicht zur unbedingten Voraussetzung, wie sich aus der Tatsache des vorherigen Abschlusses eines anderen Verkehrsvertrages, der deutsch-polnischen Vereinbarung über den internationalen Straßenpersonen- und Güterverkehr vom 11. September 1969[13], ergibt. Bestimmend für den Zeitpunkt des Vertragsschlusses waren vielmehr die Geographie und die Entwicklung der innerdeutschen Beziehungen. Zwischen Polen und der Bundesrepublik Deutschland liegt die DDR, nur durch die auf ihrem Gebiet liegenden Binnenwasserstraßen ist die Einfahrt polnischer bzw. westdeutscher Binnenschiffe in das Binnenwasserstraßensystem des jeweils anderen Landes möglich. Solange unter westdeutscher Flagge fahrende Binnenschiffe nicht die Möglichkeit hatten, über Berlin hinaus durch den Oder-Spree-Kanal in das polnische Binnenwasserstraßensystem einzufahren, war das westdeutsche Interesse an der Einräumung gegenseitiger Verkehrsrechte mit der Volksrepublik Polen faktisch nicht realisierbar. Der Ab-

---

[10] Text in BAnz. Nr. 37 vom 24. 2. 1971.

[11] Vgl. das Abkommen über die Entwicklung der wirtschaftlichen, industriellen und technischen Zusammenarbeit vom 1. 11. 1974 (BGBl. 1975, T. II, S. 618), das langfristige Programm für die Entwicklung der wirtschaftlichen, industriellen und technischen Zusammenarbeit vom 9. 10. 1975 (BGBl. 1975, T. II, S. 1740), das Abkommen über die weitere Entwicklung der Zusammenarbeit auf wirtschaftlichem Gebiet vom 11. 6. 1976 (BGBl. 1976, T. II, S. 1245).

[12] Text in BGBl. 1972, T. II, S. 362.

[13] Text in BAnz. Nr. 191 vom 14. 10. 1969.

schluß eines Binnenschiffsverkehrsvertrages mit Polen war für die Bundesrepublik Deutschland erst sinnvoll, als sich in der Entwicklung der innerdeutschen Beziehungen die Möglichkeit der Transitgewährung für westdeutsche Binnenschiffe durch das Hoheitsgebiet der DDR abzeichnete. Diese Möglichkeit war noch nicht realisiert durch das gemäß dem Vierseitigen Abkommen über Berlin vom 3. September 1971 am 17. Dezember 1971 unterzeichnete deutsch-deutsche Transitabkommen [14], da dieses nur den zivilen Transitverkehr zwischen der Bundesrepublik Deutschland und den Westsektoren Berlins, nicht aber geographisch darüber hinaus, regelt. Erst der Vertrag zwischen der Bundesrepublik Deutschland und der Deutschen Demokratischen Republik über Fragen des Verkehrs vom 26. Mai 1972 [15] verschaffte westdeutschen Binnenschiffen die rechtliche Möglichkeit, im Transit durch das Hoheitsgebiet der DDR in das polnische Binnenwasserstraßensystem einzufahren. Erst infolge dieser innerdeutschen Entwicklung wurde es auch für die Volksrepublik Polen interessant, die Probleme des Binnenschiffstransitverkehrs mit der DDR grundsätzlich rechtlich zu regeln; dies geschah durch den Abschluß eines Vertrages zwischen der DDR und der Volksrepublik Polen über die Zusammenarbeit auf dem Gebiet des Verkehrswesens vom 16. Juli 1971 [16] und des darin (Artikel 19) vorgesehenen Durchführungsabkommens über die Zusammenarbeit auf dem Gebiet der Binnenschiffahrt vom 25. November 1971 [17]. Durch diese Verträge haben sich die DDR und Polen „gegenseitig freien Transit für alle Transportmittel im Verkehr von und nach Drittstaaten" (Artikel 2 Absatz 1 des Verkehrsvertrages) bzw., spezifiziert für die Binnenschiffahrt, „gegenseitig den freien Transit auf der gesamten Länge der miteinander verbundenen Wasserstraßen" (Artikel 1 Absatz 2 des Binnenschiffahrtsvertrages) gewährt; dadurch ist polnischen Binnenschiffen die Einfahrt in das westdeutsche Binnenwasserstraßensystem ermöglicht.

Die Bundesrepublik Deutschland und die Volksrepublik Polen sind – so scheint es – derzeit in der glücklichen Lage, daß auf dem Gebiete des Binnenschiffsverkehrs keine rechtspraktischen Probleme bestehen [18]. Daraus folgt allerdings noch nicht zwingend, daß der deutsch-polnische Binnenschiffsverkehr tatsächlich problemlos verläuft; ob dem so ist, darauf kann

---

[14] Text in Beilage BAnz. Nr. 174 vom 15. 9. 1972.
[15] Text in BGBl. 1972, T. II, S. 1449.
[16] Text in GBl. DDR 1972, T. I, S. 74.
[17] Text in GBl. DDR 1972, T. II, S. 120.
[18] So eine dem Verfasser erteilte Auskunft des Bundesverkehrsministeriums vom 27. 6. 1978.

erst eine Betrachtung der Praxis des Abkommens vom 5. Februar 1971 eine Antwort geben. Im Folgenden sollen die Bestimmungen des Abkommens kurz dargestelt und mit dem Blick auf die deutschen einschlägigen Rechtssetzungsakte zum Binnenschiffsverkehr erläutert werden.

b) Die deutsch-polnische Vereinbarung über den Binnenschiffsgüterverkehr vom 5. Februar 1971

Artikel 1 beschränkt den sachlichen Geltungsbereich der Vereinbarung auf die in Polen und der Bundesrepublik Deutschland amtlich registrierten „Binnenschiffe für den Güterverkehr", Fahrgastschiffe sind also von der Vereinbarung ausgenommen.

Artikel 2 ist die Kernbestimmung der Vereinbarung, er räumt den Binnenschiffen für den Güterverkehr die Schiffahrtsfreiheit auf den Binnenwasserstraßen im jeweils anderen Land ein (Absatz 1) und bestimmt in Absatz 2 deren Umfang. Danach dürfen die Binnenschiffe Güter befördern im Wechselverkehr zwischen Polen und der Bundesrepublik Deutschland und im Transitverkehr durch das jeweils andere Land; die Kabotage ist nur mit besonderer Genehmigung gestattet, die Anschlußkabotage dagegen erlaubt; über die Anschlußkabotage hinaus ist dagegen die Beförderung von Gütern zwischen Drittländern und dem jeweils anderen Land („Drittlandverkehr") „grundsätzlich nicht gestattet", es können nur für einzelne Schiffe befristete Ausnahmegenehmigungen erteilt werden (Artikel 2 Absatz 4). Von diesem „Drittlandverkehr", bei dem Güter in einen oder aus einen der Vertragsstaaten aus einem oder in ein Drittland befördert werden, ist der sogenannte „Drittländerverkehr im Transit" zu unterscheiden, bei dem Güter aus einem Drittland durch einen Vertragsstaat in ein anderes Drittland befördert werden; der „Drittländerverkehr im Transit" ist von der Gewährung des Transitverkehrsrechts in Artikel 2 Ziff. 2 lit. b mit erfaßt.

Die allgemeine Regelung der Schiffahrtsfreiheit in Artikel 2 der deutsch-polnischen Vereinbarung spiegelt die deutsche Auffassung in der Frage der speziellen Regelung der Schiffahrtsfreiheit auf dem Rhein nach der Mannheimer Akte wider. Nach deutscher Auffassung umfaßt die in Artikel 1 der Mannheimer Akte statuierte Schiffahrtsfreiheit nicht die Kabotagefreiheit (im weitesten Sinne, d. h. ein Güterumschlagsrecht in Inlandshäfen)[19]. Die durch Artikel 2 Absatz 1 der Vereinbarung polnischen Schif-

[19] Vgl. hierzu G. Jaenicke, *Die neue Großschiffahrtsstraße Rhein-Main-Donau*, Frankfurt a.M., 1973, S. 33 ff.; U. Scheuner, Strupp-Schlochauer, *Wörterbuch*, Bd. III, S. 121.

fen verschaffte Möglichkeit, in die Schiffahrtsstraße Rhein einzufahren, bringt daher diese Schiffe nicht in den Genuß eines unbeschränkten Rechts, Güter in deutschen Rheinhäfen zu löschen und zu laden; ein solches Recht besteht für polnische Schiffe auch hinsichtlich des deutschen Rheins nur in dem von Artikel 2 bis 4 beschriebenen Umfang. Wohl aber verschafft das Recht, über die deutschen Bundeswasserstraßen in die Schiffahrtsstraße Rhein einzufahren, polnischen Schiffen die Möglichkeit, den Rhein im übrigen gemäß Artikel 1 der Mannheimer Akte – vor allem für den Drittländerverkehr im Transit (z. B. Niederlande-Schweiz) – zu befahren.

Vergleicht man die in Artikel 2 der deutsch-polnischen Vereinbarung vom 5. Februar 1971 gegenseitig eingeräumte und in ihrem Umfang näher beschriebene Schiffahrtsfreiheit mit den tatsächlich gegebenen Möglichkeiten, so kann man, allein unter Berücksichtigung der geographischen Situation, genauer: der derzeitigen Infrastruktur der Binnenschiffahrt, nicht umhin, festzustellen, daß die Vereinbarung vom 5. Februar 1971 ein juristisch gleicher aber faktisch ungleicher Vertrag ist; er begünstigt die polnische Binnenschiffahrt mehr als die deutsche, denn ein Transit deutscher Binnenschiffe durch Polen in dessen südliche bzw. östliche Nachbarländer ist nicht möglich bzw. findet nicht statt und wo kein Transitverkehr stattfinden kann, läuft für die deutschen Binnenschiffe auch das Recht zur Anschlußkabotage leer. Das Recht zur Einfahrt in die polnischen Binnenwasserstraßen verschafft deutschen Schiffen nicht die Möglichkeit der Nutzung eines Verkehrsweges, der dem Güterumschlag und dem rechtlichen Regime nach der Schiffahrtsstraße Rhein gleichkäme. Ein solches Äquivalent wird für die deutschen Binnenschiffe in Polen auch dann nicht gegeben sein, wenn – entsprechend dem vor kurzen, am 17. Juni 1978, gefaßten Beschluß des ZK der PVAP [20] – die Weichsel bis zum Ende dieses Jahrhunderts vollständig reguliert und für Binnenschiffe bis zu 3500 BRT schiffbar gemacht sein wird.

Zur tatsächlichen Entwicklung des Wechselverkehrs und des Kabotageverkehrs werden im Zusammenhang der Erläuterungen zu Artikel 5 der deutsch-polnischen Vereinbarung noch einige Bemerkungen gemacht werden.

Artikel 3 der Vereinbarung, wonach die Schiffe, ihre Besatzungen und die Ladung, wenn sie die Binnenwasserstraßen des anderen Landes befahren, dem jeweils dort geltenden Recht unterliegen, stellt klar, daß die aufgrund der Vereinbarung im jeweils anderen Land befindlichen deutschen bzw. polnischen Binnenschiffe für den Güterverkehr, anders als Kriegsschiffe oder

[20] Vgl. „Archiv der Gegenwart" 1978, S. 21 879.

andere im Hoheitsdienst stehende Staatsschiffe, keinerlei Vorrechte der Exterritorialität genießen; deutsche bzw. polnische Binnenschiffe für den Güterverkehr, auch wenn sie sich in Staatseigentum befinden, haben also keinen Anspruch auf Immunität.

Die Verwendung der Formel „dem jeweils dort geltenden Recht" anstelle etwa der Formel „dem Landesrecht" oder einer ähnlichen unterwirft polnische Binnenschiffe in der Bundesrepublik Deutschland auch dem für den Binnenschiffsgüterverkehr einschlägigen geltenden oder künftigen Recht der Europäischen Gemeinschaften[21].

Stellt Artikel 3 der Vereinbarung die Unterwerfung der Schiffe, ihrer Besatzungen und der Ladung unter das gesamte (einschlägige) jeweils in Polen bzw. in der Bundesrepublik Deutschland geltende Recht generell klar, so weist der Temporalsatz „wenn sie die Binnenwasserstraßen des anderen Landes befahren" speziell auf das für die Binnenwasserstraßen geltende Recht hin. Was die Bundesrepublik Deutschland betrifft, so ist das „dort" für die Binnenschiffahrt geltende Recht in den letzten Jahren weitestgehend neu geregelt worden. In der Bundesrepublik Deutschland gehören die Gebiete der Binnenschiffahrt und der dem allgemeinen Verkehr dienenden Binnenwasserstraßen zur konkurrierenden Gesetzgebung (Artikel 74 Ziff. 21 GG), der Bund ist Eigentümer der früheren Reichswasserstraßen, er verwaltet die jetzigen Bundeswasserstraßen durch eigene Behörden (Artikel 89 GG), und zwar durch den Bundesminister für Verkehr als oberste Bundesbehörde, durch zwölf ihm unterstehende Wasser- und Schiffahrtsdirektionen als Mittelbehörden und durch zahlreiche diesen unterstehenden Wasser- und Schiffahrtsämtern als Unterbehörden[22]. Von seinem Gesetzgebungsrecht auf dem Gebiet der Binnenschiffahrt und Binnenwasserstraßen (Artikel 72 GG i. Vbg. mit Artikel 74 Ziff. 21 GG) hat der Bund weitgehend Gebrauch gemacht, so daß heute das Recht der Binnenschiffahrt und der Binnenwasserstraßen überwiegend Bundesrecht ist[23]. Der normativen Ebene nach ist es weitgehend Verordnungsrecht, das auf der Grundlage des

---

[21] So z. B. der Verordnung Nr. 11 vom 27. 6. 1960 über die Beseitigung von Diskriminierungen auf dem Gebiet der Frachten und Beförderungsbedingungen gemäß Art. 79 Abs. (3) des Vertrages zur Gründung der Europäischen Wirtschaftsgemeinschaft, BGBl. 1960, T. II, S. 2209, „Amtsblatt der EG" 1960, S. 1121.

[22] Vgl. K. Mintzel, *Bundeswasserstraßengesetz (WaStrG) nebst ergänzenden Vorschriften, Handkommentar*, Berlin 1969, S. 193 f.

[23] Zur verbliebenen Zuständigkeit der Länder vgl. exemplarisch H. Kurz, *Das Recht der Binnenschiffahrt in Bayern*, „Bayrische Verwaltungsblätter" 1977, S. 353 ff.

Bundeswasserstraßengesetzes vom 2. April 1968[24] des Gesetzes über die Aufgaben des Bundes auf dem Gebiet der Binnenschiffahrt vom 15. Februar 1956[25] und des Gesetzes über den gewerblichen Binnenschiffsverkehr vom 1. Oktober 1953[26] vom Bundesminister für Verkehr bzw. nach Übertragung entsprechender Ermächtigungen zum Erlaß von Rechtsverordnungen auf andere Behörden der Wasser- und Schiffahrtsverwaltung[27] von diesen erlassen worden ist. Diese zahlreichen und nicht leicht überschaubaren Rechtssetzungsakte[28] können hier nicht eingehend behandelt werden, es sei nur auf die wichtigsten hingewiesen.

Die Verkehrsordnung auf den Bundeswasserstraßen wird durch mehrere Verordnungen geregelt. Der Verkehr auf den Bundeswasserstraßen Neckar, Main, Main-Donau-Kanal, Lahn, Schiffahrtsweg Rhein-Kleve, Westdeutsche Kanäle, Weser, Elbe, Ilmenau und Elbe-Lübeck-Kanal richtet sich nach der Binnenschiffahrtsstraßenordnung vom 3. März 1971[29]. Für die Bundeswasserstraßen Rhein, Mosel und Donau gelten besondere Schiffahrtspolizeiverordnungen[30].

Die grundlegenden Vorschriften über die Schiffssicherheit für sämtliche Bundeswasserstraßen mit Ausnahme des Rheins und der Donau finden sich in der Verordnung über die Schiffssicherheit in der Binnenschiffahrt (Binnenschiffs-Untersuchungsordnung) vom 14. Januar 1977[31]; für die Rheinschiffahrt gilt eine besondere Rheinschiffs-Untersuchungsordnung in der

---

[24] BGBl. 1968, T. II, S. 173 ff. Vgl. dazu M. Czychowski, *Das Bundeswasserstraßengesetz*, „Deutsches Verwaltungsblatt" 1968, S. 573 ff.; A. Friesecke, *Das Bundeswasserstraßengesetz*, NJW 1968, S. 1267 ff.

[25] BGBl. 1956, T. II, S. 317.

[26] BGBl. 1953, T. I, S. 1453, Neufassung in BGBl. 1969, T. I, S. 65.

[27] So überträgt z.B. die Verordnung vom 15. 4. 1969 die Ermächtigung zum Erlaß von Strompolizeiverordnungen nach dem Bundeswasserstraßengesetz auf die Wasser- und Schiffahrtsdirektionen, BGBl. 1969, T. II, S. 853.

[28] Vgl. deren Aufzählung nebst Fundstellennachweise späterer Änderungen in Fundstellennachweis A Bundesrecht ohne völkerrechtliche Vereinbarungen und Verträge mit der DDR, abgeschlossen am 31. 12. 1977, S. 210 ff.

[29] Vgl. Art. 1 der Verordnung zur Einführung der Binnenschiffahrtsstraßenordnung vom 3. 3. 1971, BGBl. 1971, T. I, S. 178 und Anlagenband zum Bundesgesetzblatt T. I, Nr. 20 vom 13. 3. 1971.

[30] Vgl. die Verordnung zur Einführung der Donauschiffahrtspolizeiverordnung vom 18. 3. 1970, BGBl. 1970, T. I, S. 297 plus Anlagenband Donauschiffahrtspolizeiverordnung; die Verordnung zur Einführung der Rheinschiffahrtspolizeiverordnung vom 5. 8. 1970, BGBl. 1970, T. I, S. 1305 plus Anlagenband Rheinschiffahrtspolizeiverordnung und Vorschriften für die Reeden auf dem Rhein (i.d.F. vom 13. 8. 1970); die Verordnung zur Einführung der Moselschiffahrtspolizeiverordnung vom 8. 6. 1971, BGBl. 1971, T. I, S. 833 plus Anlagenband Moselschiffahrtspolizeiverordnung 1971.

[31] BGBl. 1977, T. I, S. 59 ff.

Fassung, die von der gemäß der Mannheimer Rheinschiffahrtsakte gebildeten Zentralkommission für die Rheinschiffahrt beschlossen wurde[32]. Die Binnenschiffs-Untersuchungsordnung (BinSchUO) erstreckt zahlreiche Vorschriften der Rheinschiffs-Untersuchungsordnung auch auf die übrigen Bundeswasserstraßen; so unterliegen beispielsweise die Binnenschiffe auch auf den übrigen Bundeswasserstraßen grundsätzlich den Anforderungen an Bau, Einrichtung und Ausrüstung, wie sie in der Rheinschiffs-Untersuchungsordnung für Rheinschiffe festgelegt werden (§ 1.03 BinSchUO). Von großer Bedeutung für die Schiffssicherheit sind die Verordnungen über die Beförderung gefährlicher Güter für die einzelnen Bundeswasserstraßen[33]. Die Erteilung der gemäß Artikel 4 Absatz 2 der deutsch-polnischen Vereinbarung vom 5. Februar 1971 für die Fahrt auf den Binnenwasserstraßen erforderlichen Schiffszeugnisse (-atteste) erfolgt im deutschen Geltungsbereich der Vereinbarung gemäß der Binnenschiffs- bzw. Rheinschiffs--Untersuchungsordnung.

Die Binnenschiffs-Untersuchungsordnung läßt zu, daß an die Stelle eines ihr entsprechend ausgestellten Schiffsattestes eine ausländische Fahrtauglichkeitsbescheinigung tritt; Voraussetzung dafür ist jedoch, daß in einem Staatsvertrag ausländische Fahrtauglichkeitsbescheinigungen als ausreichend zum Befahren der Bundeswasserstraßen im räumlichen Anwendungsbereich der BinSchUO anerkannt wird (§ 1.09 Absatz 2 BinSchUO). Eine solche Anerkennung ist jedoch in der deutsch-polnischen Vereinbarung vom 5. Februar 1971 nicht erfolgt; ihr zufolge (Artikel 4 Absatz 3) sollen die Vertragspartner nur darauf hinwirken, daß beim Erwerb der Schiffszeugnisse und Schifferpatente die jeweils in dem anderen Land ausgestellten Zeugnisse bzw. Patente „berücksichtigt werden".

Die Erteilung der gemäß Artikel 4 Absatz 1 der deutsch-polnischen Vereinbarung vom 5. Februar 1971 für die Fahrten auf den Binnenwasserstraßen des anderen Landes erforderlichen Schifferpatente erfolgt in Deutschland für die Rheinschiffahrt entsprechend der Rheinschifferpatentverordnung vom 26. März 1976[34], für die meisten übrigen Bundeswasserstraßen entsprechend der Verordnung über die Befähigungszeugnisse in der Binnenschiffahrt vom 15. Juni 1956[35].

---

[32] BGBl. 1976, T. I, S. 773 ff.

[33] Quellen siehe Fundstellennachweis A (vgl. Anm. 28), S. 214.

[34] BGBl. 1976, T. I, S. 757 ff.

[35] BGBl. 1956, T. II, S. 722, zuletzt geändert durch Verordnung vom. 19. 12. 1975, BGBl. 1976, T. I, S. 9 ff.

In Artikel 5 der deutsch-polnischen Vereinbarung vom 5. Februar 1971 kommt eine gewisse sich aus dem deutsch-polnischen Binnenschiffsgüterverkehr möglicherweise (mit) ergebende wirtschaftspolitische Brisanz zum Vorschein. Westeuropäische Binnenschiffahrtsverbände und Industrie- und Handelskammern befürchten eine „Invasion" der Binnenflotten aus sozialistischen Staaten, die zwecks Verringerung des chronischen Devisenmangels der Flaggenstaaten durch Billigtarife zunehmend Frachten aquirieren und so langfristig den Frachtenanteil westeuropäischer Binnenschiffsunternehmen erheblich mindern könnten [36]. Artikel 5, demzufolge die Vertragsparteien darauf hinwirken, daß im Wechselverkehr deutsche und polnische Binnenschiffe zu gleichen Teilen am Ladungsaufkommen beteiligt und die Transporte zu kostengerechten Frachten abgewickelt werden sollen, kann daher als eine Schutzklausel zugunsten der deutschen Binnenschiffahrt verstanden werden [37].

Artikel 5 der Vereinbarung gibt Veranlassung, einige Bemerkungen zu ihrer praktischen Anwendung zu machen. Vom Bundesverband der deutschen Binnenschiffahrt wurde 1977, also nach sechsjähriger Praxis der deutsch-polnischen Vereinbarung über den Binnenschiffsgüterverkehr, darauf aufmerksam gemacht, daß bisher weder die Vereinbarung kostengerechter Frachten noch die gleichmäßige Verteilung des Ladungsaufkommens auf polnische und deutsche Binnenschiffe im Wechselverkehr erreicht worden ist. Hierzu einige Zahlenangaben [38]:

Im Jahre 1977 wurden im Gesamtwechselverkehr Volksrepublik Polen/Bundesrepublik Deutschland (einschließlich Berlin [West]) 684 035 t Güter befördert. Dabei wurde die größte Gütermenge, nämlich 657 362 t von Polen nach Deutschland transportiert, während in umgekehrter Richtung nur 26 673 t befördert wurden. Der Gesamtwechselverkehr schlüsselt sich nach Flaggenanteilen in Ladungstonnen und Prozent wie folgt auf: aus Polen nach Deutschland transportierten Schiffe unter westdeutscher Flagge 69 490 t = 10,6 %, Schiffe unter polnischer Flagge 585 295 t = 89,0 %; aus Deutschland nach Polen transportierten Schiffe unter westdeutscher

---

[36] Vgl. hier einzelne Stellungnahmen bei M. Milkowski, *Waterways and Inland Navigation in the Light of International Law and the CSCE Final Act*, „Polish Western Affairs" 1977, S. 125 ff., hier S. 129 ff.

[37] Vgl. Stellungnahme des Bundesverbandes der deutschen Binnenschiffahrt e. V. zu den Problemen des Ost-West-Verkehrs auf Binnenschiffahrtsstraßen, Juni 1977, Duisburg.

[38] Die Zahlenangaben stammen aus einer dem Verfasser vom Bundesverband für die deutsche Binnenschiffahrt e.V. erteilten Auskunft vom 19. 7. 1978.

Flagge 2 106 t=7,9%, Schiffe unter polnischer Flagge 24 567 t=92,1%. Aus diesen Zahlen ergeben sich für den Gesamtwechselverkehr 71 569 t= =10,5 % deutscher Flaggenanteil und 609 862 t=89,2% polnischer Flaggenanteil [39].

Was den nach Artikel 2 Absatz 3 der deutsch-polnischen Vereinbarung vom 5. Februar 1971 genehmigungspflichtigen Kabotageverkehr betrifft, so findet dieser in Polen nicht statt. Verkehrsleistungen im Binnenverkehr werden nur in polnischer Währung honoriert, Zahlungsempfänger kann aber nur ein polnischer Betrieb sein. Konkret gestellt wurde ein Antrag im August 1975 auf eine Erzladung ab Szczecin (Stettin) nach Wrocław (Breslau), nachdem ein deutsches Schiff in Szczecin (Stettin) Getreide gelöscht hatte und in Wrocław (Breslau) eine Ladung Schrott übernehmen sollte. Da aber der deutschen Reederei die Frachtzahlung versagt wurde, ließ sie die Strecke Szczecin (Stettin) – Wrocław (Breslau) mit leerem Schiff fahren. Kabotageverkehr polnischer Schiffe in Deutschland wird hingegen durchgeführt, wenn auch nicht in großem Umfang, da Voraussetzung für eine (deutsche) Genehmigung ist, daß kein geeigneter in der Bundesrepublik Deutschland und Berlin (West) registrierter Schiffsraum vorhanden ist. Immerhin wurden von einer Wasser- und Schiffahrtsdirektion 1976–24, 1977–8 und im ersten Halbjahr 1978–11 Kabotagegenehmigungen erteilt [40].

Das Beispiel der nicht stattgefundenen Kabotage Szczecin (Stettin) – Wrocław (Breslau) läßt schon einen Grund erkennen auch für die enorme Ungleichgewichtigkeit der Flaggenanteile im Wechselverkehr: das polnische Währungsrecht. Auch im Wechselverkehr werden die Frachten erst ab polnischer Grenze in Devisen bezahlt, der Transport auf dem vorangehenden polnischen Streckenanteil wird grundsätzlich nur in polnischer Landeswährung vergütet, diese aber darf nicht an ausländische Auftraggeber gezahlt werden. Nur in Ausnahmefällen wurden bisher Frachten in Devisen vergütet für die Gesamttransportstrecke vom polnischen Abgangshafen bis zur deutschen bzw. westeuropäischen Bestimmungsstation.

Einen weiteren Grund für die enorme Ungleichgewichtigkeit der Flaggenanteile im Wechselverkehr sieht das deutsche Binnenschiffsgewerbe darin, daß zwar theoretisch mit den polnischen Außenhandelszentralen über Trans-

---

[39] Die geringfügigen Differenzen zum vollen Hundert der Prozentangaben erklären sich aus einer Beteiligung von DDR-Schiffen am polnisch-(west)deutschen Binnenschiffsgüterverkehr.

[40] Die Zahlenangaben stammen aus einer dem Verfasser von der Wasser- und Schiffahrtsdirektion West erteilten Auskunft vom 1. 8. 1978.

porte im grenzüberschreitenden Binnenschiffsverkehr verhandelt werden könne, diese Gespräche jedoch praktisch keinen Erfolg hätten, da nach polnischem Recht die Außenhandelszentralen verpflichtet seien, zunächst polnische Binnenschiffsreedereien einzuschalten. Da diese grundsätzlich in der Lage seien, zu niedrigeren Frachten zu fahren – oftmals würden diese von polnischen Außenhandelsdienststellen zu Niedrigfrachten angewiesen, damit ein Im- oder Exportgeschäft überhaupt realisiert werden könne – erhielten in der Regel auch sie den Zuschlag. Unter Zugrundelegung der deutschen Tarife wird die Differenz zwischen kostengerechten Frachten und polnischen Billigtarifen – mit aller Vorsicht – auf 40% geschätzt. Polnische Schiffe könnten auch im Einzelfall unwirtschaftliche Transporte durchführen, weil polnische Reedereien das Durchschnittsergebnis ihres enormen Frachtenanteils im Wechselverkehr bewerten, während deutsche Reedereien nur an Einzelgeschäfte herankommen, die für sich genommen unwirtschaftlich bleiben.

Von deutscher Seite wird derzeit versucht, die Ungleichgewichtigkeit der Flaggenanteile im deutsch-polnischen Wechselverkehr mittels zwischenbetrieblicher Absprachen zu verringern. Sollten diese Versuche erfolglos bleiben, ist damit zu rechnen, daß vom deutschen Binnenschiffahrtsgewerbe auf eine mengenmäßige Begrenzung für polnische Binnenschiffe auf den Bundeswasserstraßen gedrängt wird.

Die derzeitige Struktur des deutsch-polnischen Wechselverkehrs und deren Gründe sind nur ein Aspekt des in Westeuropa zunehmend empfundenen Drucks der „Ostblockkonkurrenz" im Güterverkehr. Zunächst in westeuropäischen Binnenschiffahrtskreisen angesprochen, wird das Problem der „Ostblockkonkurrenz" jetzt zunehmend im Rahmen der EG erörtert und werden Überlegungen zu ihrer Eindämmung angestellt. Davon kann auch der polnische Binnenschiffsgüterverkehr auf westeuropäischen Schiffahrtsstraßen betroffen werden; so wird als ein Mittel der Eindämmung an die Beschränkung der Schiffahrtsfreiheit auf dem Rhein auf in EG- oder Rheinuferstaaten registrierte Schiffe gedacht[41].

Der Wirtschafts- und Sozialausschuß der EG hat sich im November 1977 mit den Verkehrsproblemen in den Beziehungen zu den osteuropäischen Staaten befaßt und folgende Initiativstellungnahme abgegeben:

> „Seit geraumer Zeit beschäftigt die stetig anwachsende Ostblockkonkurrenz wegen der Bedingungen, unter denen sie sich abspielt, Politiker und Vertreter des Wirtschafts-

[41] Vgl. die entsprechenden Zitate bei Milkowski, *op. cit.* (Anm. 36), S. 129 ff.

und Arbeitslebens der Europäischen Gemeinschaften. Mit Hilfe ihres zentral gesteuerten Wirtschaftsgebarens gelang es den Ostblockstaaten mehr und mehr, in die Verkehrsabläufe für den Güteraustausch zwischen Ost und West zu ihrem Vorteil wirksam einzugreifen.

Aus einer Reihe von Gründen (systematischer Flottenausbau, chronischer Devisenmangel usw.) setzt die östliche Seite alles daran, die Verkehrsleistungen bei der Ein- und Ausfuhr nach cif/fob-Klauseln selbst zu erbringen. Beim Abschluß von Handels- und Lieferverträgen setzten die östlichen Handelspartner in der Regel diese Klausel durch, zumal die Länder der Gemeinschaft bisher mehr an der Steigerung des Außenhandelsvolumens als an der Anhebung des westlichen Verkehrsanteils interessiert sind.

In einigen Verkehrsbereichen ist eine Niedrigfrachtratenpolitik seitens der Oststaaten erkennbar, die nicht mit den im Westen üblichen Regeln übereinstimmt.

Schon jetzt lasten klar erkennbare Bedrohungen auf den Bereichen Seeschiffahrt, Binnenschiffahrt und Straßengüterverkehr; hinzu kommt, daß von den Oststaaten ein eigenes Netz von Agenturen zur Vertretung ihrer Interessen und zum Umschlag von Gütern auf- und weiterausgebaut wird.

Zwecks Gewinnung von regelmäßiger Ladung werden von Ostblockseite, insbesondere von sowjetrussischen Reedereien, Raten angeboten, welche nicht den üblichen betriebswirtschaftlichen Grundsätzen entsprechen.

Wenn erst einmal die neue Containertonnage auf dem Markt erscheint, so muß in der Seeschiffahrt mit einer weiteren Verschärfung der Konkurrenz gerechnet werden, welche die westlichen Linienreedereien sehr bald in ihrer Lebensfähigkeit bedrohen könnte. Im internationalen Straßengüterverkehr mit den osteuropäischen Staatshandelsländern haben die östlichen Transportorganisationen bereits weitestgehend eine Vormachtstellung erreicht. Wie in der Seeschiffahrt bestehen auch hier die Wettbewerbsprobleme in einer ständigen Expansion östlicher Transportkapazitäten sowohl auf den bilateralen Transportbeziehungen zwischen Oststaaten und Mitgliedsländern der Gemeinschaft wie auch im Bereich des Drittländerverkehrs.

Ähnliche Probleme bestehen in der Binnenschiffahrt. Im Geltungsbereich der Mannheimer Rheinschiffahrtsakte stehen nämlich dem Güter- und Personenverkehr mit Binnenschiffen aller Flaggen keine Hindernisse entgegen. Im grenzüberschreitenden Verkehr gibt es weder staatliche Preisregelungen noch Zugangsbeschränkungen. Die marktwirtschaftliche Ordnung der Rheinuferstaaten gewährt also auch Schiffahrtsunternehmen aus den RGW-Staaten bisher die Möglichkeit, frei um Ladung zu werben, und sich in den Verkehr mit den Rheinanliegerstaaten einzuschalten. Nach der Fertigstellung des Main-Donau-Kanals würde dieses Problem stärker akzentuiert, da in diesem Augenblick auch das Binnenschiffspotential des Ostblocks, das bislang nur auf der Donau verkehrt, unbehindert auf westeuropäische Märkte dringen könnte, wenn hier nicht rechtzeitig entsprechende Maßnahmen ergriffen werden können.

Beunruhigend wird die Lage auch dadurch, daß sich Ostblockunternehmen bisher frei und ungehindert im Westen niederlassen können und in der Schiffahrt unter dem Mantel einer westlichen Gesellschaft Flaggen der Mitgliedsländer der Gemeinschaft benutzen.

Und schließlich ist darauf hinzuweisen, daß als Folge des Vordringens östlicher

Transporteure eine bedrohliche Lage auf dem Arbeitsmarkt im Verkehrssektor entstehen kann, die auch die Vertreter der Arbeitnehmer bereits jetzt alarmiert.

Auf lange Sicht dürften aus dem vorstehend Genannten wesentliche Nachteile für die Wirtschaft der Gemeinschaft entstehen, was nicht nur aus wirtschaftlichen, sondern auch aus allgemeinpolitischen Gründen bedenklich erscheint.

Der Wirtschafts- und Sozialausschuß fordert deshalb alle für die Fragen des Ost-West-Verkehrs zuständigen Institutionen auf, sich dieser Angelegenheit mit allem Nachdruck anzunehmen, um verhängnisvolle wirtschaftliche Entwicklungen und damit verbundene soziale Folgen zu verhindern"[42].

Ebenfalls im November 1977 hat die EG-Kommission dem Rat ein Programm vorrangiger Maßnahmen im Verkehr für die Zeit bis 1980 übermittelt. Darin heißt es u. a.:

„Für die Straßen- und Binnenschiffstransporte ist es notwendig, sich mit den speziellen Problemen, die sich aus den Wirtschaftspraktiken der Ostblockstaaten und ihrer Unternehmen ergeben, auseinanderzusetzen. Für die Binnenschiffahrt ergibt sich zunächst die Notwendigkeit einer Revision der Mannheimer Akte"[43].

Rechtlich gesehen besteht für die Vertragsstaaten kein Hindernis, die Mannheimer Akte zu ändern, denn diese dürfte wohl nicht als Vertrag zugunsten Dritter in dem Sinne angesehen werden, daß es den Vertragsstaaten verwehrt wäre, ohne Zustimmung von Drittstaaten, die die Schiffahrtsfreiheit auf dem Rhein genießen, die Akte zu ändern (Artikel 36 und 37 WVK)[44]. Eine Einschränkung der Schiffahrtsfreiheit auf dem Rhein ist aber sicher nicht die einzig mögliche Maßnahme, um der in der Initiativstellungnahme des Wirtschafts- und Sozialausschusses der EG beschriebenen Probleme Herr zu werden. Politisch gesehen würde es sich dabei um eine parochialistische Protektionsmaßnahme handeln, die erst ergriffen werden sollte, wenn alle anderen Problemlösungsmöglichkeiten erschöpft sind.
Zu diesen gehörte beispielsweise das bilaterale Bemühen, den deutsch-polnischen Binnenschiffsgüterverkehr der Vereinbarung vom 5. Februar 1971 (insbesondere Artikel 5) gemäß abzuwickeln, oder aber auch die Durchführung einer zur Implementierung der KSZE vorgeschlagenen gesamteuropäischen Verkehrskonferenz, in die gerade auch die Interessen der westeuropäischen Binnenschiffahrt eingebracht werden könnten. Diese Interessen bestehen nicht nur an einer höheren Beteiligung am Verkehrsaufkommen

---

[42] „Bulletin der Europäischen Gemeinschaften" 1977, Nr. 11, S. 99 ff.
[43] Ibidem, S. 49 und 130.
[44] Vgl. Jaenicke, *op. cit.* (Anm. 19), S. 37.

auf den heute bestehenden osteuropäischen Binnenschiffahrtsstraßen, sondern – damit selbstverständlich verbunden – an einer weiteren Verbesserung der gesamteuropäischen Infrastruktur des Binnenschiffsverkehrs. Sollte beispielsweise der alte[45] und heute im Prüfungsstadium befindliche Plan[46] einer Kanal-Verbindung zwischen Oder und Donau verwirklicht werden, wäre die im Hinblick auf das Transitrecht im deutsch-polnischen Abkommen vom 5. Februar 1971 heute bestehende faktische Ungleichheit beseitigt. Zusammen mit dem der Vollendung entgegen gehenden Rhein-Main-Donau-Kanal entstünde ein zentraleuropäisches Binnenwasserstraßenverkehrsnetz, an dessen Nutzung nahezu alle europäischen Staaten interessiert sind und dessen rechtliches Regime wohl am besten multilateral festgelegt werden sollte, und zwar – nach Helsinki – im Geiste gesamteuropäischer Kooperation. Diese Thematik aber geht über den hier behandelten Gegenstand der bilateralen rechtlichen Regelung des deutsch-polnischen Binnenschiffsverkehrs weit hinaus.

2. *Luftverkehr*

a) Rechtsgrundlagen

Seit sich die Lufthoheitstheorie gegenüber der zu Beginn der Luftfahrt um 1900 entwickelten Luftfreiheitstheorie durchgesetzt hat[47], ist in Theorie und Staatenpraxis unbestritten, „daß jeder Staat über seinem Hoheistsgebiet volle und ausschließliche Lufthoheit besitzt" (Artikel 1 des Abkommens über die internationale Zivilluftfahrt vom 7. Dezember 1944). Deshalb können Flugzeuge in den Luftraum über einem fremden Staat nur mit dessen besonderer Erlaubnis oder aufgrund eines völkerrechtlichen Vertrages zwischen

---

[45] Vgl. die Verordnung über den Oder-Donau-Kanal vom 18. 4. 1941, RGBl. 1941, S. 95.

[46] Vgl. Milkowski, *op. cit.* (Anm. 36), S. 125 ff. Der Plan einer Oder-Donau--Verbindung beschäftigt schon seit langem die Transportkommission der ECE. Die im Zuge der KSZE-Implementierungsbemühung der ECE erfolgte Wiederaufnahme der Arbeit einer Berichterstatter-Gruppe der ECE-Transportkommission über den Oder-Donau-Kanal wurde insbesondere auch von der Tschechoslowakei, über deren Gebiet die Kanalverbindung in der längsten Strecke führen würde, begrüßt, vgl. E/5944; E/ECE/928, *Economic Commission for Europe Annual Report* (10 April 1976 – 30 April 1977) vol. I, S. 49.

[47] Vgl. hierzu R. Schleicher, F. Reymann, H. J. Abraham, *Das Recht der Luftfahrt*, Köln, Berlin, 1960, S. 24.

dem Heimatstaat (Registerstaat des Flugzeuges) und dem fremden Staat einfliegen.

Was die vertraglichen Grundlagen des deutsch-polnischen Luftverkehrs betrifft, so sind auf multilateraler Ebene Polen und Deutschland Vertragsstaaten der grundlegenden universellen Konventionen über den zivilen Luftverkehr, nämlich des (Chicagoer) Abkommens über die internationale Zivilluftfahrt vom 7. Dezember 1944[48] und der (Zusatz-) Vereinbarung über den Durchflug im internationalen Fluglinienverkehr ebenfalls vom 7. Dezember 1944[49]; nicht beigetreten sind beide Staaten der (Zusatz-) Vereinbarung über die internationale Luftbeförderung (Transportvereinbarung) gleichen Datums; was das zivile Luftrecht betrifft, so sind Polen und Deutschland Vertragsstaaten des (Warschauer) Abkommens zur Vereinheitlichung von Regeln über die Beförderung im internationalen Luftverkehr vom 12. Oktober 1929[50].

Da das Chicagoer Abkommen selbst nur den „nicht im planmäßigen internationalen Fluglinienverkehr eingesetzten Luftfahrzeugen" das Recht zum Einflug oder Durchflug durch das fremde Hoheitsgebiet und das Recht zu nicht gewerblichen Landungen einräumt (Artikel 5), die Durchflugvereinbarung diese Rechte auf im planmäßigen internationalen Fluglinienverkehr eingesetzte Luftfahrzeuge ausdehnt (Artikel 1) und nur in der für Polen und Deutschland nicht verbindlichen Transportvereinbarung die vollen „fünf Freiheiten der Luft" gewährt werden, sind zur Durchführung eines planmäßigen Fluglinienverkehrs zwischen Polen und Deutschland bilaterale Vereinbarungen erforderlich.

Bilaterale Luftverkehrsabkommen hat es zwischen Polen und seinem deutschen Vertragspartner bislang zwei[51] gegeben: das Abkommen über den Luftverkehr zwischen dem Deutschen Reich und der Republik Polen vom 28. August 1929[52] und das Abkommen zwischen der Regierung der Bundesrepublik Deutschland und der Regierung der Volksrepublik Polen über den zivilen Luftverkehr nebst einem Notenwechsel über den Fluglinienplan vom 22. Mai 1975. Dieses letztgenannte Abkommen ist noch nicht in Kraft

[48] In Kraft für die Bundesrepublik Deutschland am 8. 6. 1956 (BGBl. 1956, T. II, S. 411 und 934), für Polen am 4. 4. 1947 (BGBl. 1956, T. II, S. 934)

[49] In Kraft für die Bundesrepublik Deutschland am 8. 6. 1956, für Polen am 6. 4. 1945 (BGBl. 1956, T. II, S. 411, 442, 934).

[50] In Kraft für das Deutsche Reich am 29. 12. 1933 (RGBl. 1933, T. II, S. 1039), für die Republik Polen am 13. 2. 1933 (RGBl. 1933, T. II, S. 1039).

[51] Das Luftverkehrsabkommen Polens mit dem deutschen Vertragspartner DDR vom 25. 11. 1971 (GBl. DDR 1972, T. II, S. 109) bleibt hier außer Betracht.

[52] RGBl. 1934, T. II, S. 30.

getreten, es hat das deutsche innerstaatliche Zustimmungsverfahren noch nicht durchlaufen und es ist noch nicht publiziert. Aufgrund einer Vereinbarung zwischen den beiden Verhandlungsdelegationen wird aber von beiden Luftfahrtbehörden im Rahmen ihrer nationalen Gesetzgebung so verfahren, als ob das Abkommen und der Fluglinienplan bereits in Kraft getreten wären. Tatsächlich wird der deutsch-polnische Fluglinienverkehr entsprechend diesem Abkommen abgewickelt. Wir haben es hier also mit einem Fall einer vorläufigen Anwendung (provisional application, Artikel 25 WVK) eines internationalen Vertrages zu tun.
Da das Abkommen vom 22. Mai 1975 noch nicht in Kraft getreten ist und da es mit keinem Wort auf das deutsch-polnische Luftverkehrsabkommen vom 28. August 1929 bezug nimmt, sind einige Bemerkungen zur Frage der Fortgeltung dieses alten Abkommens am Platze. Was zunächst den Vertragsbeendigungsgrund des Eintrittes des Kriegszustandes betrifft, so kann eine Vertragsbeendigung des Abkommens infolge Eintritt des Kriegszustandes zwischen dem Deutschen Reich und der Republik Polen 1939 nicht ohne weiteres angenommen werden, wenn man sich auf den Boden der zwischen der Vertragsvernichtungstheorie und der Vertragserhaltungstheorie vermittelnden Theorie stellt, derzufolge der Kriegsausbruch keine generell zu bestimmende Wirkung auf bestehende Verträge hat, es vielmehr auf die Art des jeweiligen Vertrages und auf den Willen der vertragschließenden Parteien ankommt [53]. Dieser Theorie ist die Volksrepublik Polen auch in ihrer Praxis gefolgt, wie sich beispielsweise aus polnischen Wiederanwendungserklärungen von Vorkriegsverträgen mit dem ehemaligen Kriegsgegner Italien zeigt [54]. Über die bilateralen deutsch-polnischen Vorkriegsverträge sind infolge Ausbleibens eines Friedensvertrages mit Deutschland keine Wiederanwendungs- bzw. Beendigungserklärungen abgegeben worden, solche Erklärungen unterblieben auch im Zusammenhang mit dem Beschluß des Staatsrates der Volksrepublik Polen zur Beendigung des Kriegszustandes mit Deutschland vom 18. Februar 1955 [55] sowie im Zuge des Abschlusses des deutsch-polnischen Normalisierungsvertrages vom 7. Dezember 1970. Die deutsch-polnischen Vorkriegsverträge sind auch nicht durch Unter-

---

[53] Vgl. ausführlich A. Bleckmann, *Die Wiederanwendung deutscher Vorkriegsverträge*, „Zeitschrift für ausländisches öffentliches Recht und Völkerrecht" (ZaöRV) 1973, S. 607 ff.

[54] Vgl. dazu L. Gelberg, *Die Entstehung der Volksrepublik Polen*, Frankfurt a.M., 1972, S. 147 f.

[55] Text des Beschlusses in: „Zbiór dokumentów" 1955, Nr. 1 - 5, S. 305 ff., abgedr. in H. Mosler, K. Doehring, *Die Beendigung des Kriegszustandes mit Deutschland nach dem zweiten Weltkrieg*, Köln, Berlin, 1963, S. 409.

gang der Vertragssubjekte beendet worden; die Volksrepublik Polen ist als Völkerrechtssubjekt identisch mit der Republik Polen[56], das Deutsche Reich hat als Völkerrechtssubjekt den Zusammenbruch von 1945 überdauert und ist auch nicht durch spätere Ereignisse untergegangen, insbesondere hörte es nicht, anders als Gelberg es darstellt, „im Moment der Entstehung zweier deutscher Staaten auf, als Völkerrechtssubjekt zu existieren" mit der Folge, daß „alle Verträge, die früher mit dem Reich geschlossen worden sind, ihre Gültigkeit" verloren hätten[57]; nach deutscher Praxis im Umgang mit den Vorkriegsverträgen[58] und deutscher Rechtsprechung ist vielmehr die Bundesrepublik Deutschland „als Staat identisch mit dem Staat 'Deutsches Reich'"[59].

Als Vertragsbeendigungsgrund greift jedoch der Abschluß eines nachfolgenden Vertrages ein (Artikel 59 WVK). Nachfolgender Vertrag ist das Chicagoer Abkommen vom 7. Dezember 1944. Dieses regelt u. a. die gleichen Gegenstände wie das deutsch-polnische Abkommen vom 28. August 1929[60]. Mit dem Inkrafttreten des Chicagoer Abkommens für die Bundesrepublik Deutschland am 8. Juni 1956 ist das (durch den Krieg suspendierte) deutsch-polnische Luftverkehrsabkommen von 1929 endgültig beendet worden. Das künftige Inkrafttreten des deutsch-polnischen Luftverkehrsabkommens vom 22. Mai 1975 spielt also in der Frage der Fortgeltung des alten deutsch-polnischen Luftverkehrsabkommens keine Rolle mehr[61].

b) Das deutsch-polnische Regierungsabkommen über den zivilen Luftverkehr vom 22. Mai 1975

Das noch nicht in Kraft getretene aber schon praktizierte deutsch-polnische Luftverkehrsabkommen vom 22. Mai 1975 räumt den Vertragspartnern – zusätzlich zu den in den zwischen beiden Staaten in Kraft befindlichen

---

[56] Vgl. über die Kontinuität des polnischen Staates trotz langjähriger Okkupation und tiefgreifender innerer Umwälzungen Gelberg, ibidem, S. 122 ff.

[57] Ibidem, S. 147.

[58] Vgl. nochmals Bleckmann, *op. cit.*

[59] *Entscheidungen des Bundesverfassungsgerichts* (BVerfGE), Bd. 36, S. 16.

[60] Das deutsch-polnische Luftverkehrsabkommen vom 28. 8. 1929 rezipiert weitgehend die Regelungen des Pariser Luftverkehrsabkommens vom 13. 10. 1919, dem das Deutsche Reich nicht beigetreten war, vgl. Schleicher, Reymann, Abraham, *op. cit.* (Anm. 46), S. 13.

[61] Die gegenständliche Verschiedenheit der beiden bilateralen deutsch-polnischen Luftverkehrsabkommen ergibt sich expressis verbis daraus, daß der Gegenstand des Abkommens von 1975, nämlich „die Einrichtung und der Betrieb von

Chicagoer Abkommen eingeräumten Freiheiten der Luft – das Recht ein, „im internationalen Verkehr Fluggäste, Post und Fracht an den spezifizierten Punkten der festgelegten Strecken [...] aufzunehmen und abzusetzen" (Artikel 2 Absatz 2 lit. c). Der in dem dem Vertrag beigefügten Notenwechsel festgelegte Fluglinienplan benennt als Abgangspunkte für beide seitens der Vertragsstaaten bezeichnete Unternehmen (Lufthansa bzw. LOT) generell „Punkte" in den jeweiligen Heimatstaaten, und für die Lufthansa Warszawa (Warschau) sowie einen weiteren, später zu benennenden Punkt, für LOT Frankfurt a. M. und Hamburg als Zielpunkte im jeweils anderen Land.

Anders als der deutsch-polnische Binnenschiffsverkehr wickelt sich der deutsch-polnische Fluglinienverkehr problemlos ab. Dies ist insbesondere durch die im Abkommen vom 22. Mai 1975 festgelegte Regelung über die Beförderungstarife (Artikel 9) zurückzuführen, die eine der Binnenschiffahrt vergleichbare Konkurrenzsituation nicht aufkommen läßt. Die Beförderungstarife, die von Lufthansa und LOT für Beförderungen in das bzw. aus dem Hoheitsgebiet beider Vertragsstaaten angewendet werden, werden „in einer vernünftigen Höhe [...] nach Möglichkeit im gegenseitigen Einvernehmen" zwischen beiden Luftfahrtgesellschaften festgesetzt; die Luftfahrttarife müssen von den Luftfahrtbehörden beider Vertragsstaaten genehmigt werden, und die Luftfahrtbehörden beider Vertragsstaaten setzen die Beförderungstarife selbst fest, falls sich die Luftfahrtgesellschaften nicht einigen können. Außerdem wird bestimmt, daß Verrechnungen und Zahlungen zwischen Lufthansa und LOT in konvertierbarer Währung zu erfolgen haben (Artikel 10), so daß auch insoweit die Situation anders ist als im Binnenschiffsverkehr. Eine Konkurrenzsituation kann auch dann nicht entstehen, wenn das Preiskartell der IATA zusammenbrechen sollte[62], denn wenn auch Lufthansa und LOT Vereinbarungen über Beförderungstarife gemäß dem von der IATA festgelegten Tariffestsetzungsverfahren abschließen sollen (Artikel 9 Ziff. 2, Absatz 2), sind sie doch gehalten, für beide Gesellschaften gleichermaßen gültige Beförderungstarife festzusetzen.

---

regelmäßigen Luftverkehrslinien eines Luftfahrtunternehmens des einen der vertragschließenden Teile in das Gebiet des anderen Teiles" nach Art. 1 Abs. 2 des Abkommens von 1929 ausdrücklich „Sondervereinbarungen zwischen den obersten Luftfahrtbehörden der beiden Staaten" vorbehalten war.

[62] Vgl. *Zukunft der Flugtarife. Hauptthema der IATA-Konferenz in Montreal*, „Der Tagesspiegel" vom 30. 6. 1978.